INTRODUCTION AU MONDE GREC

Du même auteur

ESSAIS

Le Restant. Supplément aux commentaires du Ménon de Platon, Vrin / Belles Lettres, 1978 (rééd. Paris, Vrin, 1998).

Du temps chez Platon et Aristote, Quatre études, PUF, 1982 (rééd. 1995 et 2003).

Aristote et la question du monde. Essai sur le contexte cosmologique et anthropologique de l'ontologie, PUF, 1988 (rééd. 2001).

Europe, la voie romaine, Criterion, 1992 (rééd. 1993 ; rééd. Gallimard, « Folio-Essais », 1999).

(avec Pierre Koslowski) *Vaterland Europa. Europäische und nationale Identität im Konflikt*, Vienne, Passagen, 1997.

El passat per endavant, traduction catalane par J. Galí y Herrera, Barcelone, Barcelonesa d'Edicions, 2001 (recueil inédit en français).

La Sagesse du monde. Histoire de l'expérience humaine de l'univers, Fayard, 1999 (rééd. LGF, « Biblio Essais », 2002).

La Loi de Dieu. Histoire philosophique d'une alliance, Gallimard, 2005.

Au moyen du Moyen Âge. Philosophies médiévales en chrétienté, judaïsme et islam, Éditions de la Transparence, 2006 (rééd. Champs-Flammarion, 2008).

Du Dieu des chrétiens et d'un ou deux autres, Flammarion, 2008.

Images vagabondes. Essai sur l'imaginaire baudelairien, Éditions de la Transparence, 2008.

TRADUCTIONS

Leo Strauss, *Maïmonide*, PUF, 1988 (de l'allemand et de l'anglais).

Maïmonide, *Traité de logique*, Desclée de Brouwer, 1996 (de l'arabe).

Shlomo Pinès, *La liberté de philosopher, de Maïmonide à Spinoza*, Desclée de Brouwer, 1997 (de l'hébreu et de l'anglais).

Thémistius, *Paraphrase de la Métaphysique d'Aristote (livre Lambda)*, Vrin, 1999 (de l'hébreu et de l'arabe).

Maïmonide, *Traité d'éthique (« Huit Chapitres »)*, Desclée de Brouwer, 2001 (de l'arabe).

Razi, *La Médecine spirituelle*, GF-Flammarion, 2003 (de l'arabe).

DIRECTION D'OUVRAGES COLLECTIFS

(avec Jean-François Courtine) *Herméneutique et Ontologie*, mélanges en l'honneur de Pierre Aubenque à l'occasion de son 60e anniversaire, PUF, 1990.

Saint Bernard et la philosophie, PUF, 1993.

(avec T. Schabert) *Die Macht der Worte*, Munich, Fink, 1996.

Rémi Brague

INTRODUCTION AU MONDE GREC

Études d'histoire de la philosophie

Champs essais

Édition revue, 2008
ISBN : 978-2-0812-1786-7

Préface

Les essais recueillis dans le présent volume ont été publiés dans diverses revues ou ouvrages collectifs dont on trouvera la référence à la fin du volume.

Tous sont donnés en langue française, soit parce que c'en était la langue originale, soit parce que j'avais écrit deux versions d'un même article et que celle en français était restée inédite. Dans un cas, j'ai traduit en français ce que j'avais d'abord conçu dans une autre langue.

À l'exception de l'introduction, plus récente, ces articles ont été rédigés entre 1982 et 1991. Ils coïncident en gros à la période que j'ai eu le privilège de passer au C.N.R.S. (1976-1988), dans des conditions de travail optimales.

La longueur et la méthode de ces textes sont différentes. Leur seul point commun est le domaine de l'histoire de la philosophie dont ils traitent, à savoir l'apogée classique de la philosophie grecque.

J'ai eu la chance de bénéficier là-dessus de l'enseignement et de l'exemple de grands maîtres. Pierre Aubenque, la *phronèsis* en personne, vient au premier rang, qui m'a fait l'honneur de diriger mes deux thèses. Je voudrais nommer aussi Jacques Brunschwig, qui a accepté de relire plusieurs textes avec un soin et une pénétration exceptionnels. Outre ces deux aristotélisants, j'ai été soumis au rayonnement de deux néoplatonisants, Pierre Hadot et Jean Pépin, et, de l'autre côté de l'Atlantique, à celui d'un platonicien : Stanley Rosen.

Il m'a également été donné de travailler au Centre Léon Robin (Université Paris IV-Sorbonne), dans le milieu intellectuel exceptionnel que formaient des chercheurs de haut niveau, souvent devenus des amis. Parmi tant d'autres, je voudrais nommer ici Alain Boutot, Luc Brisson, Barbara Cassin, Annick Charles-Saget, Jean-François Courtine, Monique Dixsaut, Philippe Hoffmann, Jean-Louis Labarrière, Emmanuel Martineau, Jean-François Mattéi, Michel Narcy, Denis O'Brien, Pierre Pellegrin, Alain Petit, Guillaume Rocca-Serra, Pierre Rodrigo, Alonso Tordesillas.

Ce ne sont pas les bons exemples qui m'ont manqué. Ils ne m'ont pourtant pas détourné de voies souvent excentriques. J'en innocente tous ceux que j'ai nommés et en assume la seule responsabilité.

Depuis la rédaction de ces essais, je me suis tourné vers d'autres centres d'intérêt. J'ai dû en conséquence m'éloigner d'un domaine dont je suis conscient que je n'ai guère fait plus que l'effleurer et auquel j'adresse ici un adieu quelque peu nostalgique.

L'idée de rassembler et de publier ces textes déjà anciens vient de Cyrille Habert, dont j'ai eu l'honneur de diriger les travaux de maîtrise et de DEA, et que je tiens à remercier ici.

Munich, juillet 2004

INTRODUCTION

Histoire de la philosophie et liberté

Je commencerai par quelques mots sur ma petite personne, sans pour autant raconter autre chose que ce qu'il faut pour comprendre le texte qui suit. Il se trouve que j'ai changé de domaine, laissant de côté la philosophie ancienne sur laquelle j'avais fait mes travaux de thèse, pour m'occuper de choses à la fois chronologiquement postérieures et géographiquement éloignées de ce qui avait d'abord retenu mon attention.

J'ai pourtant l'intention de défendre l'histoire de la philosophie ancienne. Faire l'éloge d'Athènes devant un parterre d'Athéniens, voilà qui n'est guère sorcier, comme le remarque chez Platon Aspasie, qui, quoique la maîtresse du plus influent homme d'État athénien, n'est d'ailleurs elle-même qu'une métèque [1]. Mais par ailleurs, nous ne sommes pas sûrs que l'orateur soit vraiment sincère. Il, ou, en l'occurrence, elle, peut être en train de flatter son public. Or donc, je suis quelque chose comme un ancien Athénien qui aurait émigré en direction de Jérusalem et de Bagdad. En conséquence, quant à la

1. Platon, *Ménexène*, 235 *d*.

matière, je suis certainement moins compétent que bon nombre d'autres. Mais d'autre part, on ne pourra guère me soupçonner de plaider pour ma propre cause.

Pour être bref, je vais prendre la liberté de procéder dans le genre littéraire de la position de thèses. Je leur ai donné la formulation abrupte qu'exige ce style, et que le lecteur saura nuancer.

1. La liberté comme essence de la philosophie

Qu'on me permette de commencer par une définition provisoire du concept de « philosophie ». Je dis donc : **la philosophie consiste à affirmer la liberté et à la soutenir avec toutes ses conséquences.** Cela peut sembler rendre un son typiquement moderne. On pense au coup de clairon de Schelling dans une lettre que, âgé de vingt ans, il écrivit à son condisciple Hegel, qui n'avait que cinq ans de plus que lui : « L'alpha et l'oméga de toute philosophie est la liberté [1]. » La liberté à laquelle il pense est la version radicale que Fichte venait de donner du primat kantien de la raison pratique, qui n'est pas vraiment une idée grecque. Et pourtant, on trouve la même idée dans la pensée antique, elle aussi. Il me faut rappeler ici des choses bien connues : nous lisons déjà chez Platon une caractérisation de la dialectique, c'est-à-dire de la plus haute discipline de la philosophie, comme étant l'art libéral authentique, la science des hommes libres *(hè tôn eleutherôn epistèmè)* [2]. Aristote définit la sagesse comme le

1. Schelling, *Lettre à Hegel*, 4 février 1795, *Briefe an und von Hegel* ; éd. J. Hoffmeister, Hambourg, Meiner, 1969, t. I, p. 22.
2. Platon, *Sophiste*, 253 *c* 7 *sq*.

genre de connaissance qui existe en vue de soi-même, ce qui est le privilège des hommes libres [1]. Plus tard, nous lisons chez Syrianus, commentateur néoplatonicien d'Aristote : « se débarrasser de la liberté fait de la philosophie une entreprise superflue *(le in nobis interemptum superfluam pronuntiat philosophiam)* [2] ». Tout ce qui représente un danger pour la liberté en représente aussi un pour la philosophie.

On peut résumer les traits principaux de la discipline philosophique en les regroupant sous le chapitre de la liberté. J'ai choisi trois de ces traits : l'origine, la méthode et le but de la philosophie.

1. Quant à son origine concrète, c'est-à-dire sociale, la philosophie s'enracine dans la situation idéale d'un dialogue ouvert auquel quiconque le veut a le droit de prendre part et dans lequel, en outre, les arguments sont jugés pour ce qu'ils valent, abstraction faite de l'origine, c'est-à-dire des qualités des personnes qui les avancent.

Bien entendu, une situation de ce genre n'est guère plus qu'un idéal. Elle constitue la transposition de la liberté philosophique en une *parrhèsia* sociale. Cela implique l'exigence d'un contrôle collectif du discours philosophique. La première conséquence de ce fait est que des énoncés philosophiques doivent être compréhensibles. Certes, le vocabulaire et le style de la philosophie sont tout à fait particuliers, de sorte qu'ils ne peuvent pas ne pas avoir l'air étranges. Et pourtant, en principe, la

---

1. Aristote, *Métaphysique*, A, 2, 982 *b* 24-28.

2. Syrianus, cité par Proclus, *De providentia* [latin], XII, § 66 ; éd. D. Isaac, Paris, Les Belles Lettres, 1979, p. 83.

philosophie doit parler la même langue que l'homme en général.

2. Quant à la méthode philosophique, la liberté en est le principe, là aussi. On me permettra d'appeler cette méthode du nom de « phénoménologie ». Je n'entends pas par là une quelconque école particulière, qu'il faudrait distinguer de tendances ou de styles rivaux, mais bien la phénoménologie telle qu'elle se comprend elle-même, c'est-à-dire, pour citer en personne son fondateur, Husserl, la « nostalgie cachée de toute la philosophie moderne [1] ». Or, la phénoménologie repose sur une conjonction de deux libertés : elle s'efforce de libérer notre regard des préjugés et préconceptions de toutes sortes ; c'est pour nous permettre par là de recevoir le donné tel quel, c'est-à-dire tel qu'il se donne librement comme ce qu'il est, et avec les caractéristiques qui font de lui ce qu'il est.

3. Enfin, le but ultime de la philosophie est une prétention à l'universalité, la prétention à atteindre des vérités qui valent pour tout le monde. Il y a là une conséquence de plus du fait que l'on a pensé jusqu'au bout le principe de la liberté : l'universel est l'espace ouvert dans lequel aucune frontière fixe n'a le droit de subsister, car sa présence limiterait la liberté.

La servilité

Or donc, quelles sortes de choses peuvent-elles mettre en danger l'entreprise philosophique ? Quels sont les

1. Husserl, *Ideen zu einer reiner Phänomenologie...*, § 62 ; éd. W. Biemel, La Haye, Nijhoff, 1950, Husserliana, t. III, p. 118.

ennemis de la philosophie ? S'il est vrai que la philosophie est fondée sur la liberté, ces dangers et ces ennemis doivent être ceux de la liberté même. En conséquence, ils ne peuvent pas venir du dehors. Certes, les gens libres en général, et les philosophes en particulier, qui ne font pas exception ici, peuvent très bien être privés de leur liberté. Mais la liberté *comme telle* ne peut pas être vaincue si elle ne commence par se rendre.

Les ennemis de la philosophie doivent donc être à l'intérieur même de la liberté, ils doivent être pour elle des tentations, des tentations qui ne sont là que pour elle. La pire de toutes est la servitude, et elle culmine quand elle est une servitude volontaire, c'est-à-dire quand elle est *servilité*. Mais pourquoi donc devrions-nous choisir l'esclavage ? Parce que la liberté ne peut pas ne pas produire l'angoisse devant le risque que doit courir tout être libre. Si la philosophie est l'affirmation et la défense de la liberté, son terrain nourricier n'est autre que l'angoisse. Pas n'importe quelle angoisse, cependant, mais une angoisse contrôlée, une angoisse féconde. Reste que la liberté est désagréable et que nous pouvons essayer d'y échapper.

Je vais maintenant tenter de présenter en esquisse le type de servilité auquel la philosophie doit faire face. Je viens de distinguer trois dimensions de la philosophie. Chacune de celles-ci peut céder à une tentation spécifique.

Devant les formalismes

En face de l'exigence d'une communication ouverte, nous trouvons la servilité envers les langages formels. Je n'ai rien à reprocher à ces langages en tant que tels. Mais l'application d'une méthode peut devenir une médication destinée à nous permettre d'alléger notre angoisse. Ce faisant, nous fuyons celle d'avoir à questionner. Les psychanalystes décrivent les conduites rituelles des maniaques et les interprètent comme ce qui permet à certains névrosés de parer la montée d'une angoisse qu'ils craignent de ne pouvoir tenir en respect. L'un de ceux-ci, George Devereux, a appliqué cette idée aux sciences humaines et expliqué que la volonté de mettre l'accent de façon excessive sur une méthode stricte peut provenir du désir d'éviter l'angoisse que nous ne pouvons pas ne pas éprouver chaque fois que, étudiant l'humain comme tel, nous sommes du coup nous-même en question comme être humain. Ce faisant, nous nous dérobons au caractère très problématique de notre propre humanité [1].

Devant les sciences

Quant à la méthode philosophique, il y a beau temps que la philosophie a dû accepter que les sciences de la nature revendiquent leur indépendance. Elle a dû accepter de ne pas être une science, à tout le moins pas une science comparable aux sciences de la nature. La servilité envers les sciences peut prendre plusieurs aspects. J'en choisirai ici deux seulement.

Tout d'abord, l'imitation, l'essai de singer la science. Depuis Galilée, les sciences de la nature ont parlé une autre langue que l'homme, à savoir la langue des mathématiques [2]. Pourquoi la philosophie ne ferait-elle pas

1. G. Devereux, *From Anxiety to Method in the Behavioural Sciences*, Paris / La Haye, Mouton, 1967.

2. Galilée, *Il saggiatore*, chap. VI.

comme elles en ayant son propre langage symbolique ? L'usage d'un symbolisme a au moins un avantage : le lecteur sait dès le départ que l'œuvre qu'il a devant lui est d'accès difficile et demande un apprentissage préalable. Ce n'est pas le cas pour la philosophie : elle n'est pas défendue par des murailles visibles. D'où la tentation, de la part du profane, de demander au philosophe quelque chose qu'il pourra comprendre d'emblée : des réponses immédiates à ses questions, qu'elles soient bien ou mal posées. Et, en miroir, la tentation parallèle chez le philosophe de se défendre en se réfugiant derrière une langue spéciale, afin par là de poser au spécialiste d'une branche définie de la connaissance scientifique.

Une forme plus avouée de servilité envers la science consiste, pour le philosophe, à se laisser réduire au rôle d'historien des sciences. Là aussi, je n'ai rien contre l'histoire des sciences en tant que telle. La seule chose que je soupçonne, en revanche, ce sont les raisons pour lesquelles certains voudraient y réduire la philosophie. L'historien des sciences a au fond la tâche plus facile que l'historien de la philosophie. Quant aux aspects techniques de leurs occupations respectives, les deux sont à peu près logés à la même enseigne : la peine que le premier se donne pour maîtriser la science dont il veut explorer l'histoire est plus ou moins contrebalancée, chez son collègue historien de la philosophie, par l'effort pour se familiariser, par exemple, avec telle ou telle langue ancienne ou étrangère. Mais en toute hypothèse, l'historien des sciences marche sur un terrain plus ferme. La science progresse en effet en confirmant ou en infirmant les hypothèses qu'elle fait. Nous savons clairement qui a gagné. Il y a des gagnants et des perdants. Dans l'histoire des sciences, on peut jeter un regard en arrière et dire qui était sur la bonne voie et qui se trompait. On peut départager entre deux contemporains, comme Newton et Boyle. Ou à l'intérieur même d'un savant unique, entre Kepler comme astronome et le même Kepler comme astrologue. Ce n'est pas vraiment le cas en philosophie. Qui sait qui, de Platon et d'Aristote, qui de Kant et de Hegel, avait raison ? Qui peut dire si la philosophie de la nature de Hegel vaut vraiment moins que sa « logique » ?

On me permettra une image militaire. On est tenté de comparer certains historiens des sciences à ces soldats de la guerre de tranchée qui devaient « nettoyer » les positions ennemies et, partant, donner aux blessés agonisants le coup de grâce. Ils ne pouvaient le faire qu'une fois la tranchée prise d'assaut par une première vague. C'est celle-ci qui devait s'exposer et risquer sa vie. J'ai un profond respect pour les savants qui conquièrent du terrain sur l'inconnu, qui ouvrent de nouveaux espaces de vérité, qui vainquent l'obscurité de l'ignorance. Je suis moins enclin à accorder un certificat de respectabilité à la claque du progrès.

C'est pourquoi les meilleurs des historiens des sciences me semblent être ceux qui font aussi l'histoire des savants concrets. Ils montrent ainsi comment coexistent en eux la science et d'autres dimensions, contre lesquelles il leur a parfois fallu se battre. Au passage, ils dégonflent ainsi bien des images d'Épinal.

Devant les idées reçues

En face de la prétention à l'universalité, nous trouvons la servilité envers l'atmosphère intellectuelle dominante de l'époque présente. Chez certains philosophes, ou prétendus tels, une certaine *political correctness* peut se donner libre cours. Le règne de l'opinion *(doxa)* n'a rien d'un phénomène nouveau. Mais il prend un aspect particulièrement exaspérant quand on lui lâche la bride au nom même de la philosophie, voire quand le marchand de banalités médiatiques pose au prophète aux vues « dérangeantes » et qui fait mine de risquer gros. Les philosophes des cafés invoquent Socrate, quand ils prétendent faire revivre l'atmosphère vivante de la philosophie, en mettant à nouveau l'accent sur la dimension du dialogue. Mais il est un aspect qu'ils oublient, ou, plus précisément, qu'ils choisissent d'ignorer : Socrate voulait mettre en examen la *doxa* de la *polis* et scruter ses prétentions à la légitimité. Il les réfutait avec une patience entêtée qui a abouti à son procès et à sa condamnation. Dans nos sociétés occidentales, la ciguë et le bûcher existent uniquement – Dieu merci ! – sous la version *soft* qui consiste à limoger un enseignant, aux États-Unis à lui refuser une titularisation, et partout à ne pas publier une recension de son livre.

Le Socrate au petit pied du petit écran est devenu *soft* : c'est un conformiste. Il s'empresse de sanctuariser certaines questions, celles qui feraient bobo à la vulgate des médias. Ramassons dans la corbeille un gros livre paru il y a quelques années et jetons un coup d'œil dessus. Il fut écrit en collaboration par deux « philosophes » que leurs tournures d'esprit opposent l'un à l'autre à peu près comme Bouvard à Pécuchet. Le livre a la forme d'un dialogue dans lequel toutes les grandes questions d'aujourd'hui doivent être abordées. D'entrée de jeu, ils s'empressent de souligner que, comme de bien entendu, ils sont tous deux fidèles à la Grande Tradition des Lumières. Qu'on se rassure : ils sont modernes, ils sont démocrates, ils sont pour l'autonomie de l'homme, etc. Dormez, bonnes gens ! Les vraies questions ne seront pas posées.

2. L'histoire de la philosophie est-elle servile ?

Je viens de repérer et de critiquer certaines tentations qui viennent assaillir tous les philosophes. Mais, nous autres historiens de la philosophie, ne devrions-nous pas également prêter l'oreille à ce que disent de notre discipline les gens qui y sont étrangers ? Il arrive fréquemment que l'importance que l'on attribue à l'histoire de la philosophie dans certains systèmes universitaires, comme le français ou l'italien, soit en butte à la critique. L'accent qu'elle reçoit dans la tradition que ceux qui veulent s'en distancier appellent « continentale » est souvent interprété comme un symptôme de décadence. La philosophie, entend-on dire, dégénère et tourne à la philologie. Le thème est ancien, pour ne pas dire rebattu, puisqu'on rencontre déjà le regret, et le jeu de mots qui l'exprime, au début de notre ère, sous la plume de Sénèque [1]. La philosophie, quand elle devient histoire de la philosophie, n'étudie pas les choses mêmes, mais ce qui a déjà été pensé par d'autres. Saint Thomas d'Aquin le disait sans ambages dans une phrase souvent citée : « l'étude de la philosophie ne consiste pas à connaître l'opinion des gens, mais ce qu'il en est véritablement des choses *(studium philosophiae non est ad hoc quod sciatur quid homines senserint sed qualiter se habeat veritas rerum)* [2] ». Il est d'ailleurs au plus haut point ironique que cette citation vienne d'un *commentaire*, ici, à une œuvre d'Aristote.

Maintenant, cette critique est d'autant plus mordante qu'elle porte sur un point sensible. C'est bien beau de se

1. Sénèque, *Lettres à Lucilius*, XVII, 108, 23.

2. Thomas d'Aquin, *Commentaire sur le Traité du ciel d'Aristote*, I, § 229.

moquer de la servilité d'autrui, mais ne devrions-nous pas balayer devant notre propre porte ? L'histoire de la philosophie n'aurait-elle pas bien mauvaise grâce à critiquer la servilité ? Ne serait-elle pas en effet, justement, la servilité par excellence ? La philosophie doit affronter avec courage les choses elles-mêmes. Ne serait-ce pas quand elle refuse cette tâche, et pour la refuser, qu'elle se réfugie lâchement derrière les pensées d'autrui ? Qui plus est, parmi toutes les variétés de l'histoire de la philosophie, l'étude de la philosophie ancienne semble au plus haut point servile. Elle se choisit en effet comme objet une tradition chenue et respectable, quelque chose comme un *establishment* intellectuel.

Qu'on me permette d'argumenter ici en sens contraire. Je commencerai par montrer que l'histoire de la philosophie pourrait aider la philosophie à dépasser la servilité. En un second temps, je montrerai que l'étude de la philosophie ancienne est pour ce faire tout particulièrement utile.

Quelques frontières à rectifier

Je voudrais d'abord faire une observation préliminaire sur la division même qui sépare les historiens de la philosophie et les « philosophes purs », que l'on appelle aussi les philosophes « systématiques ». Ce serait aller trop vite en besogne que de tracer entre les deux groupes une ligne de démarcation bien nette, et tout porte à croire qu'il serait plus fécond de placer ailleurs la séparation.

En effet, bien souvent, la frontière véritable passe à l'intérieur de l'histoire elle-même ; elle sépare des gens qui font de l'histoire de la philosophie en général et ceux qui étudient les philosophes d'aujourd'hui. Nombreux

– en tout cas en France – sont ceux qui se prétendent, voire se croient, de « purs » philosophes et qui ne sont en fait guère plus que des historiens de la philosophie contemporaine. On pourrait même caricaturer certains de ceux-ci comme des importateurs de denrées philosophiques étrangères – ce qui, soit dit en passant, est l'une des définitions que Platon donne du sophiste dans le dialogue qui porte ce titre [1]. Le courant philosophique en faveur duquel ils s'engagent, la langue dont ils traduisent, la célébrité étrangère dont ils se font le concessionnaire en France, tout cela ne fait guère de différence en dernière instance.

Ce qui mérite notre attention est que ces gens, parfois, ne se rendent pas compte qu'ils sont des historiens. La proximité dans le temps des pensées qu'il s'agit de comprendre atténue l'impression d'étrangeté. Les gens qui étudient les œuvres de penseurs contemporains peuvent plus facilement s'imaginer qu'ils pensent eux-mêmes. L'ennui est que des gens qui ignorent qu'ils font de l'histoire sont rarement très exigeants quant à l'application d'une méthode historique rigoureuse.

J'aimerais ajouter une seconde raison qui pourrait justifier que l'on estompe la ligne de démarcation. Il s'agit là aussi d'un fait brut, qu'il n'est que de constater : les meilleurs esprits font les deux, et sont à la fois philosophes et historiens. Car c'est à partir de positions philosophiques fortes que l'on peut poser aux textes du passé de bonnes questions, et en obtenir les réponses intelligentes que les grands penseurs donnent toujours à ceux qui savent les interroger. En revanche, les gens qui font de la philosophie « pure » – ce que l'on appelle en France de

1. Platon, *Sophiste*, 224 *c-d*.

la *« philosophie générale »* –, sauf quelques exceptions, ne sont pas les meilleurs philosophes. Et, à l'inverse, les gens qui ne font rien d'autre que de l'histoire de la philosophie ne sont que rarement les historiens les plus intéressants.

L'histoire de la philosophie comme un antidote possible

Essayons à présent de montrer dans quelle mesure la pratique de l'histoire de la philosophie peut nous aider à ne pas céder aux tentations que je viens d'esquisser.

Le contexte de la philosophie

Contre la dégénérescence de la langue philosophique en un jargon technique, l'histoire de la philosophie nous permet de comprendre l'émergence de l'entreprise philosophique au sein de et à partir de l'expérience de tous les jours, telle qu'elle s'exprime dans le langage quotidien. Elle reconstruit les glissements de sens qui ont conduit à utiliser les mots comme des termes techniques. Du coup, elle peut nous aider, indirectement, à retrouver le chemin qui mène aux expériences originelles pour lesquelles on a dû forger lesdits termes techniques. Voire, elle peut éventuellement nous aider à créer des termes nouveaux qui seraient mieux adaptés à nos habitudes linguistiques d'aujourd'hui et d'une plus grande efficacité pour l'enseignement.

Mais il y a plus. La dimension dialogique de la philosophie nous donne un argument en faveur de l'histoire de la philosophie. Celle-ci n'est en rien l'adversaire du dialogue, comme essaient de nous le faire croire ceux dont c'est là le fonds de commerce. Nous n'avons pas à choisir entre l'érudition historique et le dialogue vivant. La plupart du temps, les dialogues « réels » dans les cafés de nos propres villes font accoucher leur public, à grand ahan, des banalités les plus ennuyeuses. Et à coup sûr, si l'agora d'Athènes a jamais résonné d'autre chose que des cris des marchands de poisson, on devait y entendre la même sorte de platitudes. Cela n'a rien d'étonnant puisque, la plupart du temps, et sauf circonstances tout à fait exceptionnelles, nous sommes des gens plutôt bêtes qui disent des choses plutôt bêtes. Une situation de dialogue vraiment réussie est un phénomène artificiel à l'extrême. Et des partenaires de dialogue vraiment intéressants sont excessivement rares.

On obtiendrait quelque chose de beaucoup plus excitant si l'on pouvait parler avec des gens comme Aristote, Kant... Or, c'est exactement ce que l'histoire de la philosophie rend possible : en nous rendant accessibles les pensées de ces géants, en les traduisant, en les expliquant, etc., elle fournit à la discussion philosophique le plus indispensable de tous ses ingrédients, à savoir des partenaires dignes, des partenaires qui sont bien plus intéressants que nous autres, petits bonshommes.

Contre la servilité envers les sciences, le philosophe doit demander : les sciences nous aident-elles à nous mieux comprendre nous-mêmes ? À mieux répondre aux questions que nous nous posons ? Peuvent-elles, en tant que telles, nous rendre plus humains ? Ou n'est-il pas plus vrai de dire qu'elles obstruent les chemins qui pourraient mener à une compréhension de ce genre ? Sont-elles, au sens le plus strict du terme, intéressantes [1] ? Une méditation historique pourrait ici rendre de bons services.

1. Voir mon « Is Physics Interesting ? Some Late Ancient and Medieval Answers », *Graduate Faculty Philosophy Journal*, XXIII-2, 2002, p. 183-201.

Quant au contenu, l'histoire de la philosophie peut montrer que l'émergence de la science moderne et de la technologie dans son sillage est une conséquence de décisions philosophiques, ou à tout le moins un parallèle à de telles décisions. L'histoire de la philosophie doit aider à dégager d'autres possibilités d'humanité, antérieures à la science, ou parallèles à celle-ci, qui permettent de désigner de nouveaux chemins.

Le révisionnisme

Quant à la méthode, là aussi l'histoire de la philosophie peut nous offrir un autre modèle que l'histoire des sciences, et, qui plus est, un modèle qui pourrait se révéler fécond pour cette dernière elle aussi. Certes, il y a dans l'histoire de la philosophie des traits qui ressemblent à ce que j'ai observé plus haut dans l'histoire des sciences : le simple fait que certains philosophes sont considérés comme de « grands penseurs », comme faisant partie d'un canon de lectures imposées, etc., ne se dégage dans la plupart des cas qu'après coup. Et pourtant, dans l'histoire de la philosophie, il n'y a rien qui ressemble à des idées qui seraient radicalement dépassées ou à des résultats définitivement acquis.

Tout au contraire, l'histoire de la philosophie fonctionne depuis plus d'un siècle comme un effort pour redécouvrir et réhabiliter des pensées qui avaient été oubliées ou méprisées au profit d'autres plus chanceuses. L'essence même du travail historique et la tâche infinie de correction de soi-même qu'il exige sont exprimées de façon adéquate par le mot « révisionnisme ». Il n'est d'histoire que révisionniste. Il est donc grand dommage que le mot ait été pour ainsi dire détourné par des gens qui ne le valent guère. Les exemples de la façon dont l'histoire de la philosophie se remet soi-même en question ne manquent pas. On pourrait mentionner ici la redécouverte de certaines figures du Moyen Âge latin, qui étaient jusqu'alors trop dans l'ombre de Thomas d'Aquin, comme ses précurseurs ou au contraire comme décadents par rapport à lui. Ou la nouvelle prise de conscience de l'importance d'al-Fârâbî et en général du rôle joué par les penseurs de langue arabe dans la formation de la pensée scolastique. Ou encore le dépassement de la vue téléologique de l'idéalisme allemand comme aboutissant nécessairement au seul Hegel au profit d'une vision plus ouverte [1], etc.

La seconde caverne

Contre la servilité envers la *doxa* contemporaine, l'histoire de la philosophie peut nous donner quelques armes. Dépasser l'opinion se fait en direction de l'universel. Or, l'universel que nous cherchons à atteindre n'est pas simplement l'opposé de n'importe quel particulier. Il s'affirme, si l'on peut dire, en face d'un particularisme particulier, en l'occurrence non pas en face du provincialisme de notre prochain, mais du nôtre propre. Aspirer à l'universel et monter vers lui nous est possible si et seulement si nous prenons conscience de notre propre particularité. Cela s'effectue à travers une réflexion historique.

Peut-être pourrions-nous ici emprunter une idée et son expression au Leo Strauss de la période allemande. Celui-ci parlait alors de la « seconde caverne ». Sous la première caverne, la caverne « naturelle », celle de Platon, il y en a une seconde, qui est de nature historique. Et il

1. Voir dans ce sens la synthèse de M. Vetö, *De Kant à Schelling*, Grenoble, Millon, 1998-2000 (2 vol.).

nous faut tout d'abord, en faisant de l'histoire, grimper hors de cette caverne plus profonde et monter dans la première caverne, qui est située plus haut [1].

3. Le rôle clé de la philosophie ancienne

Jusqu'à présent, je me suis efforcé de faire l'apologie de l'histoire de la philosophie en général. J'aimerais risquer un pas de plus en montrant quelle sorte de rôle peut jouer un domaine déterminé de l'histoire de la philosophie, à savoir l'histoire de la philosophie ancienne.

Pour commencer, il pourrait être bon de revenir en quelques mots sur la façon dont la liberté est le terreau nourricier de la philosophie. L'idéal du dialogue philosophique s'enracine dans l'expérience de la démocratie grecque. On pourrait se laisser aller à une simplification peut-être abusive, et prétendre que la philosophie ne fait rien d'autre que de prendre la démocratie au sérieux d'une façon absolue, pour ne pas dire maniaque. Et de la prendre au mot plus encore qu'elle ne le fait elle-même. Cela se voit déjà dans le *Protagoras* de Platon. Socrate y fait remarquer que les Athéniens prennent soin de distinguer entre les questions techniques et les questions politiques. Quand ils discutent des problèmes techniques, c'est la compétence des experts, des gens de métier, qui est décisive. Mais quand il s'agit de décisions politiques, toutes les compétences techniques sont mises entre parenthèses. Bien plus, l'apparence ou l'origine de ceux qui

---

1. Voir les références dans L. Strauss, *Gesammelte Schriften*, vol. 2. *Philosophie und Gesetz. Frühe Schriften*, éd. H. Meier, Stuttgart, Metzler, 1997, préface de l'éditeur, p. XXIX, n. 40.

parlent est congédiée au profit de la seule valeur intrinsèque des arguments qu'ils mettent en avant [1]. Sur ce point, Platon lui-même est entièrement fidèle à son maître Socrate. La philosophie fait de même, en poussant le procédé jusqu'au bout.

Bien des siècles plus tard, Giambattista Vico a encore pu voir cela très clairement. À en croire un paragraphe passionnant de la *Scienza Nuova*, l'assemblée du peuple à Athènes est l'endroit où Platon inventa sa fameuse théorie des idées. Le philosophe aurait en effet remarqué que tout citoyen qui, en temps habituel, ne cherche rien d'autre que son propre intérêt, se soumet, dans la mesure où il est une partie de la cité, à une idée de l'utilité commune qui se tient à l'écart des passions [2]. La considération politique de ce qu'il y a de commun serait comme une préfiguration de la prise en vue philosophique de l'universel.

Je puis maintenant montrer comment l'étude de la philosophie ancienne est particulièrement précieuse pour lutter contre les tentations que j'ai évoquées plus haut.

Hygiène du langage

C'est d'abord le cas là où il s'agit de maintenir en santé la langue philosophique. La philosophie ancienne est même la seule qui puisse nous rendre un tel service. Elle est en effet la philosophie « première » aussi en un sens chronologique. Comme telle, elle a dû créer ses propres outils intellectuels. Ainsi, par exemple, le mot par lequel Platon désigne ses « idées » ou « formes », à savoir *eidos*,

1. Platon, *Protagoras*, 319 *b-d*.

2. Vico, *Scienza Nuova* (1744), IV, 14, 2, § 1041 ; éd. F. Nicolini, Bari, Laterza, 1928, p. 125.

est un terme grec tout à fait commun ; mais le sens dans lequel il l'utilise est diamétralement opposé à son usage accoutumé : une oreille grecque percevait *eidos* comme ce qui peut au plus haut point être vu ; Platon entend en revanche par *eidos* ce qu'aucun œil ne saurait voir. Dans le *Phédon*, il souligne le paradoxe qui surgit d'une telle acception en utilisant l'adjectif *aeidès* comme épithète de *eidos*, ce qui rendrait un son à peu près aussi absurde que « un visage invisible [1] ».

Reconstruire l'émergence de mots de ce genre peut nous aider à en trouver de nouveaux lorsque les équivalents traditionnels ont à ce point changé de sens qu'ils en deviennent trompeurs. Ainsi, toujours pour *eidos*, l'« aspect » des choses, ou leur « air de famille ».

Donner une seconde chance

L'histoire de la philosophie nous délivre du rêve naïf d'assister à une renaissance « socratique » de la philosophie comme dialogue. Elle nous rappelle que le Socrate des dialogues de Platon est une pure fiction. Il serait absurde de chercher à reproduire la situation qu'ils décrivent. Le cadre de tels dialogues et leur protagoniste n'ont tout simplement jamais existé tels que Platon les suppose.

Contre la servilité à l'égard de la science, la philosophie ancienne est là aussi dans une situation favorable. La raison en est paradoxale, à savoir que la vision de l'univers physique qui la sous-tendait est irrémédiablement perdue. Même ceux qui font leur spécialité de l'étude de la science ancienne sont obligés d'avouer que ce qu'ils s'efforcent de comprendre était

1. Platon, *Phédon*, 79 *a*, 80 *d*, 81 *a-c*, 83 *b* ; *Gorgias*, 493 *b* 4 *sq.*

faux, point à la ligne. De la sorte, ils ne sont pas tentés de venir au secours de la victoire ; ils sont au contraire obligés de déployer cette vertu sportive bien connue : prendre le parti du plus faible, voire de celui qui est déjà vaincu.

On a vu plus haut que l'histoire de la philosophie en général donnait aux malchanceux une seconde occasion de se rattraper. C'est encore plus vrai pour ceux qui étudient la philosophie ancienne. Ils ou elles ont à affronter des difficultés spécifiques qui rendent leur tâche plus délicate. Bien des pensées antiques ont coulé corps et biens. Ce que nous appelons maintenant la « pensée antique » est en réalité ce qui flotte après mille naufrages. C'est le résultat d'une sélection faite à la clôture du monde antique.

On ne peut pas faire son métier d'historien de la philosophie ancienne sans une constante tentative pour se libérer de ce canon. Tout d'abord, il faut restituer dans leur intégrité des pensées qui ne nous ont été transmises que par fragments. Ce qui n'est pas un accident : ce qui existe de cette façon si précaire est justement ce qui n'a pas pu se faire accepter dans un quelconque canon [1]. De là viennent les redécouvertes successives qui scandent l'histoire de la discipline en vagues successives : je songe ici à la réhabilitation des présocratiques, à celle de la logique des stoïciens, à la reconstruction (réelle ou prétendue) des doctrines non écrites de Platon par l'école de Tübingen, etc.

Le fond pré-philosophique de la philosophie

Contre la *doxa* contemporaine, l'étude de la philosophie ancienne peut être d'autant plus efficace que son

1. Voir l'esquisse dans mon *Europe, la voie romaine*, rééd. Paris, Gallimard, 1999, « Folio-Essais », p. 88 *sq*.

objet est éloigné de nous. À ce point éloigné, à vrai dire, que nous n'avons même pas le droit, à haute époque, de supposer l'existence même de la philosophie comme un fait avéré. La philosophie ancienne n'a pas seulement dû naître en général ; il lui a encore fallu s'affirmer dans un contexte particulier. Elle a dû rompre les attaches qui la liaient au « mythe » – mot qui a d'ailleurs pris sa signification actuelle sur la base même de cette séparation par rapport à la philosophie. L'étude de la philosophie ancienne doit sans cesse tenir compte de cet arrière-fond non philosophique, pré-philosophique sur lequel l'entreprise philosophique prend son sens en s'y arrachant. Il lui faut considérer avec une attention toute particulière les limites de la philosophie. Ce ne sera pas pour les effacer, niant ainsi ce que celle-ci a de spécifique ; ce sera pour fixer plus précisément ce à partir de quoi la philosophie est née. Avant la *philosophia philosophata*, ou derrière elle, il y a une *philosophia philosophans*, une philosophie en train de se faire.

L'histoire de la philosophie ancienne doit chercher de la philosophie même dans des textes qui ne comportent pas de concepts. On a effectué ce genre de travail pour la poésie homérique, ou pour Hésiode [1]. Beaucoup reste à faire pour le seul monde grec. C'est encore plus vrai pour ce qui est des autres cultures. Je n'aime pas trop la rhétorique « multiculturaliste », mais il me semble que la philosophie devrait se risquer à approcher des textes anciens situés en dehors du monde grec et tenter d'en tirer autant de philosophie qu'ils peuvent en livrer.

---

1. Je pense par exemple aux travaux de H. Fränkel.

Voici deux esquisses d'une lecture philosophique de passages de la Bible [1].

Deutéronome, 4, 19 : « De peur que tu ne lèves les yeux vers le ciel et, voyant le soleil et les étoiles, voire toute l'armée des cieux, tu ne sois entraîné à les adorer et à les servir, eux que le Seigneur Dieu a divisés entre toutes les nations sous tout le ciel. Mais le Seigneur t'a pris et t'a fait sortir de la fournaise de fer, hors d'Égypte, pour être le peuple de son héritage, comme vous êtes aujourd'hui. » La façon dont sont caractérisés les corps célestes, c'est-à-dire le fait qu'ils sont les mêmes pour tous les peuples, est identique au critère par lequel Aristote identifie ce qui se produit par nature *(physei)* : le feu brûle à Athènes de la même façon qu'en Perse (*Éthique à Nicomaque*, V, 10, 1134 *b* 19, 25-27). Dans le passage biblique, les corps célestes sont dévalorisés par rapport à l'exode. Ce qui apparaît de la sorte n'est autre que l'idée d'histoire, et avec elle, le jugement qui lui accorde une plus grande valeur qu'à la nature [2].

1 Samuel, 8, 15 : « il prendra le dixième de votre grain et de vos vignes et le donnera à ses fonctionnaires et serviteurs ». Il s'agit d'un réquisitoire contre la monarchie. L'hébreu, et avec lui le grec de la Septante, si on les traduit de façon littérale, disent plus brutalement : il prendra de votre *semence* (le même mot sert pour le sperme) et la donnera à ses *eunuques*. La fécondité est mise au service de la stérilité, et doit l'entretenir. Dans ce passage sur le traumatisme lié à la naissance de l'État, ce sont deux modèles de temporalité qui s'affrontent : le cycle biologique des semailles et des moissons

1. Les passages imprimés ici en plus petit ne sont qu'esquissés. Il se peut que je leur donne par la suite le développement qu'ils me semblent mériter.

2. Voir mon *La Sagesse du monde. Histoire de l'expérience humaine de l'univers*, 2e éd., LGF, « Biblio-Essais », 2002, p. 74 *sq*.

le cède à l'accumulation linéaire de l'administration, celle des dossiers et des chroniques.

En outre, la présence d'un arrière-plan non philosophique de l'entreprise philosophique n'est pas seulement un passé qui s'éloignerait au fur et à mesure que nous progressons ; il est encore autour de nous. Et il n'est pas simplement là pour que nous le contemplions en regardant par-dessus notre épaule ; il appartient encore à notre présent. Nous ne nous souvenons pas de lui comme d'un fait passé, mais justement comme ce que nous avons du mal à nous rappeler, c'est-à-dire notre présent contexte.

Il y a là un problème général de la philosophie. Mais il est intrinsèque à l'entreprise qui consiste à étudier la philosophie ancienne, parce que l'objet même de cette étude contient le problème. Parmi les bienfaits de l'étude de la philosophie ancienne, il y a que celui qui s'y livre ne peut pas faire de la rationalité quelque chose qui irait de soi.

4. La liberté pour la chose même

J'ai souligné que la liberté est l'élément de la philosophie. Or, la liberté philosophique n'implique pas que nous pourrions faire n'importe quoi, mais que nous sommes libres *pour* la chose même. La liberté comporte un élément de réciprocité entre le sujet et l'objet. Les choses que nous abordons librement doivent elles aussi être laissées libres d'être ce qu'elles sont.

De la déconstruction

Il me faut dire ici quelques mots sur la « déconstruction ». L'opération intellectuelle que le jeune Heidegger a appelée du nom de *Destruktion* ou *Abbau* était censée nous permettre de désencombrer le sol originel de l'expérience. Celui-ci était couvert de concrétions qui faisaient de l'édification de nouvelles figures une pure et simple impossibilité [1]. Il fallait les ôter. Mais le but ultime de l'entreprise était de déblayer un espace pour que puisse y arriver ce qui est nouveau. En revanche, selon les défenseurs contemporains de la « déconstruction » au sens que lui a donné Jacques Derrida, il n'y a rien à regagner, parce qu'il n'existe aucune origine, voire, il ne faut pas qu'il y en ait une.

Quoi qu'il en soit, dans les deux cas, une règle se vérifie : la déconstruction vaut exactement ce que valait la construction. Dans tous les cas, avant de déconstruire, il convient de s'assurer de ce que l'objet que nous déconstruisons est vraiment la réalité, et non pas un édifice de paille que nous avons commencé par bricoler *ad hoc*, nous rendant ainsi la tâche plus aisée. Déconstruire Platon, déconstruire Aristote, pourquoi pas ? Mais encore faut-il qu'il s'agisse bien de Platon et d'Aristote. La déconstruction est d'autant plus instructive qu'une construction préalable lui a fourni un objet consistant. Et pour construire de tels objets, la philologie et l'histoire, pratiquées de la façon la plus rigoureuse possible, sont des outils indispensables.

1. Voir la première occurrence de l'expression chez Heidegger : *Anmerkungen zu Karl Jaspers « Psychologie der Weltanschauugen »* (1919), cité dans l'excellent *Heidegger-Index* (1919-1927) de R. Petkovšek, Ljubljana, Teološka fakulteta Univerze v Ljubljani, 1998, p. 55 *sq.*

Un paradoxe en découle : ce n'est que par l'entreprise laborieuse d'une appropriation du passé que nous pouvons mettre en question ce qui nous est propre, et qui est lui-même l'ensemble des traces que ce passé a laissées en nous. De même : ce n'est qu'en critiquant ce qui nous est propre que nous pouvons construire notre identité. La destruction et la construction – voire l'édification, la sape et le soutènement – doivent aller du même pas.

En conséquence, il nous faut tout d'abord placer l'objet antique en face de nous, dans son droit à une existence indépendante, dans sa liberté d'être ce qu'il est ou ce qu'il fut. Pour ce faire, on est bien venu de se garder de deux écueils.

L'anachronisme

Le premier est bien connu, et c'est l'anachronisme. Il consiste à interpréter les auteurs philosophiques anciens de façon téléologique, comme des précurseurs de ce qui est venu par la suite, en imposant aux textes notre façon de voir d'aujourd'hui.

Comme exemple, on peut prendre le *Timée* de Platon. Il n'est pas question de l'interpréter en fonction d'éventuelles avancées vers la science moderne qu'il contiendrait, mais de faire droit à ce comme quoi il se présente. Le *Timée* est avant tout une œuvre d'art littéraire, une certaine façon pour Platon d'utiliser le langage. Et il le fait en mobilisant tout un ensemble de procédés, y compris des procédés plaisants. Certains phénomènes physiques sont expliqués non seulement comme des choses, mais aussi comme des mots. De là bien des étymologies – qui sont en fait des calembours.

Certains de ces jeux verbaux sont manifestes, et ils ont été signalés par les commentateurs anciens. Ainsi, en

43 *c* 7, que *aisthèsis* (sensation) soit dérivé de *aïssô* (s'élancer) a été vu par Proclus (in *Timaeum*, éd. Diehl, t. III, p. 332, 3-16). Il y en a d'autres de ce genre en 65 *e* 1, 67 *d* 2, 68 *a* 1, 76 *a* 1, 77 *b* 3.

Tout cela est bien connu. Cependant, il y a un passage qui est de plus grande portée que la simple plaisanterie, car il affecte un concept qui se trouve au cœur même de l'enseignement de Platon dans le *Timée*, à savoir celui d'*eikôs mûthos* ou *eikôs logos*. L'expression est trop souvent comprise à la lumière de l'épistémologie comme désignant la vraisemblance ou la probabilité. Cela convient pour la plupart des occurrences. Mais il y a des passages dans lesquels l'adjectif signifie « ressemblant » en un sens naïf, pour ne pas dire cru, comme la façon dont un portrait est ressemblant.

Ainsi, en 56 *b* 4, *pûr*, le feu, est expliqué à partir de *puramis*, le gâteau en forme de triangle qui a la forme d'une flamme, l'élément de feu étant censé formé de tétraèdres. Cette explication est dite faite *kata ton orthon logon kai kata ton eikota.*

Les traducteurs sont obligés de rendre le passage d'une façon qui le distord. Ainsi, Cornford a : « *in accordance with genuine reasoning as well as probability [...] we may take the pyramid as the element or seed of fire* » (p. 223). Et le traducteur français le plus récent, Luc Brisson, qui fait par ailleurs un excellent travail, a pour hypothèse interprétative d'ensemble que le *Timée* est le plus ancien programme d'une physique mathématisée. Il traduit donc : « conformément à la droite raison et conformément à l'< explication > vraisemblable < que nous proposons > » (p. 159). Il lui faut de la sorte ajouter des mots au texte et traduire le même mot de deux façons différentes : *logos* est rendu par « raison » et par « explication ». Et la courte proposition relative ajoutée à la fin suggère que *eikôs* est pour ainsi dire du côté du sujet, qu'il ne désigne donc pas une caractéristique intrinsèque du *logos*.

Orthos logos est en réalité l'étymologie, la droite dénomination.

On ne peut pas supposer qu'il y aurait d'un côté le *orthos logos*, comme phénomène purement linguistique, et d'un autre côté le *eikôs logos*, qui annonce la rationalité. Car cette tentative est exclue par un autre passage dans lequel l'adjectif « chaud » *(thermos)*, comme impression produite par le feu, est expliqué à partir des coupures *(kermatizein)* produites par les particules ignées, qui ont des arêtes coupantes : « ce que nous appelons maintenant "chaud" a fourni de façon ressemblante l'impression et le nom *(toûto ho nûn thermon legomen eikotôs to pathèma kai tounoma pareschen)* » (62 *a* 4). C'est ce qu'a bien vu Cornford, lequel renvoie au *Cratyle*, p. 260.

Le *Timée* est donc tout autant un texte sur le langage et le problème de la dénomination des réalités sensibles qu'un traité sur la nature.

L'historicisme

Il existe un second danger. Il est symétrique à l'anachronisme, mais je ne suis pas parvenu à lui trouver un nom qui me satisfasse vraiment. Faute de mieux, je me résous à l'appeler « historicisme », mais non sans regret, car ce mot a déjà de nombreux sens, qui eux-mêmes sont loin d'être clairs. Ce que j'entends par là est la tentation de clouer les textes à l'époque à laquelle ils ont été écrits, plus précisément, à la façon dont nous nous représentons l'horizon, la limite la plus extrême que la pensée pouvait atteindre à cette époque. Ce faisant, nous excluons par avance la possibilité qu'un auteur puisse anticiper sur des développements postérieurs. Or, qu'est-ce qui pourrait empêcher qu'un auteur ait aperçu le phénomène lui-même ? Et qu'il l'ait formulé d'une façon qui annonce celle dont un autre penseur, fort éloigné de lui dans le temps, a lui aussi saisi et exprimé le même phénomène ?

Voici un exemple :

Dans les *Catégories*, Aristote commence par diviser la quantité en discrète et continue. Un quantum discret a des parties qui n'ont pas de limite commune. C'est le cas du nombre (4 *b* 25-31) et du discours oral (4 *b* 32-37). Un quantum continu a des parties qui ont une limite commune. Il en est ainsi des réalités géométriques comme la ligne, la surface et le volume (5 *a* 1-6) ; c'est également le cas du temps et de l'espace (5 *a* 6-14).

Une division postérieure, qui recoupe la première, distingue d'une part les quanta dont les parties ont une position *(thesis)* en relation les unes aux autres, comme les dimensions géométriques ou l'espace, et d'autre part les quanta dont les parties n'ont pas de position en relation les unes aux autres, mais seulement un ordre *(taxis)*, comme le temps, le nombre et le discours.

	1) continu	2) discret
fait de parties qui :		
a) ont une position mutuelle *(thesis)*	ligne, surface, solide, lieu	/
b) n'ont pas de position mutuelle < mais un ordre *(taxis)* >	temps	nombre, discours

Une difficulté se présente pour le temps, et pour lui seul. Le temps est le seul exemple d'un quantum qui à la fois est continu *et* possède un ordre, et non une position. Mais aucune des parties du temps ne subsiste (5 *a* 27), puisqu'il « coule ». Comment donc pouvons-nous dire qu'il est continu (4 *b* 24, 5 *a* 6) ? Avec quoi chacune de ses parties est-elle en continuité ? Ce qui est continu doit tenir ensemble, être d'un seul tenant.

De ce fait, le temps apparaît comme pure continuité, ou pure continuation, pure activité d'établir de la continuité, sans rien à mettre en continuité avec quoi que ce soit. Il est de la sorte un contenant sans contenu, c'est-à-dire quelque chose comme une forme pure. C'est ce que le Kant de la *Critique de la raison pure* devait dire, bien des siècles plus tard. Certes, il le fait dans une tonalité tout à fait différente, car le temps kantien est une forme de la subjectivité. Reste qu'il est quand même une forme, comme déjà chez Aristote.

5. *Conclusion*

J'ai commencé ce texte par quelques mots sur moi-même comme individu. En conclusion, il serait peut-être bon de réfléchir sur ce que nous autres historiens de la philosophie sommes comme être collectif, comme corporation de gens qui exercent le même métier. La réponse est d'ailleurs dans la question : nous sommes les gens qui demandent qui ils sont. Nous sommes les gens pour lesquels l'identité est présente comme une interrogation. Nous sommes les gens qui tentent de mettre en œuvre une sorte de « connais-toi toi-même » historique. Nous sommes les gens qui veulent se poser la question de leur identité en faisant un détour. L'identité de l'homme contemporain est conditionnée historiquement. Ce que nous sommes est ce que nous sommes devenus. Bien entendu, il y a là une donnée anthropologique fondamentale, et il en a toujours été ainsi. Mais la différence réside dans la réflexion.

Le *gnôthi seauton*, et plus encore l'examen de conscience, présupposent de nos jours une réflexion historique. Vouloir faire l'impasse sur l'histoire nous livre sans défense à l'opinion. Celle-ci doit subir un traitement historique. Puisque notre identité est médiatisée et conditionnée par le passé, nous ne parvenons à nous-mêmes que par le truchement de l'histoire. De la sorte, l'histoire nous met nous-mêmes en question et devient l'endroit où le danger culmine. L'histoire de la philosophie peut avoir des conséquences révolutionnaires, dans la mesure où elle détruit telle ou telle *fable convenue*. L'histoire nous met à l'épreuve. Les historiens ne sont pas des gens qui font « la promenade oisive du propriétaire gâté dans le jardin du passé [1] ». Ils sont des pionniers qui fraient des chemins là où il n'y en avait pas. S'il vivait aujourd'hui, peut-être que Socrate ne ferait pas de la musique, mais de l'histoire.

1. F. Nietzsche, *Unzeitgemässe Betrachtungen*, II. « Vom Nutzen und Nachteil der Historie für das Leben », Préface ; *KSA*, vol. 1, p. 245.

LE MONDE GREC

Le monde libre

L'une des idées sur lesquelles l'Europe se sait ou se sent fondée est l'idée de liberté. Les slogans qui sont venus la recouvrir, et qui peuvent masquer les pires asservissements, n'y font rien : c'est aussi en son nom qu'on en fait la critique. C'est également à son aune que l'on mesure les peuples qui se réclament d'elle, et que nous devons nous demander, comme il le faudrait, si nous méritons encore d'être libres – plus radicalement, si nous le voulons encore, si la liberté est encore capable de réveiller en nous l'« envie de mordre ». Ce « encore » renvoie à un passé, à un héritage, qui est censé nous venir des Grecs, et qu'il nous faudrait revendiquer avec une énergie accrue. Mais, avant de faire effort pour nous l'approprier à nouveau, il convient de voir ce qu'il a de propre aux Grecs, et donc ce qui le met en un certain sens au-dessus de tout essai pour le partager avec eux. Il convient aussi de se demander si – ce qui ne va pas de soi – les Grecs possédaient eux-mêmes cette idée de liberté qu'il nous faudrait recevoir d'eux. Même si l'on ne s'illusionne pas sur le *fait* de la liberté dans une civilisation esclavagiste, il reste à s'interroger sur l'*idée* grecque de liberté [1]. Or, tout se passe

1. Sur ce problème, signalons, faute de mieux, M. Pohlenz, *La Liberté grecque. Nature et évolution d'un idéal de vie*, trad. J. Goffinet, Paris, Payot, 1956, 220 p. ; D. Nestle, *Eleutheria. Studien zum Wesen*

comme si la liberté, pour les Grecs qui en jouissent, allait plus ou moins de soi. Elle est là, mais sans que l'on réfléchisse sur sa présence. Les philosophes ne se sont tournés vers elle que peu et tard. À date ancienne, on a du mal à trouver de quoi dépasser le sens purement juridique du terme, sens par lequel il désigne le statut de citoyen, distingué de celui d'esclave.

1. Les pièges de l'oraison funèbre

Un des rares textes susceptibles d'être versés au maigre dossier de la réflexion grecque sur la liberté est l'oraison funèbre que Thucydide fait prononcer à Périclès en hommage aux soldats morts pendant la première année de la guerre du Péloponnèse (II, 36-46). Il est donc indiqué d'étudier ce discours, sans doute le plus célèbre de l'œuvre de l'historien. Cependant, il n'est pas non plus le moins dangereux. Peu de textes, en effet, sont plus propres à répandre l'illusion d'une démocratie idéale, d'un paradis politique sur la terre. Nous ne pouvons donc l'aborder sans précautions. Il y a longtemps que les historiens modernes nous mettent en garde contre la tentation d'idéaliser en rappelant les côtés obscurs, primitifs, voire cruels, de l'Athènes classique. Mais leur entreprise de démythisation perdrait son originalité si l'on pouvait montrer que Thucydide lui-même, dont le témoignage est finalement seul décisif, semblait avoir tenu à prendre ses distances par rapport aux développements d'apparat

---

der Freiheit bei den Griechen und im Neuen Testament, Teil I. *Die Griechen*, Tübingen, Mohr, 1967, XII-164 p. Je n'ai pas pu avoir accès à H.J. Muller, *Freedom in the Ancient World*, New York, Harper, 1961.

que Périclès consacre à la démocratie et à l'attitude mentale qui lui correspond. Si l'on évite en effet le piège qui consiste à isoler le discours, et si on le replace dans son contexte, on en voit apparaître l'amère ironie – d'autant plus que Thucydide l'a très vraisemblablement composé après la défaite athénienne : toutes les qualités que l'homme d'État prête à ses concitoyens se révèlent doublement illusoires. D'une part, elles sont incapables de résister à l'épreuve de la guerre et de la peste (dont la description constitue la réponse à l'oraison funèbre), qui fait remonter à la surface le fond permanent de la nature humaine que l'idéologie périciéenne ne faisait que couvrir d'un masque flatteur. Et d'autre part, elles supposent la réalité de l'impérialisme, qui en est la conséquence, mais aussi la preuve dernière [1]. Comment alors se réclamer d'un tel texte, comment y voir le programme d'un humanisme qui caractériserait la civilisation européenne ? Il est de fait que son contenu « humaniste » a été par la suite dégagé du fond « impérialiste » qu'il maquillait, et proposé comme idéal d'*humanitas* par une tradition inaugurée par Isocrate, poursuivie par Plutarque, Cicéron, Quintilien, et continuée jusqu'à nous, tradition qui évite d'ailleurs de se référer directement à Thucydide, qu'elle abandonne à des penseurs hétérodoxes comme Hobbes. Comment ne pas lui donner raison, et refuser avec elle de chercher à saisir la source, si celle-ci ne nous fournit qu'une image idéalisée selon les critères d'une propagande officielle, qu'un portrait retouché, qu'une *polis* à la

1. On peut se contenter ici de renvoyer aux minutieuses analyses de H. Flashar, *Der Epitaphios des Perikles. Seine Funktion im Geschichtswerk des Thukydides*, Heidelberg, Winter, 1969, 56 p.

Potemkine ? À moins que l'on ne joue justement Thucydide contre l'humanisme naïvement moralisant, en y voyant l'affirmation de la réalité de l'impérialisme, de la politique de puissance dans tout ce qu'elle a d'immoral. Cette stratégie, qui est celle de Nietzsche [1], suppose encore que Thucydide approuve Périclès – ce qui doit être nuancé. Et quant au fond, même si, le désir de s'accroître étant au fond de la nature humaine (I, 76, 3 ; IV, 61, 5), le type d'homme qui a réalisé le plus puissant empire (VII, 66, 2) doit en être la réalisation la plus parfaite, il reste à se demander ce que veut dire dans ce cas le mot « homme ».

Que pouvons-nous donc bâtir sur l'oraison funèbre de Périclès ? Que faire, si l'humanisme dont on y cherche la racine est, dans le meilleur des cas, l'avènement d'un type humain qui ne peut subsister sans des conditions qui le sapent, si, en d'autres termes, l'homme athénien ne peut se développer qu'à condition que la cité soit impérialiste ? L'oraison funèbre ne ferait alors que suggérer ce « mauvais côté des choses » qui, s'il fait seul avancer l'histoire (Marx), ne semble pas avoir été approuvé par Thucydide, dont l'œuvre, lue attentivement, n'a rien d'un panégyrique d'Athènes, ni même d'une apologie de Périclès. Faisons ici deux remarques. (1) La position de Thucydide envers la politique de puissance et Périclès qui est le représentant le plus typé de celle-ci peut être aussi critique que l'on veut ; la distance que prend l'historien par rapport aux conséquences pratiques de la tournure d'esprit athénienne ne l'empêche nullement de la partager

1. *Zur Genealogie der Moral*, II, § 11.

en ce qui concerne son entreprise même d'historien [1]. Nous aurons à le voir. (2) L'histoire a passé sur Athènes un jugement pratique en donnant la victoire à Sparte – un jugement que Thucydide ratifie en en montrant discrètement les attendus. Il reste que l'*attitude athénienne*, une fois libérée de son berceau étroitement localisé, fête peut-être son triomphe le plus décisif. Je ne fais pas seulement allusion au fait, déjà abondamment souligné, que c'est Athènes qui deviendra par la suite le centre culturel de la Méditerranée et que, d'une certaine façon, nous sommes tous des Athéniens. C'est chez Thucydide lui-même que nous voyons que « la défaite d'Athènes est son triomphe : ses ennemis doivent devenir en quelque sorte athéniens pour la vaincre ; elle a été vaincue parce qu'elle a réussi à être l'éducatrice de la Grèce [2] ». Il importe donc de se demander quel est le contenu de cet enseignement, *ce que* les Athéniens nous ont appris, et que nous n'avons peut-être nullement oublié depuis.

2. *Une autre liberté*

Il nous semble donc possible de trouver un accès à l'oraison funèbre qui nous évite de donner dans la mystification du « siècle de Périclès » conçu comme l'apogée d'un humanisme hellénique plus ou moins douteux. Celui-ci est clairement idéologique en ce qu'il suppose l'oubli de l'impérialisme qui le rend possible : la liberté

1. Cf. L. Strauss, *The City and Man*, Chicago, Rand Mac Nally, 1964, p. 157 *sq*.

2. *Ibid.*, p. 226. Parmi les textes cités, relevons surtout VII, 21, 3 *sq*. et 55. On peut ajouter VIII, 96, 5.

du citoyen d'Athènes suppose l'asservissement du reste du monde. Il nous faudra donc nous installer *dans* cet impérialisme même pour en chercher les conditions de possibilité. De ce fait, notre lecture sera décidément *philosophique*[1]. Elle se propose de montrer que, si la liberté *politique* de l'Athénien est, de fait, aussi peu indépendante de l'impérialisme que l'existence même de la cité grecque l'est de l'esclavage, ce que nous appelons, peut-être un peu vite, l'impérialisme, se fonde à son tour sur une liberté d'un autre ordre, dont nous avons à apprendre ce qu'elle est. Car elle ne coïncide pas nécessairement avec ce que nous comprenons spontanément lorsque nous entendons le mot par lequel nous rendons le grec *eleutheria*. Il est juste de dire que, dans l'oraison funèbre, « l'idée de liberté vient en tête et commande presque tout l'exposé[2] », où le mot apparaît de fait quatre fois (36, 1 ; 37, 2 ; 40, 5 ; 43, 4). Relever ces passages ne peut cependant

1. Thucydide ne semble guère avoir retenu l'attention des philosophes contemporains. Nous ne connaissons sur l'oraison funèbre que l'essai un peu rapide de K.H. Volkmann-Schluck dans *Politische Philosophie* [...], Francfort-sur-le-Main, Klostermann, 1974, p. 66-77, qui prend lui aussi comme fil conducteur l'idée de liberté. On peut noter une bonne page sur 40, 1 (p. 69 *sq.*), et une autre sur la liberté comme ce qui permet, lorsque deux contraires s'affrontent, que l'un des deux termes laisse être l'autre (p. 72). Signalons l'article de E. Martineau, « Un indécidable philologique (Thucydide, I, 22, 1) », *Études philosophiques*, 1977/3, p. 347-367, qui contient, outre des remarques pénétrantes sur la « méthode », une page sur l'« archéologie » (p. 356 *sq.*) à laquelle je dois beaucoup.

2. Jacqueline de Romilly, dans sa notice au tome II de son admirable édition et traduction de Thucydide, Paris, Les Belles Lettres, 1962, p. XXVI *sq.* C'est cette traduction que nous citerons désormais. Seules des circonstances extérieures nous ont empêché de tenir compte de son livre sur *Thucydide et l'impérialisme athénien* (Paris, Les Belles Lettres, 1947).

nous éclairer sur l'essence de la liberté grecque tant que nous n'aurons pas le concept correspondant. Au contraire, nous n'en sommes que plus tentés de transposer sur Thucydide l'idée plus ou moins vague que nous nous en faisons. Deux détails peuvent nous empêcher de le faire trop vite. (1) À aucun moment, il n'est question d'une liberté intérieure, située dans la volonté, et pensée à partir de l'idée de causalité. La liberté est ici exclusivement politique. Le concept serait donc plus étroit que le nôtre. (2) Il est pourtant, par ailleurs, plus large, puisqu'il englobe aussi le *libéralisme* qui laisse faire à autrui ce que les lois n'interdisent pas (37, 2), et la *libéralité* qui donne avec une générosité qui ne calcule pas (40, 5). Il nous faut donc chercher ce que l'expérience athénienne de la liberté a de propre par rapport à la nôtre.

Pour ce faire, partons d'un passage qui *ne* contient *pas* le mot « liberté », mais qui contient la clé de toute l'oraison funèbre :

> Il existe des marques insignes, et les témoignages ne manquent pas, pour signaler cette puissance, et nous offrir à l'admiration de tous, dans le présent et dans l'avenir ; nous n'avons besoin ni d'un Homère pour nous glorifier, ni de personne dont les accents charmeront sur le moment, mais dont les interprétations auront à pâtir de la vérité des faits : nous avons contraint toute mer et toute terre à s'ouvrir devant notre audace, et partout nous avons laissé des monuments impérissables, souvenirs de maux et de biens (41, 4).

Ce paragraphe est le dernier de ceux par lesquels Périclès caractérise la cité et la manière de la vivre (*politeia*, cf. 36, 4) pour laquelle les morts dont il prononce l'éloge ont donné leur vie. L'opposition qui le gouverne n'est rien d'autre, en première approche, que celle, rebattue, qui commande dès le début le discours, et qui met en face des paroles plus ou moins tendancieuses *(logos)* la réalité têtue des faits *(ergon)*. Mais ce thème reçoit ici l'orchestration la plus riche qui puisse être : les deux termes de la polarité *logos / ergon* y atteignent conjointement leur sommet, la dignité de chacun provoquant l'autre à une suprême affirmation de soi. Le *logos* n'est ici rien de moins que celui que pourrait produire un Homère, l'apogée de la parole grecque. Il faut un tel adversaire pour l'*ergon* athénien. Celui-ci, s'il surclasse son rival, en reçoit pourtant quelque chose, à savoir, la préfiguration du modèle dans lequel il aura à se déployer : toute mer et toute terre, c'est la toile de fond des aventures d'Ulysse, que les expéditions des Athéniens remplissent d'un contenu concret.

Une question se pose ici : si Homère est dépassé, ne le serait-il pas sur son propre terrain, celui de l'exagération poétique, par un poète (cf. ὕμνησα en 42, 2) certes supérieur dans son art, mais tout aussi peu digne de foi, à savoir Périclès lui-même ? Dire que les Athéniens ont parcouru le monde entier en y laissant leur marque nous semble risible après Christophe Colomb et Cook. Les Grecs déjà savaient bien que le bassin méditerranéen n'était guère plus qu'une mare aux grenouilles [1]. Qui plus est, Périclès en personne reconnaît que l'empire athénien ne s'exerce que sur un seul des deux éléments qu'il nomme, à savoir la mer (I, 143, 5 ; II, 62, 2). Serions-nous en présence d'une simple hyperbole ? On ne peut résister à la tentation de le croire aussi longtemps que l'on s'imagine lire la description idéalisée des succès de

1. Platon, *Phédon*, 109 *a* 9-*b* 2.

l'impérialisme athénien. Or, il y a plus. Un détail peut nous aider à nous débarrasser de cette représentation erronée : le paragraphe se termine non sur le rappel exaltant des victoires, mais sur l'aveu beaucoup plus sobre de certains échecs. Les « monuments impérissables » sont la trace *« both of success and failure*[1] ». Périclès n'est nullement décrit, à la différence de certains de ses successeurs qui ne le valent pas, comme aveugle aux revers subis, à ceux qui menacent l'entreprise athénienne, et même à l'éventualité d'un échec total (cf. 64, 3 et V, 91, 1). La louange d'Athènes, dans notre passage, atteint un niveau qui la met à l'abri de tout échec factuel. Le discours où il se trouve se distingue par là des autres, et en particulier du troisième et dernier discours de Périclès, auquel nous venons de renvoyer, et qui parle de la « domination » exercée par Athènes sur la mer (κύριος, 62, 2). L'oraison funèbre se déplace aussi dans une autre optique.

3. *L'ouverture du monde*

Pour la caractériser, il nous faut serrer de plus près le texte que ne le fait la traduction, par ailleurs irréprochable, que nous avons reproduite. Les mots qui, vers la fin, y sont rendus par « s'ouvrir » seraient calqués plus exactement par « devenir accessible » (*ἐσβατὸν* [...] *γενέσθαι*). « Ouvrir » rend compte d'un fait, auquel il doit être comparé – pour être, en l'occurrence, révisé en baisse. « Rendre accessible » renvoie, comme la forme du mot l'indique, à une *possibilité*. De ce point de vue, aucune limite n'est à tracer, on n'a plus à se demander

---

1. J'adopte ici l'interprétation de A.W. Gomme, *An Historical Commentary on Thucydides*, vol. 2, Oxford UP, 1956, p. 129.

jusqu'où les Grecs sont allés. L'accessibilité précède tout accès historiquement repérable. Porter la terre et la mer, dans leur totalité, à une telle accessibilité est, plus qu'un événement historique, comme un *fait transcendantal* – comparable au fait de la raison qui, chez Kant, manifeste la présence de l'usage pratique de celle-ci comme liberté. Ce qui est rendu accessible, on peut certes y accéder. Mais aucune prise de contrôle ne saurait l'épuiser. Le champ rendu accessible et ainsi ouvert transcende par avance tout ce qui pourra jamais le parcourir, parce que le possible est plus vaste que le réel. De ce point de vue, les mots « *toute* la mer et *toute* la terre » cessent d'être une exagération pour décrire avec rigueur le champ du possible. La mention de la terre s'ajoute à celle de la mer, qui seule est effectivement dominée, pour compléter la totalité. Périclès fait alors écho à Sophocle qui, dans le second chœur d'*Antigone*, modifiait l'épithète homérique *ποντοπόρος* (« qui traverse la mer ») pour créer le *παντοπόρος* (« qui vient à bout de tout ») qui lui servait à caractériser l'homme [1]. La perspective dans laquelle se place l'oraison funèbre est celle de la puissance, non de l'empire, comme le montre la comparaison de son vocabulaire avec celui des autres discours de Périclès [2]. On

1. *Antigone*, v. 360. Il n'est pas possible de développer ici une comparaison pourtant nécessaire entre le chœur de Sophocle (v. 332-375) et l'oraison funèbre. Renvoyons au célèbre commentaire de Heidegger, *Einführung in die Metaphysik*, Tübingen, Niemeyer, 1953, p. 114-126, qu'il faudrait compléter par une comparaison avec le chœur d'Eschyle auquel Sophocle répond (*Choéphores*, v. 585 *sq*.).

2. Le terme « dominant » *(kyrios)* n'apparaît pas dans l'oraison funèbre. Le mot « empire » *(archè)* n'y apparaît qu'une fois (36, 2) contre six dans le troisième discours (62, 1 ; 63, 1 [trois fois].3 ; 64, 5). Le terme « puissance » *(dynamis)* est en revanche deux fois plus fréquent dans l'oraison (39, 3 ; 41, 2.4 ; 43, 1, contre 62, 3 ; 64, 3). Les deux termes sont présents chacun une fois dans le premier discours (I, 144, 1 et 4).

peut penser que Thucydide a voulu nous faire percevoir, derrière une politique de *puissance*, la *possibilité* qui fonde celle-ci, et qui ne souffre pas de ses échecs.

Le fait ainsi nommé doit ravaler tout poète au second rang. Même le plus grand de ceux-ci, Homère, n'aurait pas été à la hauteur de telles possibilités. Et même, puisque nous sommes dans la sphère du possible, ce n'est pas seulement la réalité des poèmes homériques, c'est toute espèce d'Homère possible qui se trouve révoquée d'avance. Périclès exclut donc

> quiconque charmera sur le moment par ses accents épiques (*ἔπη*), mais dont les interprétations (*ὑπόνοια*) auront à pâtir de la vérité des faits.

4. Le chant du possible

Il nous faut ainsi comprendre de façon plus approfondie le rapport à Homère qui est présenté ici, en creusant, sous l'Homère réel, la dimension d'un Homère possible. En ce qui concerne la réalité, Périclès a conscience de ce que les possibilités d'Athènes seront admirées « par les gens qui vivent maintenant comme par ceux qui viendront par la suite » (41, 4 et cf. 64, 3). Il se conduit par là, et avec lui beaucoup d'autres Grecs, comme ces héros épiques qui se savent agir en vue de ce qui sera plus tard chanté à leur sujet [1]. D'autre part, Périclès, comme personnage mis en scène par Thucydide, fait écho à la critique d'Homère menée par l'historien au début de son œuvre. Il s'y attaque à la guerre qui, s'il ne prenait soin

1. Cf. *Iliade*, 6, 357 *sq*.

de la minimiser, pourrait rejeter dans l'ombre celle qu'il veut raconter – la guerre de Troie, chantée par l'*Iliade*. Il montre que l'histoire homérique est exagérée [1] afin de mettre en relief la grandeur incomparable de la secousse dont il a été témoin. Thucydide affirme implicitement son accord, sur ce point, avec Périclès : comme lui, il considère l'expérience athénienne comme un sommet. L'histoire vécue est en accord avec l'histoire racontée en ce que Périclès fournit à Thucydide son objet. C'est là le principal mérite de l'homme d'État : rien de « politique », mais d'avoir su donner à l'historique toute son ampleur. Les termes mêmes dans lesquels l'historien formule son projet annoncent, on l'a remarqué, ceux de l'homme d'État (cf. 41, 4 et I, 22, 4). Le « trésor pour toujours » qu'il se flatte de nous livrer reprend les « souvenirs impérissables » laissés par Athènes. Son œuvre est permanente parce qu'elle profite du séisme inégalé qui a pour un temps mis à nu les strates les moins changeantes de la nature humaine (*ibid.* et cf. III, 82, 2). La réflexion de l'historien est donc comme logée dans l'événement même qu'il porte au langage et qui est, tout autant que la guerre du Péloponnèse, le *fait athénien*. Sur ce fait, Thucydide est d'accord avec les personnages qu'il fait parler (cf. I, 70, 2-9 et IV, 55, 2). On sait que Thucydide, s'il est athénien, mérite les éloges des historiens modernes pour la façon dont il sait raconter avec impartialité et reconnaître les torts des deux adversaires. Il est pourtant un point sur lequel il se comporte de façon résolue en athénien. Ce n'est aucun détail de son œuvre, mais l'intention d'ensemble qui l'anime : repousser « la négligence

1. I, 10, 1.3 ; 11, 3 – « les poètes » ; I, 3, 3 ; 9, 3 *sq.* – Homère. Et cf. Plutarque, *Vie de Périclès*, 28, 7.

(ἀταλαίπωρος) que l'on apporte en général à rechercher la vérité, à laquelle on préfère les idées toutes faites (τὰ τοιμα) » (I, 20, 3). Ne pas se satisfaire de ce qui est déjà sous la main, voilà une attitude spécifiquement athénienne, alors que les Spartiates cherchent justement à sauvegarder les τοιμα (I, 70, 4). Le refus de prendre des risques, l'absence d'audace (ἀταλαίπωρος) est le contraire même de l'audace (τόλμη) athénienne. Le rapport des hommes à leur passé est spontanément « spartiate ». L'attitude de Thucydide est au contraire décidément « athénienne ». L'audace athénienne et celle de l'historien s'éclairent l'une l'autre. Il faut donc s'interroger sur la « méthode » de Thucydide.

En apparence, elle ne se distingue guère de celle de la science objective – en l'occurrence, la critique historique, qu'on fait souvent gloire à Thucydide d'avoir, sinon inventée, du moins pratiquée avec virtuosité. L'un des principes de cette méthode est l'exclusion de tout « sentiment ». Or, ne sommes-nous pas en train de ramener la méthode de l'historien grec à une forme d'esprit novatrice, voire au sentiment de l'audace ? C'est bien le cas, si l'on prend soin de préciser deux points : (1) nous ne sommes que trop spontanément portés à disqualifier le sentiment par rapport à la connaissance de la réalité objective, alors qu'il pourrait se faire que ce soit justement le sentiment qui nous livre ce dont nous pourrons ensuite tirer nos « objets » ; (2) il faut distinguer d'une part les sentiments qui interviennent à l'intérieur du travail scientifique *(ira et studium)*, où ils n'ont en effet rien à faire, si ce n'est créer des obstacles, et d'autre part le sentiment qui, invisible à la science même, en gouverne pourtant la démarche, à savoir le courage de la vérité – un thème sur lequel Nietzsche a dit des choses décisives [1]. Ce sentiment qui refuse ce qui est déjà sous la main pour se jeter dans l'inconnu est *erôs*. Comme le montre le Socrate de Platon, il est une propriété qu'il faut refuser à ce qui prétend être objet d'amour *(erôs)*, et c'est le fait d'être déjà disponible (τομος) [2]. Contre les maîtres de sagesse qui condamnent le désir fou de ce qui n'est pas [3], Platon montre que *tout* désir a un tel objet. De quel côté Thucydide se place-t-il ? Nicias condamne bien « l'appétit malsain des choses lointaines » (VI, 13, 1). Mais distinguons : autre chose est le goût de ce qui se trouve éloigné de notre vie quotidienne (le mirage sicilien d'Alcibiade ou le *plus ultra* pour lequel se damna l'Ulysse de Dante), mais qui *est* de la même façon que celle-ci, et ne saurait donc que décevoir ; autre chose, de voir, *dans* ce qui est, ce qui n'est pas. Ce qui, dans ce qui est, n'est pas, c'est le possible. C'est pourquoi l'amour *(erôs)* que Périclès recommande à ses concitoyens est, au moins autant que le chauvinisme pour la cité réelle, l'amour des *possibilités (dynamis)* de la cité, qu'ils doivent apprendre à contempler (θεᾶσθαι) dans la réalité (43, 1). C'est un amour de ce genre que l'historien doit diriger sur la réalité qu'il décrit.

On peut le déduire de la phrase dans laquelle Périclès, pour lors en parfait accord avec Thucydide, récuse tout poète « dont les interprétations auront à souffrir de la vérité des faits ». Le mot capital est ici celui que l'on traduit par « interprétations », et qui résume l'activité du poète, *hyponoia*. Les poètes, dit-on, divaguent volontiers

1. Cf. en particulier, sur Thucydide, *Götzendämmerung*, « Was ich den Alten verdanke », § 2.

2. *Banquet*, 200 *d* 9, *e* 2.

3. Cf. Pindare, *Pythiques*, 3, 20.

loin des faits constatables. D'où la tentation de lire ici l'opposition entre la *verità effettuale della cosa* et l'*imaginazione di essa*. Il est cependant remarquable que le mot de Thucydide implique un rapport au *possible* : Alcibiade fait remarquer que « la manifestation de fait laisse aussi, du même coup, transparaître la puissance (καὶ ὣ δύναμις ἅμα ὑπονοεῖται) [1] ». L'*hyponoia* lit les possibilités dans les réalisations. De même, dans un des sommets de l'œuvre, le dialogue avec les Méliens, les Athéniens font remarquer, d'entrée de jeu : « Si vous voulez, par des conjectures, supputer l'avenir (ὑπονοίας τῶν μελλόντων λογιούμενοι), si vous avez [...] un autre but que de vous fonder sur la situation présente et sur ce que vous voyez pour aviser au salut de votre cité, autant en rester là » (V, 87). Les notables de l'île sont ramenés brutalement à ce qui est présent. Mais il n'y a là aucune adoration positiviste du fait brut. La réplique suivante des envoyés d'Athènes montre en effet qu'il s'agit d'autre chose, à savoir de réaliser les possibilités (τὰ δυνατά) à partir de ce que pense chacune des deux parties en face de sa vérité (V, 89). Ce qui est présent, ce sont des possibilités, qu'il faut avoir le courage de voir comme telles. Ainsi dans ces textes, nous voyons s'opposer *deux* sortes d'*hyponoia*, *deux* sortes de rapport au possible. Le premier s'évade de ce qui est, le second s'y enfonce pour en faire jaillir le possible. Seul le premier doit craindre la confrontation avec la réalité. Le second doit au contraire la serrer au plus près. Gardons-nous donc d'opposer ici directement le possible au réel. Le fait que Périclès oppose aux enjolivements poétiques ce qui pourrait paraître une contre-vérité

1. VI, 16, 2, auquel renvoie A.W. Gomme, *op. cit.* (en note 1, p. 49), p. 128.

flagrante (la terre, c'est Sparte qui la tient) suffirait à montrer que cette opposition est boiteuse. Ce que Thucydide oppose, c'est, d'une part, l'*hyponoia* du poète, la recherche du possible par l'esprit *(noûs)* livré à lui-même, d'autre part, l'entreprise de l'historien, qui n'est pas moins « hyponoètique », et qui cherche le possible *dans* le réel. La poésie n'est pas à l'histoire comme le possible au réel [1]. Toutes deux ont affaire au possible, mais n'envisagent pas le même aspect de celui-ci. Dans le premier cas, le possible est construit par l'esprit ; dans le second, il est conçu de façon pratique dans la vérité *(alètheia)* des faits, conçus comme œuvres *(erga)*. Ce second possible, dans l'œuvre, est porté à l'être *en tant même qu'il est possible*. L'objet de l'historien n'est autre que la réalité du possible comme tel [2]. C'est pourquoi l'accessibilité d'ensemble de la terre et de la mer, présente comme une possibilité par rapport à laquelle la réalité reste en retrait, a déjà, et comme telle, laissé des traces concrètes sous la forme de monuments qui en immortalisent le souvenir. Ces monuments, comme celui que Thucydide est en train d'édifier lui-même et qui ne sera pas moins durable, concrétisent moins les hauts faits du passé qu'ils n'indiquent l'irréversibilité des possibles ouverts. Nous admirons à juste titre les réalisations des Grecs. Il conviendrait encore plus de s'étonner devant, si l'on peut dire, leurs « possibilisations ». S'ils ont réalisé beaucoup de choses, ils ont surtout rendu beaucoup de choses possibles.

1. Cf. Aristote, *Poétique*, 9.

2. On reconnaît la définition qu'Aristote donne du mouvement, au début du troisième livre de la *Physique*. Rappelons, *cum grano salis*, que Thucydide commence son histoire en caractérisant la guerre du Péloponnèse, qu'il se propose de raconter, comme un « mouvement » *(kinèsis)* [I, 1, 2].

5. L'accessibilité

Les prouesses que Périclès met au crédit de sa cité consistent donc à avoir institué un possible nouveau, à avoir donné à la terre et à la mer le nouveau visage de l'accessibilité. L'adjectif *ἐσβατός*, dont se sert Thucydide, est rare. Tellement rare, à vrai dire, qu'il n'est attesté qu'ici, comme si l'historien l'avait lui-même forgé, signe de l'importance qu'il attribuait au choix de ce mot. Ce qui est ouvert est l'ensemble du domaine sur lequel peut s'exercer l'action humaine. L'historien ne dit rien du ciel, demeure traditionnelle des dieux, selon les poètes qu'il vient de critiquer, et qui de toute façon ne peut être escaladé [1]. Ce silence est lui-même plein de sens, et il fait partie de l'audace par laquelle l'accessibilité est implicitement considérée comme le critère de ce qui est. L'accessibilité de tout doit entraîner la supression de la différence entre espace sacré (*ἄβατός*) et espace profane, différence que les Athéniens sont précisément accusés de ne pas respecter (cf. IV, 97, 3). Nous sommes devant l'une des sources lointaines du « désenchantement » moderne du monde. Pour commencer, assurons-nous cependant de la base concrète de ce que dit Périclès. L'allusion implicite est sans doute aux expéditions qui menèrent l'armée athénienne aux portes de la Perse et de l'Égypte. L'homme d'État nomme aussi, très explicitement, la puissance commerciale concrète de l'Attique :

> Nous voyons arriver chez nous, grâce à l'importance de notre cité, tous les produits de toute la terre (*ἐκ πάσης γῆς τὰ πάντα*), et les biens fournis par notre pays ne sont pas plus à nous, pour en jouir, que ne sont ceux du reste du monde (38, 2).

---

1. Cf. l'usage de *ambatos* chez Pindare, *Pythiques*, 10, 27.

On reconnaît un thème traité par d'autres auteurs de l'époque [1] : Athènes est devenue un marché où affluent les produits de tout le monde connu. L'ouverture du monde est par un côté l'intégration progressive de toute la terre au marché mondial. Nous pouvons donc voir dans l'impérialisme athénien la première manifestation d'un événement qui prendra par la suite des dimensions planétaires. De même, nous pouvons chercher dans l'œuvre de Thucydide la préfiguration de traits de civilisation que l'on réserverait spontanément à la modernité. Ainsi, la grandeur historique est, en particulier dans l'« archéologie », mesurée à la capacité de « mobilisation générale » chère à E. Jünger (cf. VI, 31, 1). Ou encore, le privilège de la nouveauté s'appuie sur son rôle directeur dans les techniques (I, 71, 3). Chercher de la sorte chez Thucydide la forme embryonnaire du monde moderne est une entreprise parfaitement légitime, pourvu que l'on se garde d'une erreur encore plus grave que l'anachronisme, et qui serait de ne pas donner à notre modernité elle-même toute l'ampleur qui lui revient, faute d'avoir saisi à une profondeur suffisante le coup d'envoi grec dont elle est l'écho – la lancée sur laquelle elle continue et qui risque de se cacher dans l'évidence même qu'elle revêt pour nous. Plus radicale que les conquêtes de tout impérialisme est le jour sous lequel apparaissent les choses qui pourront par la suite passer sous le contrôle, jour qui est justement ce que nous avons appelé l'*accessibilité*. La terre et la mer, qu'il déclare avoir été rendus accessibles, Périclès les nomme dans son dernier discours « les deux éléments offerts à notre activité (τὰ ἐς χρῆσιν φανερά) »

1. Cf. Isocrate, *Panégyrique*, 42 ; Pseudo-Xénophon, *République des Athéniens*, II, 7.

(II, 62, 2). Comprenons, non pas « ce qui est manifestement utile », ni non plus « ce qui est utile, parce que manifeste », mais bien : ce qui s'offre et se manifeste comme ce que c'est par et pour un usage. La terre et la mer ne se montrent sous leur vrai jour que du point de vue de l'usage qui en est fait. L'usage (χρῆσις) comporte une capacité intrinsèque d'éclairer ce sur quoi il porte. C'est peut-être à l'aune de cet « usage » qu'il faut comprendre l'« inutilité » du citoyen a-politique (40, 2), la *polis* dont il s'exclut étant le lieu où se manifestent terre et mer, et tout ce qui est, comme « utile ». L'essentiel est dans ce cas le jour sous lequel se présentent la terre et la mer devenues accessibles, c'est-à-dire manifestes – mais d'une manifesteté qui n'a pas l'étroitesse de l'évidence purement théorique, puisque la manifestation y coïncide avec la mainmise. C'est à ce niveau qu'il faut sans doute comprendre même ce qui, dans la bouche de Périclès, semble n'être que la description embellie d'une réalité au fond platement économique.

6. Le propre

Regardons en effet de plus près la réflexion que suscite chez lui l'afflux vers Athènes des produits du monde entier : il s'ensuit que l'on y profite des biens produits ici comme de ceux des autres hommes et que la jouissance des premiers n'est pas plus propre (οκεος) que celle des seconds. Dans tout son discours, Périclès s'efforce de faire ressortir ce qui distingue ses concitoyens du reste de la Grèce. Or, ici, le paradoxe est que le caractère propre d'Athènes est justement une certaine manière de *ne pas* avoir quelque chose de propre, ou de n'en avoir qu'un minimum évanouissant. L'optique dans laquelle nous nous trouvons placés, celle de la jouissance (ἀπόλαυσις), mène à supprimer la différence entre ce qui vient de l'Attique et ce qui est importé. Ce qui est propre à Athènes ne lui vient pas de *sa* terre. C'est pourquoi Périclès est d'une surprenante discrétion sur le thème rebattu de l'autochtonie [1], auquel Thucydide accorde pourtant un fondement historique (I, 2, 5). C'est aussi pourquoi il ne dit mot des conditions climatiques de l'Attique [2]. L'aventure athénienne a commencé avec l'abandon de la terre devant l'envahisseur perse. Elle se poursuit par une insularité artificielle qui permet de récupérer en un second temps toute terre possible [3]. L'Athénien ne doit pas tenir ce qu'il a en propre d'autre chose que de lui-même et qui lui serait plus propre qu'autre chose – la terre. Le « propre » n'est rien d'autre que l'appropriation. Par rapport à celle-ci, l'origine de ce qui est approprié cesse d'être pertinente. Seul compte l'usage, la jouissance. Le propre de l'homme athénien est donc la coïncidence en lui d'une extrême désappropriation de toute origine et d'un extrême de l'appropriation. C'est pourquoi il est, sans nulle ironie, propre à tout parce que propre à rien :

> individuellement, nul mieux que l'homme de chez nous ne peut, je crois, présenter à lui seul une personnalité assez

1. Cf. 36, 1 avec Lysias, *Oraison funèbre*, 17 ; Isocrate, *Panégyrique*, 24 *sq.* ; Platon, *Ménexène*, 237 *b* 3-*c* 1.

2. Cf. Platon, *Timée*, 24 *c* 5-7.

3. Cf. I, 74, 3 ; 143, 5. Il faudrait examiner la façon dont l'abandon de la terre mène à une saisie de toute la terre comme un de ces sommets où convergent l'expérience grecque et l'expérience juive.

complète pour suffire à tant de rôles et y montrer autant d'aisance dans la bonne grâce (41, 1).

Il est clair que nous sommes ici aux sources de l'idée d'« homme universel ». Mais on ne saurait prendre Thucydide pour Castiglione ou Montaigne – qui semblent avoir ici influencé la traduction. La personnalité n'est pas « complète », mais, comme la cité (36, 8), capable de se suffire à elle-même (αὔταρκες), de ne s'appuyer que sur soi. L'« aisance » est la capacité odysséenne de se tourner dans toutes les directions (εὐτραπέλως), non pour jouer un rôle, mais pour faire face à tous les visages (εἴδη) que peut offrir le monde dans une situation donnée [1]. L'Athénien est capable de regarder les choses en face. Là aussi, nous sommes en présence de la racine d'une attitude moderne, à savoir l'objectivité scientifique. Mais il y a plus dans la racine que dans l'arbre. Car voir les choses comme elles sont, avoir un regard libre de préjugés, cela n'est possible que si l'on ne se contente pas de les regarder passivement, de se prêter à elles comme une cire vierge. Il y faut une *décision* préalable de ne pas se dérober, de se laisser aborder par elles, quelles qu'elles soient. La liberté du regard répond à la liberté accordée à ce qui est regardé et dont il s'est vite avéré que cela « nous regarde ». L'accessibilité du monde est aussi ce qui permet au monde d'avoir accès à nous. Comme dans la caractérisation kantienne du beau comme objet d'un plaisir désintéressé (cf. 40, 1), l'objet et le sujet se confèrent « le privilège d'une liberté réciproque [2] ».

1. Sur le sens de *eidos*, cf. III, 82, 3.
2. J. Taminiaux, *La Nostalgie de la Grèce à l'aube de l'idéalisme allemand*, La Haye, Nijhoff, 1967, p. 39.

Nous pouvons donc donner à ce que Périclès a en vue dans son oraison le nom de *liberté*, même là où le mot n'apparaît pas, et en particulier dans le passage que nous considérons comme central et qui, à la différence de plusieurs autres, ne parle pas de liberté, mais d'accessibilité. Contrairement aux apparences, nous sommes au cœur du problème de la liberté. Je ne veux pas parler de cette métaphore (sans doute insondablement profonde) qui fait que nous parlons de libre accès, de libre passage, lorsque nous voulons dire que les obstacles qui les obstruaient ont disparu (cf. III, 51, 3). Ni même de cette étymologie, inacceptable pour les philologues modernes, mais vivante dans la conscience populaire, qui dérivait l'adjectif « libre » *(eleutheros)* de la racine « aller » *(eluth-)* [1]. Je veux simplement parler d'un fait ayant trait à ce que chacun de nous entend naïvement par « liberté » : nous concevons la liberté comme un choix entre plusieurs possibilités. Mais avant tout choix, ces possibilités doivent se présenter à nous, et de telle sorte qu'aucune d'elles ne soit privilégiée. Pas de liberté du choix sans égalité du choisi. Il faut donc, d'une part, que les possibilités soient toutes là sans exception, d'autre part qu'elles soient là en tant que possibles. Avant que nous puissions nous porter quelque part, il faut que les possibles soient ouverts, accessibles. La liberté de l'homme qui choisit suppose la liberté des possibles. Le fond de la liberté dont parle Périclès est ainsi une liberté qu'il ne nomme pas, qui n'est plus celle de l'homme ou du citoyen, mais celle du monde rendu accessible. On a raison de caractériser la liberté athénienne comme « l'enthousiasme [...] dans lequel l'homme, débarrassé des limites de toute convention, et confiant de pouvoir atteindre ce qu'il y a de

1. *Etymologicum Gudianum*, s.v. (p. 454 éd. A. de Stefani).

plus haut, cherche à saisir ses plus extrêmes possibilités [1] ». Mais il faut encore voir que l'homme ne parvient à ses possibilités dernières qu'en y faisant conjointement parvenir le monde. Nous avons rappelé que la liberté du citoyen d'Athènes avait pour fond l'esclavage intérieur et extérieur. C'est pourquoi nous avons choisi comme point de départ un texte fort cru, un hymne à l'impérialisme. Mais ce qu'on croyait, en première approche, entendre chanter l'asservissement du monde, on l'entend maintenant en célébrer la libération. Les deux aspects ne s'opposent d'ailleurs pas. L'un est l'envers de l'autre. Non son revers, car aucun des côtés n'est le mauvais. La conquête porte bien plus décisivement, en effet, sur le possible que sur le réel. Et le réel ne se laisse asservir que pour libérer le possible sur lequel il pesait.

7. L'audace

Thucydide remarque, par la bouche de Périclès, que les Athéniens ont contraint toute terre et toute mer à s'ouvrir *devant leur audace*. La phrase est ambiguë. On ne sait trop s'il faut faire d'« audace » le complément de moyen (datif instrumental) de « contraindre », auquel cas il faudrait comprendre « *grâce à* notre audace », ou s'il faut au contraire y voir un datif d'intérêt et comprendre « *pour* notre audace ». Il importe sans doute de maintenir cette ambiguïté, comme le fait excellemment la traductrice, et nous verrons pourquoi. L'audace ici invoquée n'a pas en tout cas la nuance péjorative qu'elle a parfois. Le mot

1. D. Nestle, *op. cit.* (en note 1, p. 41), p. 84 et cf. p. 86.

qu'emploie Périclès (τόλμη) est au contraire celui dont il se sert, ailleurs dans l'oraison funèbre, pour faire l'éloge de ce qu'il désigne (cf. 39, 4 ; 40, 3 ; 43, 1 (deux fois)). Il s'agit là d'un trait de caractère des Athéniens, particulièrement redoutable. Mais c'est aussi l'attitude que surent imiter leurs pires ennemis pour pouvoir les vaincre [1]. Qu'est-ce donc, pour un Athénien comme pour tout Grec, que faire preuve de *tolmè* ? L'audace est ce devant quoi s'ouvre comme possible la terre et la mer *dans leur totalité*. L'audace n'est rien d'autre que la capacité de supporter, sans plus de précision, *tout*. L'audacieux est, au pied de la lettre, « prêt à tout ». C'est ainsi que Pindare dit d'un athlète dans un passage qui fait écho au nôtre : « tous les accès ouverts (ἔσοδοι) aux belles choses de son pays, il les a tentés (τετόλμακε) [2] ». Ce renvoi à Pindare doit rappeler que Thucydide est loin d'être le premier à avoir formulé ce trait fondamental de l'existence grecque. Nous le rencontrons en effet dès l'origine homérique. Au nom d'Ulysse est traditionnellement associée l'épithète *polutlas*, « héros d'endurance ». Il lui faut, au cours du périple qui finit par le ramener chez lui, faire preuve de courage devant les dangers et de patience sous les humiliations qui pourraient lui ôter jusqu'au goût de vivre. Il est amené à supporter et à devenir conscient de l'endurance acquise. L'attitude qu'il adopte ne vaut pas que pour lui, mais constitue la loi de l'existence humaine, loi dont il donne une formulation explicite [3]. La raison qui, dans un cas donné, invite à la résignation patiente peut être

---

1. Cf. respectivement I, 70, 3 ; 145, 4 ; VII, 28, 3 ; VIII, 96, 5 et VII, 21, 3.

2. *Pythiques*, 5, 116 *sq*. et cf. *Néméennes*, 7, 59.

3. Respectivement, *Odyssée*, 10, 497 *sq*., 52 *sq*. ; 17, 284 *sq*. ; 20, 18-21 ; 6, 189 *sq*. ; 18, 130-137.

simplement les circonstances défavorables. Mais la loi n'est formulée qu'en indiquant une raison générale, qui peut être soit la volonté des dieux qui envoient tantôt le bonheur, tantôt le malheur, soit la condition humaine. C'est à partir d'une réflexion sur celle-ci que les lyriques formulent le concept de *tlèmosunè*, qui apparaît une unique fois dans un fragment d'Archiloque : il s'agit en l'occurrence de l'art de compenser le malheur par un cœur d'autant plus résolu à la joie, mais aussi de s'adapter à l'ampleur du monde déchiré par des contraires [1]. La recommandation de supporter avec patience ce qui vient des dieux prend chez Théognis l'allure d'une rengaine [2], mais l'abondant contexte de ses élégies permet de bien dégager le sens du verbe *tolmân* : « Une tenue qui se contient ; un cran qui relève l'esprit abattu ; une patience active, qui raffermit l'affaibli et rend sa liberté à l'enchaîné. Tout repose sur ce tonus particulier qui naît à celui qui, devant la terrible réalité, la reconnaît et l'ignore à la fois [3]. » Les lyriques ne dépassent pourtant nulle part aussi décisivement le niveau de la morale ou de la psychologie que dans un fragment célèbre de Sappho : la poétesse y décrit la jalousie dans ses manifestations physiques, qui la mènent près de la mort. Le fragment s'interrompt sur les mots : « mais on peut tout supporter (*πᾶν τόλματον*), chaque fois que... » Wilamowitz restitue ensuite, à partir des mots incompréhensibles des manuscrits : « chaque fois que ces choses sont » (*ἦι τά*) [4]. Ce qui est ici remarquable est que la seule cause qui

1. Fragments 7, 6 et 67 Diehl.

2. Cf. v. 441-446 et 591-594.

3. H. Fränkel, *Dichtung und Philosophie des frühen Griechentums*, Munich, Beck, 1962^3, p. 479.

4. Fragment 2 Diehl.

permette de faire preuve de l'endurance requise est la plus simple en apparence : c'*est* ainsi. L'être suffit. La *tlèmosunè* porte sur tout ce qui *est* et sur *tout* ce qui est. Devant elle, c'est dans toute son ampleur que ce qui est devient visible.

Ces considérations peuvent être appliquées à notre passage de l'oraison funèbre. Mais elles ne le peuvent pas directement, car Périclès n'y parle pas de *tlèmosunè*, mais de *tolmè*. On ne peut invoquer l'identité de la racine pour négliger ce qui distingue l'endurance de l'audace – l'une est passive, l'autre active, l'une repli sur soi, l'autre initiative et risque. Comment ne pas voir ce qui sépare ici l'« archaïque » et le « classique » ou, pour le dire en images, le Kouros livré au regard du dieu et la statue du dieu offerte au regard de l'homme ? Et Athènes n'est-elle pas justement le lieu où la passivité s'est retournée en activité, voire en activisme ? Il nous faut rendre compte de cette révolution, et en même temps de ce qui permet à la *tlèmosunè* et à la *tolmè* de virer l'une en l'autre. Le texte de Thucydide peut nous aider à dégager ce qui est propre à la *tolmè* :

> un autre mérite qui nous distingue est de pouvoir tout ensemble montrer l'audace (τολμᾶν) la plus grande et calculer l'entreprise à venir (40, 3).

La *tolmè* ne porte pas exclusivement sur le réel présent, mais aussi sur le futur, qui relève du possible. La *tlèmosunè*, en revanche, supporte seulement ce qui vient. Nous pouvons ainsi situer la différence entre les deux concepts comme opposant moins l'actif et le passif (à supposer que ces concepts soient eux-mêmes clairs) que le réel au possible. Précisons : la *tlèmosunè* porte sur le réel dans sa séparation d'avec le possible, alors que la *tolmè* s'affronte au réel dans son union avec le possible. Notons tout de suite le paradoxe : l'union au réel ne prive en rien le possible de son statut de possible, qu'elle avive au contraire. Le possible séparé du réel est ce que l'on peut imaginer. Mais ici, nous sommes devant les inimaginables possibilités *du* réel. Précisément parce qu'elles sont dans le réel et avec lui, elles ne sauraient être surmontées par une réalisation ultérieure qui viendrait leur retirer leur être de possibles. La réalité même de leur présence en tant que possibles sauve leur possibilité. Une possibilité de cette sorte, présente dans le réel, est le *danger*. C'est à lui que fait face la *tolmè*. Le terme danger, risque, péril, en grec *kindunos*, ne revient pas moins de sept fois dans l'oraison funèbre (sans compter 35, 1, on a : 39, 1.4 ; 40, 3 ; 42, 4 ; 43, 4.5 ; 44, 3). Ce danger n'a rien à voir avec celui que l'on recherche (cf. I, 144, 1 ; VIII, 27, 3) pour se griser d'un *vivere pericolosamente*. La réalité du possible en tant que tel, avons-nous remarqué avec Aristote, c'est le mouvement *(kinèsis)*. Le danger *(kindunos)* – les deux mots sont peut-être parents – est le jour sous lequel apparaissent les choses quand le possible en tant que possible devient réalité. Nous sommes maintenant à même de comprendre la formule de Périclès selon laquelle les Athéniens doivent mettre

> le bonheur (*τὸ εὔδαιμον*) dans la liberté (*τὸ ἐλεύθερον*), et la liberté dans la vaillance (*τὸ εὔψυχον*) [43, 4].

Le courage est d'abord nécessaire à la liberté en ce qu'il est requis pour la défendre contre l'asservissement, combat qui a pour condition suprême que l'on sache préférer la liberté à la vie même. Mais il y a plus : le courage est au fond de la liberté dans la mesure où il est *tolmè*. Car c'est dans cette mesure qu'il accueille le possible en tant que tel, avant qu'il ait pris la figure dégradée du réalisable, prêt à tourner au réel, disponible et négociable – lequel, même s'il est désagréable, est toujours plus rassurant que ce qui ne fait que menacer. Sans ce rapport au possible comme tel, pas de liberté. Et le rapport au possible comme tel doit chercher celui-ci dans la réalité de *tout* ce qui est. Nous pouvons donc ainsi paraphraser : nul n'est « bien loti » *(eudaimôn)*, ne peut avoir la meilleure part que celui qui peut se porter de son plein gré vers ce qui lui revient. Et nul ne peut le faire que celui qui accepte sans tricher l'ouverture *(psychè)* qui donne sur la totalité, et qui se montre ainsi à la hauteur de son « âme ». La liberté est donc essentiellement rapport au danger. Pas de liberté sans danger ni de danger sans liberté, car la liberté même est danger : dans un des rares moments de la pensée grecque classique où la liberté apparaît sous la figure, plus familière aux modernes, de la liberté de *choix* – un mythe –, Platon nomme le moment où l'âme doit choisir sa vie parmi toutes les destinées possibles qui s'offrent à elle « le risque total pour l'homme » (ὁ πᾶς κίνδυνος ἀνθρώπῳ) [1].

8. *Le redoutable*

La *tolmè* se distingue ainsi de la *tlèmosunè* en ce qu'elle porte sur le *dangereux*. Même si le mot a souvent ce sens ailleurs, la *tolmè* n'a rien de la témérité qui se jette tête baissée sur un danger qu'elle se cache. Loin de se distinguer du vrai courage [2], elle s'identifie à celui-ci. Elle n'est pas non plus l'optimisme, l'allant qui ne veut voir que le bon côté des choses. Nous ne pouvons donc penser naïvement que « ce que Périclès prête à ses concitoyens,

1. *République*, X, 618 *b* 7.
2. Cf. Platon, *Lachès*, 197 *b* 4 *sq*.

ce n'est pas l'angoisse de l'univers, que plusieurs voudraient retrouver même chez les Grecs de l'époque classique, mais la joie de l'univers, ouverte à tout ce qui est beau et grand et poussant à coopérer aux réalisations [1] ». Car n'est « beau » ici que le danger (42, 4), et le « grand » présente un aspect peu rassurant, celui du redoutable *(deinon)*. C'est l'adjectif qu'emploie Thucydide pour désigner ce devant quoi nous place le danger. La « bonté de l'âme » *(to eupsychon)* (cf. 39, 1 ; 43, 4) est ce qui la pousse à voir ce dont elle devrait craintivement se détourner et ce qui est à son goût sans pour autant éviter l'épreuve dans laquelle l'un des deux, l'agréable ou le terrible, devra survenir :

> on peut considérer à bon droit comme ayant les âmes les plus fermes ceux qui discernent de la façon la plus claire le redoutable (τὰ δεινά) ou l'agréable (ἡδέα), tout en ne se laissant pas, pour autant, détourner des dangers (40, 3).

Le courage englobe la connaissance de son objet, mais la dépasse. En effet, la connaissance porte sur le réel, alors que le courage se porte vers le possible qui menace et le supporte comme tel. Le courageux est donc celui qui refuse de « remettre le redoutable à plus tard » (42, 4). Qui agit ainsi sépare en effet le présent du futur. Il rejette le danger dans le futur pour mettre le présent à l'abri de cette pesée que le futur exerce sur lui pour le rendre menaçant [2]. L'homme courageux, à l'inverse, accepte d'être lui-même, en son corps, le lieu de la décision, le lieu où le présent se distingue du futur. Il laisse donc à

---

1. M. Pohlenz, *op. cit.* (en note 1, p. 41), p. 52.

2. Sur la différence entre futur et imminent *(mellon)*, cf. par exemple Aristote, *De la génération et de la corruption*, II, 11, 337 *b* 3-7 ; *De la divination dans le sommeil*, 2, 463 *b* 28 *sq*.

soi-même ce qui peut survenir, et se prépare à affronter dès maintenant ce qui en deviendra présent. La *tolmè* accepte donc le *deinon*. On pourrait même dire, peut-être en allant au-delà de Thucydide, que c'est elle qui le fait apparaître. Euripide écrit en effet : ἅπαντα τολμῶσι δεινὰ φαίνεται. Traduisons : « pour l'audace, tout prend le visage du terrible [1] ». Il n'y a dans la *tolmè* aucune provocation. Il lui suffit d'être pour susciter l'ensemble des choses et les faire apparaître dans l'optique de la crainte. De la sorte, l'audace que nomme Périclès et devant laquelle le monde entier devient accessible correspond, peut-être au-delà des intentions de l'historien, à l'apparition tragique de toutes choses comme *deina*. C'est pour celui qui endure de terribles choses que les choses (l'hiver, la nuit, le vent, le sommeil) se révèlent comme terribles et suprêmement endurantes en leur puissance invisible [2]. C'est dans la mesure même où il se lance sur la mer hivernale, où il s'aventure dans les domaines qui le surplombent (le divin) ou le portent (l'animal) que l'homme voit toutes choses comme formidables [3].

La *tolmè* fait apparaître le monde comme redoutable. Ce qui est redoutable doit être supporté [4]. On voit par suite quel est le rapport de la *tolmè* à la *tlèmosunè* : la première donne son objet à la seconde, qu'elle suscite par là même.

---

1. *Phéniciennes*, v. 270.

2. Sophocle, *Ajax*, v. 650 (ὃς τὰ δείν᾿ ἐκαρτέρουν τότε) et 669 (τὰ δεινὰ καὶ τὰ καρτερώτατα). Cf. aussi *Philoctète*, v. 502-506.

3. Cf. note 1, p. 50. Le commentaire de Heidegger est centré sur la notion de *deinon*, sur laquelle il revient rapidement dans *Der Satz vom Grund*, Pfullingen, Neske, 1957, p. 140. Sur *tolmè*, cf. *Einführung...*, p. 86, 123 et 132.

4. Cf. II, 64, 2 avec Eschyle, *Perses*, v. 293 *sq*. et Sophocle, *Philoctète*, v. 1316 *sq*.

La révolution que nous avons signalée ne consiste donc pas en ce que l'homme, d'abord passif sous les coups du sort, aurait pris activement l'offensive. La découverte de la *tolmè* n'est autre que l'approfondissement de la *tlèmosunè* et le dégagement du fond qui la rend à la fois possible et nécessaire. L'attitude qui consiste à supporter avec patience n'est requise que parce que l'homme s'éprouve comme *exposé* à découvert, au beau milieu de ce qui est. Ce que l'on appelle de façon claironnante l'anthropocentrisme grec, pour le dire en passant, est l'envers de cette exposition absolue de l'homme qui en fait la cible universelle. Voir le monde comme redoutable suppose donc que l'on se sente fragile [1]. La découverte de la *tolmè* a lieu quand l'homme grec réfléchit sur sa fragilité et s'aperçoit qu'elle provient d'une démarche qui le porte à quitter tout abri et à s'avancer à découvert. Le fond commun de la *tlèmosunè* et de la *tolmè* est ainsi l'exposition de l'homme. Elle l'oblige dans les deux cas à ne reposer que sur soi : en se repliant sur soi *(tlèmosunè)* ou en ne misant que sur soi *(tolmè)*. L'exposition contraint l'homme à être libre, et réciproquement, la liberté oblige à s'exposer. On peut le montrer à partir d'une phrase où Périclès, s'écartant d'ailleurs au maximum de la réalité historiquement assignable, fait l'éloge de la générosité des Athéniens. Ce qui, pour l'historien moderne (et déjà pour Thucydide), est un fieffé mensonge par rapport au fait contient pourtant une vérité sur l'essence de la liberté :

> nous aidons franchement autrui, en suivant moins un calcul d'intérêt que la confiance propre à la liberté (τῆς ἐλευθερίας τῷ πιστῷ) [40, 4].

1. *Iliade*, 17, 446 *sq.* ; *Odyssée*, 18, 130-142.

La générosité prêtée ici aux Athéniens donne sans attendre en retour, libéralement. La libéralité est un aspect de la liberté : celui qui reçoit est rendu libre de restituer ou non, il n'est pas *tenu* de rendre. La libéralité est une certaine façon de se rapporter au futur. La dette à rembourser, la promesse à tenir, engagent le futur et le lient : le présent de l'engagement attire à soi le futur, au détriment de ce qu'il a de nouveau. La libéralité laisse hardiment au futur sa liberté, y voit ce qu'il est, le « temps libre ». Qui prête demande des garanties *(piston)* que lui fournit l'emprunteur. Dans la phrase de Périclès, le garant n'est autre que la liberté qui se porte garant d'elle-même. La « confiance propre à la liberté [1] » est plus que l'impression subjective, que la fierté de se sentir libre chez le généreux. Elle est une propriété de la liberté elle-même – et c'est aussi pourquoi ce qui est vanterie de la part des Athéniens peut être vérité une fois appliquée à la liberté. La « confiance » en question est la manière dont la liberté se confie à elle-même, et refuse de reposer sur autre chose qu'elle-même, et qui serait plus digne de confiance. Pour la liberté, s'en remettre à autre chose serait se trahir puisque, ce « quelque chose », il lui faudrait le choisir – donc commencer par se faire assez confiance pour être sûre de la rectitude de son choix, et abdiquer ensuite cette confiance en un second temps. La liberté, ne s'en remettant qu'à soi-même, prend le risque suprême. Sans ce risque, aucune *tolmè* ne serait possible. Pour la *tolmè*,

1. Sur l'expression, quelques intéressantes pages de H. Diller, « Freiheit bei Thukydides als Schlagwort und als Wirklichkeit », dans H. Herter (éd.), *Thukydides*, Darmstadt, Wissenschaftliche Buchgesellschaft, 1968, p. 655-658.

avons-nous vu, ce qui est devient accessible dans sa totalité, qui n'admet pas d'exception. Si la liberté s'appuyait sur une garantie extérieure, son point d'appui serait telle ou telle des choses présentes dans le monde. Dans ce cas, certaines choses seraient, pour la liberté, des objets à atteindre en un second temps, puisqu'elle se fonderait sur elles pour en partir, et ne pourrait accéder à elles qu'au terme d'une réflexion. *Tout* ne serait donc pas accessible. Le fait que le monde devient accessible *dans sa totalité* et celui que la liberté ne se fonde que *sur elle-même* sont donc indissolublement liés. Le fondement de la liberté n'est pas ce sur quoi elle porte, mais ce vers quoi elle se porte. Ce fondement lui fait face : il n'est rien d'autre que la totalité du monde vers lequel elle se jette extatiquement. C'est pourquoi la liberté grecque prend nécessairement la figure d'une conquête du monde – une conquête à laquelle nous sommes encore occupés. Il s'agit bien d'une ouverture du monde et au monde dans son entier. La liberté ne peut pas, en un premier temps, choisir ses objets, distinguer ce qu'il lui faut accueillir de ce qu'elle doit éviter. Elle n'accorde aucun privilège à une partie de la réalité sur une autre. C'est pourquoi la conquête du monde implique en sa logique qu'elle en est tout aussi bien la libération.

9. La liberté grecque

L'impérialisme athénien appartient au passé. Tous ceux qui, depuis Alexandre et les Romains, et jusqu'à nos jours, ont rendu à leur tour accessibles des pans de plus en plus vastes de la réalité se situent dans la lancée de l'attitude fondamentale qui le rendait possible – l'audace de la liberté devant le monde, devant la liberté du monde. La liberté grecque constitue une des sources, peut-être la plus importante, de l'attitude européenne envers le monde, dont le programme est d'accepter celui-ci comme il est. Faire face à tout ce qui est n'est pas nécessairement abandonner sa spécificité, mais mène pourtant à la vivre d'une façon renouvelée – librement. On voit ainsi que cette attitude, qui laisse aux choses la liberté de se manifester comme ce qu'elles sont, n'a pas de conséquences dans le domaine pratique et politique – positives (démocratie) ou négatives (impérialisme). Elle est à la racine de la curiosité scientifique, de l'intérêt désintéressé. La connaissance se fonde sur la liberté, mais n'en épuise pas le champ. Il faudrait, de ce point de vue, comparer l'expérience grecque de la liberté à ce que nous appelons aujourd'hui de ce nom, et qui n'est pas nécessairement fidèle à son origine. On verrait par exemple que le libéralisme politique, s'il est bien la conséquence de celle-ci (cf. 37, 2), ne peut, une fois séparé des autres dimensions de la liberté, produire par lui-même le contenu qui l'empêche de tourner à sa propre caricature. Une liberté sans audace *(tolmè)* aboutit à rendre indifférentes les actions, à ne gagner le droit d'agir qu'au prix du sens et de l'intérêt de celles-ci. Une liberté pour laquelle l'indifférence est un contenu et non une attitude à conquérir comme le moyen de poser ses choix n'est autre que la caricature de l'exposition grecque au tout de ce qui est.

Il nous semble pourtant plus utile de marquer les limites de cette conception et de cette expérience grecques de la liberté. Nous avons vu, à travers le texte de Thucydide, qu'elles se caractérisent par un certain rapport au *monde*, présent pour la patiente audace de qui l'accepte dans la totalité de ce qu'il est. Ce rapport est le terme d'un processus qui commence dès l'apparition du mot de « liberté » – dès l'*Iliade*. On a pu montrer que le concept originel de la liberté était celui du sol natal, du foyer [1]. L'homme grec est libre *pour* un espace parce qu'il est libre *dans* un espace. Le domaine précède la domination. L'histoire de la liberté grecque peut ainsi être conçue comme celle de l'élargissement de l'espace « libre ». La liberté parvient à elle-même, et par suite se formule de façon décisive, lorsque cet espace coïncide avec la totalité de ce qui est. C'est pourquoi « *toute* la terre » doit venir s'ajouter à celle de la cité. Il se peut que la coïncidence de l'espace libre avec le monde se soit produite pour la première fois dans l'aventure athénienne, dans une cité ouverte sur le monde et parfois consciente d'être le foyer où en converge la totalité, la fine pointe – qui pour cela est suprêmement fragile [2]. Le plus important est cependant que cette expérience ait été poursuivie et généralisée au point de devenir, par étapes, celle de tout homme, et que cette généralisation en rende du coup plus manifestes les limites. Celles-ci sont d'abord historiques : s'il est vrai que nous nous sentons, dignement ou non, héritiers de la liberté des Grecs de l'âge classique, celle-ci a été refoulée à l'arrière-plan par d'autres conceptions qu'il nous faut traverser pour parvenir à elle, et qui, en ce sens, la limitent. Mais en quoi ces conceptions se distinguent-elles de celle que nous avons essayé de dégager ? La façon habituelle de répondre à cette question prend

1. D. Nestle, *op. cit.* (en note 1, p. 41), *passim* et p. 135.

2. La cité pressent que son destin est apparenté *(prosèkontôs)* à celui de ses morts, qu'elle a choisi la grandeur unique et fragile des sommets (cf. 43, 1).

pour critère la différence du public et du privé. La liberté prendrait ainsi sa source, en Grèce, dans le domaine politique. Elle aurait ensuite émigré jusqu'à la conscience, s'intériorisant et devenant libre arbitre. Les Anciens n'auraient pas connu la liberté intérieure ; seule existait pour eux le pouvoir extérieur d'agir, dans l'espace public de la cité. Pour nous, en revanche, la liberté est d'abord un vouloir, non un pouvoir. Or, le concept de volonté serait inconnu des Grecs, et n'apparaîtrait qu'avec le christianisme et l'expérience de l'impuissance de la volonté chez saint Paul et chez saint Augustin [1].

Nos réflexions à partir de l'oraison funèbre de Périclès permettent, à notre avis, de poser sur l'expérience grecque de la liberté quelques thèses qui doivent nous mener à nuancer le schéma d'explication qui vient d'être résumé. Quant à la volonté, on peut concéder un point. On l'a fait remarquer, précisément à propos de l'analyse par Thucydide de l'impérialisme athénien : « Si, comme on le pense habituellement, c'est la volonté qui nous pousse à agir, cette volonté, Thucydide la nie. L'expansion est quelque chose de compulsif, elle provient de la peur [2]. » Accordons-le. Mais il reste à se demander ce qu'il en est de cette « conception habituelle », et si nous ne présupposons pas justement un peu vite notre « conception habituelle » de la volonté. Posons notre thèse de façon un peu abrupte : la volonté est bien présente dans le monde grec. Elle l'est tout autant que

1. On peut se contenter de renvoyer à Hannah Arendt, et en particulier à tout l'admirable quatrième essai, sur la liberté, de *Between Past and Future* (Londres, Faber & Faber, 1961).

2. K. Reinhardt, « Thukydides und Machiavelli », dans *Vermächtnis der Antike*, Göttingen, Vandenhoeck & Ruprecht, 1960, p. 184-218, cit. p. 194 *sq*.

dans le monde chrétien. Mais elle ne s'y présente pas sur le même mode. Pour les Grecs classiques, elle est le *fond* de leur expérience du monde. Celui-ci n'apparaît comme monde (« *toute* la terre et *toute* la mer ») que parce qu'il est *accepté*, *agréé*. La volonté n'est pas alors essentiellement choix. Elle est l'agrément que nous donnons à la présence du monde. On pourrait même dire que, pour les Grecs de l'âge classique, nous ne voulons vraiment que ce que nous n'avons pas choisi – notre présence dans le monde, la présence du monde autour de nous. S'il en est ainsi, et pour le dire en passant, l'expansionnisme athénien décrit par Thucydide et qui, de fait, n'est pas « choisi », n'en est pas moins voulu, en ce qu'il fait face résolument à ce qu'exigent les circonstances. Par là, il est aussi l'un des aspects de l'attitude par laquelle l'homme grec, dont l'Athénien est le type le plus parfait, se distend aux dimensions de ce qui est. C'est pourquoi cette attitude, plus vaste que son application « impérialiste », pourra se séparer d'elle et se transplanter à d'autres domaines, plus théoriques [1]. Le concept de liberté, nous en convenons, se modifiera par rapport à l'expérience grecque, à une époque plus tardive. Nous admettons bien volontiers que cette modification n'est pas sans rapport avec l'expérience chrétienne. Mais, pour nous, s'il est vrai que la volonté est présente dans le monde grec, l'évolution dans l'idée de liberté sera telle que celle-ci restera liée à la volonté. Cette évolution sera justement une conséquence d'une mutation dans l'idée de volonté et s'opérera parallèlement à celle-ci. Où situer cette mutation ?

1. La contemplation de *tout* le temps et de *tout* ce qui est *(ousia)* [Platon, *République*, VI, 486 *a* 8 *sq*.] reste un trait de l'*erôs* philosophique.

10. L'expérience du monde

Il nous semble qu'il faut caractériser l'une et l'autre expérience de la liberté en prenant pour critère l'expérience du *monde*. Nous avons essayé de montrer que la liberté grecque était une expérience de l'*espace libre* du monde. Cet espace est plus vaste que celui où se rencontrent les hommes, la cité. Celle-ci est une des modalités, certes exemplaire, parmi celles que rend possibles la liberté de l'espace du monde. C'est par suite, à notre avis, dans une *mutation de l'expérience du monde* qu'il faut chercher la source du concept nouveau de la volonté, et donc de la liberté. Cette mutation est d'ailleurs plus qu'un déplacement d'accent à l'intérieur du concept de monde supposé déjà connu ; elle est plutôt l'apparition même du monde comme problème. Nous avons parlé des limites de la liberté grecque. Celles-ci ne sauraient être extérieures, le monde qu'elle concerne lui étant accessible dans sa totalité. La limite est interne. Elle se situe à la source même du déploiement, en droit illimité, de la totalité de ce qui est, dans le point aveugle qui nous permet de tout voir : notre présence même dans le monde. L'énigme de notre présence au monde, voilà ce que les Grecs ont considéré comme allant de soi, voilà ce qui, avec le christianisme, commence à faire problème. Il faudrait ici de très longues analyses, qu'il n'est pas question de mener à bien dans le cadre de cet article. Indiquons seulement quelques éléments. Notre présence dans le monde est une situation en un lieu et un temps donnés : nous sommes situés dans le monde qui, lui-même, n'est pas situé, car il est plutôt le *site* même. Tant que la présence dans le monde n'est pas thématisée, la situation n'apparaît pas. Par suite, dans l'expérience grecque, notre présence dans le monde n'est pas radicalement différente de la présence du monde. « Nous sommes dans le monde » et « le monde est autour de nous » sont deux phrases synonymes, et dans lesquelles le verbe « être » a le même sens. Le lieu et le temps dans lequel nous sommes n'a donc aucun privilège par rapport au reste. Par suite, le monde – les dimensions du temps et les lieux de l'espace – est de plain-pied avec lui-même. Il est la « voie large », et la liberté est un élargissement, une remise au monde dans son accessibilité fondamentale.

Dans l'expérience chrétienne, en revanche, le monde se présente sous un autre aspect, celui de la voie étroite, ou plutôt, rétrécie (Matthieu, 7, 14). On a assez dit que le monde, pour le chrétien, n'était pas une demeure étrangère pour l'âme qui y serait tombée comme dans une prison où elle se sentirait à l'étroit. On a eu raison de le rappeler contre des confusions répandues. En effet, ces représentations ne sont pas propres au christianisme, auquel elles préexistent d'ailleurs ; même si des chrétiens ont pu les réutiliser, elles ne concernent pas le centre du fait chrétien ; et enfin, elles n'expliquent rien : car, pour que l'homme se sente à l'étroit, il faut d'abord que le monde ait *lui-même subi un rétrécissement dans l'espace et dans le temps*. C'est bien que ce signifient certaines images de l'apocalyptique de l'époque : « *facti sunt introitus hujus saeculi angusti* [1] ». Dans un tel monde rétréci, et du seul fait qu'il s'y trouve, le moi subit une pression *(thlipsis)* [Jean, 16, 33]. S'il en est ainsi, il ne faut pas dire que le christianisme se fonde sur des expériences qui « n'étaient pas politiques et n'avaient

1. Apocalypse d'Esdras, 7, 12.

pas de rapport au monde, [...] mais étaient situées exclusivement à l'intérieur de l'homme même [1] ». Il n'en est rien. La révolution chrétienne, l'invention de la liberté comme volonté, n'est pas un abandon de l'espace public au profit de l'espace intérieur du moi. Il faut d'abord que la spatialité se soit modifiée pour que quelque chose comme un espace intérieur devienne possible. Le christianisme n'est pas plus « individualiste » (si ce mot a un sens) que l'hellénisme. Si l'expérience chrétienne est une expérience du monde et de l'espace, elle est aussi politique. Pour le christianisme, ce qui fait question n'est pas tant le moi *(quaestio mihi factus sum)* que le monde dans lequel il est présent. C'est ce monde qui presse le moi de s'interroger sur soi-même. Ce n'est pas l'homme qui se « replie sur soi » ; c'est le monde qui se replie sur l'ici et le maintenant, de telle sorte que la question de la présence du moi dans un lieu et un temps donnés devient décisive. Le temps, une fois « resserré » (1 Corinthiens, 7, 29), comprime le présent sur lui-même et lui interdit d'empiéter sur le futur. Celui-ci n'est donc plus contenu en puissance dans le présent, mais laissé libre pour une décision. La volonté, qui porte sur le futur

1. H. Arendt, *The Life of the Mind*, vol. 2. *Willing*, Londres/New York, Harcourt Brace Jovanovich, 1978, p. 63. Cette phrase un peu banale n'est pas à la hauteur du reste du livre, même si elle en exprime l'une des thèses fondamentales. Car il arrive à l'auteur d'entrevoir l'interaction du monde et du moi dans l'évolution de l'idée de liberté. Ainsi, l'absence de l'idée de volonté chez les Grecs est liée à leur conception du temps : le futur étant contenu en puissance dans le passé, ils n'avaient pas à prendre conscience de la volonté, qui a pour objet le futur (15 *sq*. et 18) ; la foi en la création *ex nihilo* dépend de l'expérience du sujet voulant (30) ; saint Augustin a entrevu que chaque homme, par sa naissance, est un commencement nouveau, et il aurait dû concevoir l'homme moins comme mortel que comme « natal » (109).

comme tel, peut donc apparaître comme une faculté indépendante. Elle se trouve alors placée en face de l'espace du possible ouvert devant son choix. Cependant, rien de ce que le monde n'offre ne résulte d'un choix. Aucun des choix n'est lui-même choisi. Ce fait banal (nous nous trouvons dans un monde que nous n'avons pas fait) n'enchaînerait pas la liberté si le monde n'était qu'une puissance extérieure avec laquelle il faudrait simplement composer. La découverte décisive est que la volonté se met à vouloir ce qui l'entrave, et qu'elle n'est donc enchaînée qu'à elle-même. Rien de ce que le monde contient n'est choisi, mais il n'en est pas moins voulu. Cette volonté qui n'est pas choix, cet aval donné au monde, était chez les Grecs, avons-nous vu, le fond implicite de l'expérience du monde. Avec le christianisme, ce fond remonte à la surface. L'une des conséquences en est la découverte psychologique de l'attention [1] : nous ne sommes présents au monde que par une volonté. C'est par elle que nous restituons au monde la présence qu'il manifeste en nous rendant présents à lui. C'est volontairement que nous nous mettons de plain-pied avec le monde. Mais d'une volonté que nous n'avons pas choisie et qui est la connivence en nous du monde avec soi-même – sa *loi*. L'expérience grecque se révèle ainsi expérience de la loi – un point sur lequel elle ne diffère pas de l'expérience juive [2]. La volonté veut, en dernière instance,

1. Saint Augustin, *De Trinitate*, XI, II, 2 ; *De Musica*, VI, 8.

2. Cf. L. Strauss, « Quelques remarques sur la science politique de Maïmonide et de Fârâbi », dans *Revue des Études Juives*, C^{bis} (1936), p. 1-37, cit. p. 2 : « il y a un accord profond entre la pensée juive et musulmane d'une part et la pensée antique d'autre part : ce n'est pas la Bible et le Coran, c'est peut-être le Nouveau Testament [...] qui [a] amené la rupture avec la pensée antique. L'idée directrice sur laquelle Grecs et Juifs sont d'accord, c'est exactement l'idée de la loi

la loi. La découverte chrétienne est donc moins la volonté que le choix. La liberté chrétienne est choix pour ce qui ne saurait être voulu, car il n'est rien du monde – la liberté même. Celle-ci n'est pas liberté pour le monde, mais liberté pour la liberté (Galates, 5, 1), c'est-à-dire *foi.* La foi s'en remet au choix (jugement) de Dieu sur le monde et fait de ce jugement la loi de sa liberté. Cette loi, qui n'est plus celle du monde, lui donne d'habiter le monde sur un mode nouveau, qui semble coïncider avec la *tlèmosunè / tolmè* grecque, mais qui en est radicalement distinct – la patience *(hypomonè).*

À l'issue de ces remarques, nécessairement très schématiques, nous nous trouvons à même de poser les questions sur lesquelles nous aimerions conclure : les efforts nécessaires pour remonter à la source grecque afin d'y réenraciner notre expérience de la liberté peuvent-ils aboutir en dernière instance ? La liberté pour le monde, fondement dernier de notre science et de notre technique, est-elle possible sans un oubli fatal de l'énigme de notre présence même dans le monde, oubli qui mènerait à nous considérer nous-même comme l'un des éléments du monde ? La liberté pour la liberté est-elle possible sans la foi qui la fait coïncider avec Dieu comme liberté absolue ?

divine comme d'une loi une et totale qui est en même temps loi religieuse, loi civile et loi morale » (repris dans *Gesammelte Schriften*, vol. 2, *op. cit.* [en note 1, p. 25], p. 126).

Le récit du commencement

Une aporie de la raison grecque

Ce qui pour nous est « raison », « rationalité », etc., nous ne l'appelons pas d'un nom grec, mais latin *(ratio)*. Le mot qu'on peut traduire, entre plusieurs possibilités, par « raison », est plutôt le grec *logos*. Or, ce terme est susceptible d'emplois tels que, sans désigner à proprement parler tel ou tel des usages raisonnants de la raison, il renverra à des activités dont l'exercice sera normé par quelque chose comme une exigence de rationalité. C'est le cas des occurrences innombrables dans lesquelles *logos* a le sens de « récit ». Même si l'activité de raconter n'épuise pas l'idée de rationalité, puisque, déjà, elle ne la recouvre pas totalement, il reste qu'un récit doit satisfaire, dans tous les cas, à l'exigence d'un minimum de compréhensibilité. Or, justement, ce que nous appelons un peu paresseusement la « raison grecque » est d'abord le fait de raconter ce qui s'est passé, et de le faire d'une certaine façon.

1. Parler droit

Un récit sera convenablement fait s'il « se tient », s'il est cohérent ; et là où il s'agit d'exposer un processus, la cohérence sera continuité. Le processus exposé, soit aboutit au locuteur et à celui qui l'écoute, ou du moins est un moment qui se place dans le contexte d'un processus d'ensemble plus vaste censé aboutir à ceux-ci, et donc appartenant à une même histoire : ce qui s'y passe devra donc, soit être homologue à l'expérience présente, et donc vraisemblable, soit, là où l'on raconte des événements sortant du commun, les rendre intelligibles, en rendre compte. Et c'est bien là ce que dit notre verbe « raconter » : « conter » venant, comme « compter », du latin *computare*, il traduit assez bien un des sens de l'expression grecque *logon didonai*.

Cette exigence d'un récit convenablement mené se fait jour dès la poésie épique. On connaît les passages, aux formules stéréotypées, dans lesquels un personnage demande des renseignements à un autre qui promet d'être véridique. Il s'engage à lui donner un récit des faits qui ne déforme, ne déguise ou ne mutile en rien ceux-ci : il s'agira de raconter *(katalegein)* ce qui est exact *(eteon)* (cf. *Iliade*, 15, 53), sans dévier du droit chemin *(atrekeôs)* ni cacher quoi que ce soit (cf. *Odyssée*, 17, 154), donc en exposant la totalité de ce que l'on sait *(panta)* [1]. Le droit

1. Cf. J. Lohmann, « Über den paradigmatischen Charakter der griechischen Kultur », dans *Die Gegenwart der Griechen im neueren Denken* (Festschrift Gadamer), Tübingen, Mohr, 1960, p. 171-187. Cet auteur forge une formule, *ex archès katalegein* qui, si elle ne se trouve, à ma connaissance, nulle part dans l'épopée grecque, exprime assez bien les faits.

chemin au fil duquel il devient possible de saisir et d'exprimer la totalité de ce que l'on a à dire a un point de départ. Le rhapsode pourra certes faire commencer la Muse par où bon lui semblera (cf. ἁμόθεν en 1, 10) – l'endroit par où commencer gardant cependant une place bien déterminée, celle qui lui est assignée dans l'ensemble des légendes épiques, en l'occurrence celles sur les retours *(nostoi)* des héros de la guerre de Troie. Mais cet ensemble, comme l'épisode particulier qui se détachera sur son fond, sera censé être structuré par un ordre objectif situé dans cela même qu'il s'agit de dire.

Parler droit, ce sera de la sorte dire par où l'affaire a commencé. Ainsi, dans l'*Iliade*, la Muse devra chanter la colère d'Achille et ses funestes conséquences en partant du moment où, pour la première fois (τὰ πρῶτα), Agamemnon et lui se fâchèrent (1, 6). Ou les Muses, encore, devront dire comment, pour la première fois (πρῶτον), le feu apporté par Hector tomba sur les navires des Grecs (16, 113). C'est quelque chose d'analogue que demande le second poète épique de la Grèce en s'adressant aux mêmes interlocutrices, les Muses : elles devront raconter les faits, en l'occurrence la naissance des dieux, en commençant par le commencement (ἐξ ἀρχῆς) [*Théogonie*, v. 115 et cf. v. 45]. Les Muses, comme les dieux en général, resteront tout particulièrement à leur place là où il s'agira de dire le commencement, jusque chez Platon (cf. *République*, VIII, 545 *d* 8 et *Timée*, 27 *c* 2).

Les deux conditions que je viens de signaler sont liées : c'est parce que l'on commence par le commencement que l'on pourra donner de ce qui s'est passé un compte rendu qui déploiera l'enchaînement des faits dans toutes ses dimensions, sans s'écarter du droit chemin *(atrekeôs)* ; réciproquement, c'est parce qu'on a décidé de ne rien cacher ou déformer que l'on choisira de parler à partir de ce qui constitue, pour la chose même, son point de départ – et non, par exemple, à partir de la situation dans laquelle se trouve le locuteur et qui risque d'imposer à son discours des contraintes autres que celles que lui commande la chose même, en son déploiement spontané. L'*archè* à partir de laquelle il est demandé de parler est le principe à partir duquel la chose s'est comme librement déterminée à devenir ce qu'elle était. Parler à partir de l'*archè*, ce sera avant tout dire ce que les choses sont depuis qu'elles sont elles-mêmes, et, partant, exprimer quelque chose comme leur « nature » (cf. Hésiode, *Théogonie*, v. 156, 203, 408, 425, 452).

2. L'autopsie

Les critères du récit rationnel qui ont été dégagés jusqu'à présent sont situés du côté de l'objet du discours ; on pourrait distinguer de ceux-ci des critères que nous dirons, pour faire simple, « subjectifs », et qui concerneront la personne qui parle et garantit la vérité. Les deux aspects sont étroitement liés : nous avons vu que le récit rationnel devait être cohérent, et donc continu. La continuité du récit se fondera sur la continuité du locuteur : il faut que ce soit la même personne qui raconte et qui ait été elle-même partie prenante (comme actrice ou comme simple observatrice) des événements qu'elle rapporte. En d'autres termes, celui qui prétend régler son discours sur l'*archè* que lui fournit la chose même, et sur la façon dont celle-ci développe ses conséquences selon la logique qui lui est propre, devra avoir eu accès à l'*archè* de la chose.

Dans le cas du récit d'un fait, il devra avoir été là au moment où l'événement s'est produit. Il devra en avoir été le témoin direct.

On connaît, chez les historiens [1], l'importance de la notion qu'exprime le terme grec *autopsia* – dont nous avons fait, non peut-être sans quelque ironie de la langue, l'« autopsie ». Cette notion n'a pourtant pas attendu ceux-ci, et avant tout leur père Hérodote, pour accéder à la formulation. Là encore, c'est dès la poésie homérique que nous lisons des expressions qui en suggèrent au moins l'idée. C'est le cas de ce qui, à première vue, ne constitue guère qu'une redondance : *ophtalmoisin horân* « voir de ses (propres) yeux [2] ». Un examen plus attentif révèle que la formule n'est employée que là où il s'agit d'un fait hors du commun, extraordinaire, un *thauma*. Des faits de ce genre doivent susciter naturellement l'incrédulité de l'auditeur, voire celle du spectateur qui « n'en croit pas ses yeux ». C'est donc à leur propos que le pléonasme est requis.

Voir des yeux n'a de valeur probante que si c'est bien avec ses propres yeux que l'on a vu – non, si l'on peut dire, à travers ceux d'un autre, qui ne sera jamais que plus ou moins digne de confiance. C'est pourquoi la formule redondante que l'on a signalée entraîne fréquemment une seconde redondance, celle qui permet de mettre en relief le sujet de la vision, volontiers souligné par le pronom

1. Cf. la synthèse la plus récente, G. Schepens, *L'« Autopsie » dans la méthode des historiens grecs du Ve siècle avant J.-C.*, Verhandelingen van de Koninklijke Academie [...], Klasse der Letteren, 42 (1980), n° 93, XX-214 p.

2. Cf. G. Nenci, « Il motivo dell'autopsia nella storiografia greca », *Studi Classici e Orientali*, 1953/3, p. 14-46, surtout p. 17-20.

personnel « moi *(egô)* » (cf. *Iliade*, 24, 391 *sq.*). Il se peut également que la fonction d'emphatisation du sujet soit confiée à l'anaphorique *autos* : c'est le locuteur lui-même, en personne, qui a été témoin des faits qu'il rapporte (cf. *Odyssée*, 14, 343). Le savoir digne de foi est celui dont témoigne quelqu'un qui a personnellement assisté aux faits.

C'est cette présence en personne qui constitue l'élément le plus important parmi ceux qui constituent les critères du récit véridique. On a depuis longtemps souligné l'importance, pour les Grecs, du sens de la vue – que l'on cherche ou non à opposer ce privilège, en un contraste plus ou moins artificiel, à d'autres traditions qui accorderaient davantage de poids à l'ouïe [1]. Il est de fait que nous trouvons à plusieurs reprises l'idée d'un avantage que la perception visuelle posséderait par rapport à la perception auditive : ces textes sont bien connus (cf. Héraclite, DK 22 B 101 *a* ; Hérodote, I, 8, 2). Mais cet avantage n'est pas une préférence infondée en faveur d'un sens, préférence qui ne serait elle-même que la simple expression d'une « sensibilité ». Il repose en effet non sur un caprice sensoriel, mais sur un idéal de savoir ; non sur un fait anthropologique, mais sur un programme épistémologique : celui, justement, du savoir « en personne ».

Si la vue reçoit incontestablement un privilège dans le monde grec, c'est qu'elle satisfait le mieux aux exigences de l'idéal du savoir direct. L'avantage décisif de la vision est qu'elle implique que nous sommes les témoins directs

1. Je ne mentionnerai ici que le livre de T. Boman, *La Pensée hébraïque comparée avec la pensée grecque* (original norvégien), traductions allemande, Göttingen, Vandenhoeck & Ruprecht, 1954, et anglaise, Londres, SCM, 1960.

(« oculaires », selon la formule consacrée) de ce qui se présente, alors que l'audition peut se borner à enregistrer les propos d'autrui. Certes, nous pouvons très bien entendre nous-mêmes une conversation importante, et la rapporter : l'audition n'exclut pas la présence en personne ; mais elle ne l'exige pas. Au contraire, la vision non seulement n'exclut pas cette présence en personne, mais elle l'exige comme sa condition indispensable.

Une fois que l'on a saisi sur quoi se fonde le privilège « grec » de la vision, à savoir l'idée d'une présence en personne aux faits, on peut comprendre comment cet idéal a pu se dégager de sa première concrétisation dans l'avantage accordé à l'autopsie au sens propre de « vision par soi-même ». C'est ce qui se produit relativement tôt dans la pensée grecque, dès Hérodote, en fait, qui englobe dans le primat méthodologique accordé à ce dont il a lui-même fait l'expérience les données qui lui parviennent par le canal de l'ouïe (I, 20 ; II, 52, 1) [1]. Nous pouvons surtout comprendre en quoi, de ce point de vue, nous sommes nous aussi restés des Grecs : non pas par un goût plus ou moins prononcé pour ce qui s'offre à la vue, en une forme bien découpée, sous le fameux « ciel clair de

1. Sur la libération progressive de l'élément d'ipséité contenu dans l'« autopsie » par rapport à la contingence d'un sens opposé à d'autres, cf. E. Heitsch, « Das Wissen des Xenophanes », *Rheinisches Museum*, NF, 109 (1966), p. 193-235, en particulier les p. 197-206 et 211-216. Il faudrait – ce que je ne puis faire ici – suivre la transformation des autres concepts impliqués : par exemple, l'*archè* ne restera pas cantonnée au sens de commencement temporel, mais prendra le sens de principe d'un déploiement logique, etc. Le modèle généalogique de l'explication le cédera à une déduction logique, la remontée à l'origine n'étant plus alors historique (bien que Platon lui-même ne dédaigne pas l'« archéologie »), mais dialectique.

l'Hellade », etc., mais par l'idéal du savoir direct, qui gouverne encore, par exemple, le projet husserlien d'une phénoménologie.

3. Savoir soi-même

Les Grecs semblent avoir bien vite pris conscience de ce qui lestait ainsi le sens de la vue d'un poids tel qu'il pouvait servir de paradigme. Nous trouvons en effet, dès Homère, encore une fois (cf. *Iliade*, 13, 273), une formule qui peut servir à l'exprimer. Le savoir sûr, digne de foi du point de vue même de celui qui le possède, est un « savoir soi-même ». Il s'exprime par les mots *autos oida*. Ces mots prennent dès un célèbre fragment de Xénophane (DK 21 B 34, 4) une allure de formule technique permettant de porter l'opposition jusqu'au niveau où se distinguent un savoir qui peut être exact, mais qui ne fait que « tomber juste », et un savoir certain de soi-même – quelque chose comme la conciliation hégélienne de la vérité et de la certitude [1].

Le savoir soi-même est celui dans lequel le témoin est présent en personne, « αὐτὸς παρεών » (*Odyssée*, 8, 491). Ce témoin n'est pas nécessairement humain. En effet, le poète peut se permettre de raconter des événements auxquels il n'a pas pu assister, comme ceux de l'épopée

1. Le mérite d'avoir dégagé la formule de son contexte et d'en avoir montré l'importance revient à H. Fränkel, *Wege und Formen frühgriechischen Denkens*, Literarische und philosophiegeschichtliche Studien, Munich, Beck, 1968 (3e éd. revue), p. 343-345 (texte original de 1925). Je renvoie à cette étude pour d'autres textes que ceux que je signale ici.

homérique, qui se déroule à une époque que tout sépare des « hommes de maintenant », incapables des prouesses qu'accomplissent aisément les héros qui y sont mis en scène. Mais il ne prend cette liberté que parce que, justement, ce n'est pas lui qui est censé parler, mais les Muses qu'il a commencé par invoquer. C'est pourquoi, par exemple, il demande leur secours lorsqu'il s'agit pour lui de réaliser une prouesse mnémonique comme le catalogue des vaisseaux ; et il le fait après avoir rappelé que, alors que l'homme ne fait qu'entendre une rumeur *(kleos)* sans posséder de savoir véritable : vous autres [*sc.* Muses], dit-il, « êtes des déesses, vous êtes là (πάρεστε) et vous savez (ἴστε) toutes choses » (*Iliade*, 2, 485). C'est la présence qui garantit le savoir. La présence humaine, avec ses intermittences, doit avoir recours à la continuité de la présence divine.

La question du témoin et de sa présence en personne est peut-être ce qui distingue la pensée grecque d'autres univers mentaux pourtant comparables, ne serait-ce parce qu'ils sont proches, dans le temps comme dans l'espace, de la Grèce antique. La nature du récit, l'exigence d'intelligibilité maximale, voire l'élimination de tout principe d'explication qui se soustrairait radicalement à la compréhension humaine, ne sont pas le propre des Grecs : comme on l'a remarqué depuis longtemps, les récits sur les fils de David et sur les intrigues autour de sa succession, qui aboutissent à la montée sur le trône de l'un de ceux-ci, à savoir Salomon (2 Samuel, 13-20 ; 1 Rois, 1-2), sont au moins aussi « démythisés » que l'est Thucydide – et incomparablement plus que l'est Hérodote, au moins si l'on prend pour argent comptant la « naïveté » de ce dernier. Le propre de ce qui est grec est bien plutôt le travail sur le sujet qui se sait présent et distant de son objet – ce qui, par exemple, le mène à se désigner par son nom. On a pris depuis assez longtemps (au moins depuis Hegel, même si celui-ci utilise des catégories plus fines), l'habitude de caractériser la pensée grecque comme « objective » en l'opposant au « subjectivisme » postérieur des Romains, et à plus forte raison des modernes. Il conviendrait, me semble-t-il, de reprendre toute ces question avec plus de nuance, en particulier à partir de la perspective que je tente ici de mettre en lumière.

4. Comment lire l'origine ?

Ce travail sur le sujet se manifeste avec une netteté toute spéciale dans une difficulté qui est au cœur de ce qui caractérise le récit rationnel des événements en style grec. Nous avons dégagé deux principes qui guident celui-ci : d'une part, la requête d'un *logos* qui parte du principe *(archè)* ; d'autre part, celle de la présence en personne du témoin autorisé. Nous avons vu que ce témoin pouvait être plus qu'humain, comme le sont les Muses. Mais comment, dans ces conditions, les Grecs vont-ils pouvoir concilier les deux exigences du récit rationnel lorsqu'il va s'agir de raconter l'*archè* par excellence, l'*archè* tout court, à savoir la venue à l'être de tout ce qui est ?

Ce problème semble avoir été ressenti par Hésiode, qui ne le formule pas en termes que nous appellerions philosophiques, mais en fournit une présentation plastique dans la structure même de son poème théogonique – et, inséparablement, cosmogonique. Pour lui aussi, ce sont les Muses qui constituent la source et la garantie de la légitimité. Ce sont elles qui, comme l'expose le prologue, chantent à travers le poète qu'elles inspirent. Mais, parmi les événements qu'elles rapportent se trouve justement leur propre naissance. Ce qui n'est pas, on le comprend aisément, sans faire problème… Et ce, d'autant plus que cette naissance est même racontée à deux reprises. Elle l'est une fois, brièvement, dans l'ordre « historique », qui leur assigne une place dans l'ordre d'apparition successive des entités, et cette place est tardive, puisque les Muses sont les filles de Zeus (lui-même un tard-venu) et de Mnémosyne (*Théogonie*, 916 *sq*.). Mais elle est aussi rapportée avec plus de détails, une première fois, plus avant dans le poème, dès le prologue (53-61). Cette anticipation, me semble-t-il, n'est pas une inadvertance du poète ; elle répond au contraire à un souci déterminé, celui de fournir dès le début la garantie « divine » du discours généalogique qui sera le sujet de tout le développement ultérieur de son œuvre.

En même temps, cependant, la place ambiguë des Muses dans l'économie du texte suggère que c'est leur statut lui-même qui est ambigu par rapport à la légitimation de la parole « archéologique », laquelle prétend dévoiler l'*archè* des choses. Hésiode semble avoir eu conscience de l'impossibilité de faire appel à une autorité « divine » capable d'appuyer son discours. Ce qu'il masque, tout en l'avouant, de deux façons : d'une part sous la caractérisation du discours des Muses comme affecté d'une ambiguïté intrinsèque, puisque celles-ci sont capables tout aussi bien de dire vrai que de produire un discours qui n'a de vrai que l'apparence (27-28) [1].

1. Cf. E. Heitsch, *loc. cit.* (en note 1, p. 89), p. 197-200.

La seconde façon est située dans le récit même de l'inspiration, dans son entier (22-34), sur lequel il convient de s'attarder un peu. Hésiode est obligé de légitimer son discours, parce qu'il n'est pas membre d'une guilde de rhapsodes détenteurs d'une tradition et se la transmettant en une chaîne continue. Il lui faut donc rapporter l'événement fondateur qui l'a arraché à ce qui aurait dû normalement rester son métier, et faire intervenir les Muses. L'autorité invoquée n'est ni plus ni moins « divine » que dans le cas des rhapsodes (cf. *Odyssée*, 10, 347) ; le problème est celui de son lien à un individu, de ce qui fait que l'origine divine y est présente autrement que, par exemple, dans la rumeur impersonnelle *(ossa)*, qui vient de Zeus (1, 283). Le divin, devant légitimer une personne, doit lui-même se manifester en personne [1]. Sa présence doit donc être non plus une permanence, une imbibition, mais une intervention, un événement. La description pourtant de cet événement fondateur est elle-même hautement ambiguë. Il se place en effet en dehors du discours des déesses : c'est Hésiode qui y parle, en un discours qui semble donc profane, et à l'intérieur duquel se place le passage à l'issue duquel la parole bénéficiera de la garantie divine. Mais, d'autre part, s'il commence son chant par la mention des Muses, le poète le fait pour obéir à leur injonction même (cf. *Théogonie*, 34). Du coup, la description de l'événement fondateur de la poésie est elle-même replacée dans le poème supposé inspiré. Elle se trouve de la sorte prise dans la même aporie, à plus petite échelle, que celle que reflétait dans un cadre plus grandiose le problème de la naissance des

1. Il faudrait comparer le récit hésiodique de la vocation à celui des prophètes d'Israël. Cf. en particulier Amos, 7, 14 *sq*.

Muses. Celle-ci supposait l'impossible : remonter à un état de choses antérieur à sa propre venue à l'être. Ici, nous sommes en présence d'une impossibilité du même genre : celle de sortir de l'état d'inspiration, de rétrocéder à un état qui l'aurait précédé – ce qui implique quelque chose comme le caractère « naturel » de celle-ci. L'idée de « nature », de la sorte, n'est pas sans lien avec un phénomène proprement humain, celui du « naturel » de chacun, et nous aurons à voir ce que ce lien implique.

Les Grecs ne sont pas les seuls à avoir aperçu la difficulté que ne pouvait pas ne pas présenter un discours qui prétend remonter aux origines. On peut, avec la prudence requise, chercher des parallèles dans d'autres cultures, par exemple dans la Bible, ou aux Indes [1]. Cette comparaison peut avoir son intérêt. Elle n'est cependant pas ce que je me propose de mener ici.

1. On comparera la question de Dieu à Job : « Où étais-tu quand je fondais la terre ? » (38, 4). En revanche, le problème ne semble pas s'être présenté aux auteurs des récits de création dans la Genèse, dans lesquels le locuteur n'est pas nommé. Sur l'aspect que prennent, dans l'expérience biblique, les problèmes que j'évoque ici, voir « L'expérience biblique du monde et l'idée de création », dans *Création et salut*, Bruxelles, Publications des Facultés universitaires Saint-Louis, 1989, p. 105-120. Pour les Indes, sur lesquelles je ne sais à peu près rien, je n'ai trouvé que le passage suivant du célèbre hymne de la création en *Rig-Veda*, X, 129 : « Qui sait en vérité, qui pourrait l'annoncer ici : d'où est issue, d'où vient cette création ? Les dieux sont en deçà de cet acte créateur : qui sait d'où il émane ?/Cette création, d'où elle émane, si elle a été fabriquée ou ne l'a pas été – celui qui veille sur elle au plus haut du ciel le sait sans doute… ou s'il ne le savait pas ? » (trad. L. Renou, Paris, Gallimard, 1956). R.C. Zaehner traduit la phrase cruciale par : « Who knows truly ? Who can here declare whence it was born, whence is this emanation. By the emanation of this the gods (came into existence) only later. Who knows whence it has arisen ? » (*Hinduism*, Oxford UP, 1966, p. 42).

5. Clôture de l'expérience, clôture de la cité

J'aimerais plutôt réfléchir brièvement sur le lien qui unit deux aspects de la raison grecque, à savoir celui que je viens de tenter de mettre en lumière, et un autre, que l'on a depuis longtemps reconnu, celui qui fait de cette raison la « fille de la cité », en d'autres termes le caractère « politique » de celle-ci [1]. Ce caractère tient, pour rappeler des faits bien connus, à son enracinement dans une communauté de citoyens discutant les problèmes de la cité au sein d'un espace, réel ou idéal, à l'intérieur duquel le discours ne reçoit d'autre règle que celles, immanentes, de son propre déploiement. La vie politique de la cité « démocratique », on le sait, n'a jamais offert de cette discussion qu'une pâle approximation. Mais la philosophie grecque naquit, pour ainsi dire, en prenant la démocratie au mot : elle érigea en modèle de sa pratique dialogale une discussion de ce genre, prenant ainsi au sérieux ce dont la vie politique grecque n'avait guère fait que rêver [2]. L'idéal d'un discours dans lequel aucun locuteur ne possède une autorité qui précéderait son accession à la

1. La formule, devenue célèbre, sur la raison grecque comme « fille de la cité » remonte à Jean-Pierre Vernant, « La formation de la pensée positive dans la Grèce archaïque » (1957), repris dans *Mythe et pensée chez les Grecs. Études de psychologie historique*, Paris, Maspero, 1965, p. 314 (derniers mots de l'essai). Même formule, chez le même auteur, dans *Les Origines de la pensée grecque*, Paris, PUF, 1962, p. 129. Cf. aussi P. Vidal-Naquet, « La raison grecque et la cité » (1967), repris dans *Le Chasseur noir. Formes de pensée et formes de société dans le monde grec*, Paris, Maspero, 1981, p. 319-334.

2. Sur cet aspect de la pensée grecque primitive, qui n'est qu'un de ses aspects, mais qui survécut alors que l'autre s'étiolait, cf. J.-P. Vernant, *Les Origines...*, *op. cit.* (note précédente), chap. IV, p. 40-46.

parole, idéal qui définit la raison grecque, est lié, me semble-t-il, à la nature particulière que prend le mythe central d'émergence dans le monde grec. En effet, si aucune autorité ne saurait prétendre être originelle, c'est que l'origine nous échappe radicalement, puisqu'elle échappe même à la voix divine, celle des Muses, qui pourrait en garantir l'authenticité. De la sorte, la distance qui nous sépare de l'*archè* comme commencement est aussi celle qui sépare tout locuteur de l'*archè* comme commandement.

L'autorité qui se trouve parfois invoquée, à savoir celle, déjà signalée, des Muses, est, de façon significative, une autorité plurielle. « La » Muse que le poète épique invoque parfois est « arrachée à la bande collective » qu'elles forment [1], et ne reçoit pas une personnalité indépendante. Il en est de même de cette version perverse des Muses que semblent constituer les Sirènes de l'*Odyssée* (12, 189-191). Bien sûr, le fait que les Muses forment un groupe ne leur est pas propre : c'est là un trait qu'elles partagent avec toutes les divinités qui ne possèdent pas d'individualité précise, comme les Nymphes, etc. Il est cependant remarquable que le discours portant sur les vérités les plus hautes et les plus originelles ne soit pas placé dans la bouche d'une divinité précise, mais laissé à un sujet pluriel. C'est toujours un « nous » qui parle, ou un sujet situé au sein d'une collectivité [2]. De la sorte, une préfiguration de la cité est présente jusque dès les légendes épiques. Il ne s'agit que d'une présence en creux,

1. Cf. M.P. Nilsson, *Geschichte der griechischen Religion*, 1. Bd, Munich, Beck, 1955, p. 254.

2. On comparera avec la Sagesse biblique, présente à la création (Proverbes, 8, 27 *sq.*) mais qui constitue une figure unique.

puisque les Muses, même si elles sont plusieurs, ne se parlent pas les unes aux autres, mais chantent à l'unisson. On constate au moins la présence de quelque chose comme une structure collective du discours qui pourra passer, *mutatis mutandis*, du monde des dieux à celui des hommes.

Quels que soient les conditionnements historiques et sociaux qui ont pu rendre possible la naissance de la cité sur les ruines de la royauté primitive et de l'autorité qui en dépendait, le passage au domaine humain de la structure collective du discours me semble rendu possible par le lien qui unit la nature « politique » de la raison grecque avec ce qui paraît constituer une autre découverte de l'hellénisme. Cette découverte, moins manifeste, peut être parce qu'elle est située à un niveau plus profond, est justement celle qu'exprime l'aporie qui a été dégagée plus haut : l'impossibilité d'une attestation autorisée pour un récit qui prétend traiter de l'origine du Tout. Cette impossibilité est celle de remonter à une date, ou à un état, antérieur à sa propre venue à l'être. Nous sommes dans un monde à l'intérieur duquel nous ne sommes, en un sens, jamais venus, puisque ce monde n'a pas de « dehors » que nous aurions quitté pour pénétrer « dans » son « dedans ». Le fait de notre présence au monde n'est pas un fait parmi d'autres : il est *le* fait, dont la facticité, au sens de Heidegger, est absolument radicale. L'aporie du témoignage portant sur l'origine est une des façons dont les Grecs ont fait l'expérience de la facticité de l'être-dans-le-monde. Derrière la « positivité » du savoir grec, on peut ainsi repérer les traces d'un fait plus « factice » que tous les faits positifs, et qui les fonde : le fait que nous sommes nous-mêmes. Derrière la raison grecque se profile ainsi une expérience qui n'est ni rationnelle ni irrationnelle.

Mon but ici n'est pas de développer ce thème [1]. Je voulais simplement attirer l'attention sur tout ce qui le lie à la dimension « politique » de la raison grecque : nous sommes situés à l'intérieur d'un monde auquel nous sommes présents d'une façon tellement radicale que nous ne saurions le quitter pour en prendre une vue extérieure, et pour assister à sa venue à l'être – ou à notre arrivée en lui. Nul ne saurait prétendre à un savoir autorisé de l'origine, car l'origine est antérieure à tout savoir. C'est à cause de cette aporie que nous sommes contraints de nous tourner les uns vers les autres pour nous emprunter des certitudes sans autorité, sans autre force que celle que leur confère l'accord des interlocuteurs. La clôture de l'espace de la cité, et de l'espace du dialogue qui lui correspond, est ainsi la transposition de la clôture même du monde auquel nous sommes présents [2].

1. Je me permets de renvoyer à ce sujet à mon *Aristote* (voir note 2 ci-dessous), en particulier chap. I.

2. Ce texte reprend d'un point de vue différent des remarques présentées dans mon ouvrage *Aristote et la question du monde. Essai sur le contexte cosmologique et anthropologique de l'ontologie*, Paris, PUF, 1988, en particulier au chap. I, § 1 et 2. Je me permets d'y renvoyer pour un exposé moins unilatéral de certaines des thèses présentées ici. J'ai beaucoup profité de la discussion qui a suivi la présentation orale d'un résumé de ce texte, et je voudrais remercier Mme Monique Dixsaut, ainsi que MM. Jean Bollack, Lambros Couloubaritsis, David Lachterman, Stanley Rosen et Daniel Saintillan pour leurs questions très pertinentes. M. Olof Gigon a eu la bonté de m'envoyer des remarques écrites particulièrement précieuses. Ces aides m'ont évité bien des erreurs et imprécisions, et permis de modifier ce sur quoi la consultation de mon livre ne suffirait pas à dissiper les malentendus. Quant aux incongruités qui subsistent, elles ne sauraient être imputées qu'à ma propre pertinacité.

PARMÉNIDE

La vraisemblance du faux

Parménide, Fragment I, 31-32

Les deux derniers vers du premier fragment de Parménide, qui contient le prologue de son poème ontologique et cosmologique, comptent parmi les plus ardus et les plus âprement discutés de son œuvre, ou de ce qui nous en est parvenu. Le fait est d'autant plus regrettable qu'ils constituent à l'évidence l'annonce par la déesse qui instruit le poète-philosophe du programme qu'il lui faudra étudier, et qu'ils sont donc comme la clé de tout le poème. Malgré les efforts de beaucoup de très bons esprits, armés d'une incontestable érudition, aucune interprétation ne semble capable de recueillir l'adhésion générale. Nous aimerions intervenir dans ce débat, non pour rivaliser avec de plus savants que nous, mais pour attirer l'attention sur un fait nouveau, résultat des travaux de ceux-ci, mais qui ne nous semble pas avoir été remarqué comme il le méritait.

Il nous semble en effet que les efforts des philologues et des philosophes ont abouti, il y a un peu plus de dix ans, à une situation herméneutique nouvelle et simplifiée. Avant cette date, les interprétations les plus variées de ces deux vers semblaient pouvoir être admises, au moins en principe. Ce n'est, à notre avis, plus le cas. Les arguments en sont venus, nous semble-t-il, à s'annuler les uns les autres, de façon à exclure *toutes* les possibilités d'interprétation. Une telle situation d'aporie, s'il peut être avéré qu'elle est définitive, impose un réexamen d'ensemble de la question. Nous nous proposons donc de mettre en évidence les obstacles infranchissables que rencontre toute tentative d'interprétation, avant de proposer une solution.

1. Système des interprétations proposées

À la fin du premier fragment du poème, la déesse indique à celui dont elle a fait son disciple qu'il aura à écouter aussi bien la Vérité que les opinions *(doxai)* des mortels, auxquelles il ne saurait se fier. Puis elle poursuit :

> *ἀλλ' ἔμπης καὶ ταῦτα μαθήσεαι, ὡς τὰ δοκοῦντα*
> *χρῆν δοκίμως εἶναι διὰ παντὸς πάντα περῶντα* [1].

Les premiers mots indiquent que l'on répond à une objection possible, que l'on pourrait exprimer ainsi : puisqu'il vient d'être dit que les « opinions des mortels » ne méritent aucun crédit, pourquoi faudrait-il aussi (*καί*) s'en occuper ? que reste-t-il à apprendre, une fois que l'on a écouté la Vérité et que l'on s'est convaincu de l'inanité de ce qui s'en écarte ? Les deux derniers vers ne font donc pas qu'ajouter au programme d'études un troisième chapitre placé sur le même plan que les deux premiers [2]. Quelle que

---

1. Fragment B 1, 31-32 de l'édition Diels-Kranz (*Die Fragmente der Vorsokratiker*, 11e éd., Zurich/Berlin, 1964).

2. Il est par conséquent important de garder la valeur concessive des premiers mots (« pourtant »). L'idée selon laquelle les *dokoûnta* constitueraient autre chose que le contenu des *doxai* mène au contraire à négliger cette valeur. Cf. J. Beaufret, *Le Poème de Parménide*, Paris, PUF, 1955, p. 79 :

soit la manière dont on en conçoit le contenu, il doit nécessairement s'articuler sur les « opinions des mortels », et expliquer pourquoi ce n'est pas perdre son temps que de s'y attarder. S'il en est ainsi, la question de savoir quel est le référent du démonstratif ταῦτα [1] doit être relativisée. L'important est de comprendre que les deux derniers vers

« Mais oui, apprends aussi… » ; *id.*, *Dialogue avec Heidegger*, t. I, *Philosophie grecque*, Paris, Minuit, 1973, p. 56 *sq.* : « Mais ceci que voici tu auras encore à l'apprendre… » En revanche, M. Heidegger traduit la concession : « Aber bei alldem sollst du gleichwohl auch das kennen lernen… » (*Einführung in die Metaphysik*, *op. cit.* [en note 1, p. 50], p. 86).

1. Certains considèrent le démonstratif ταῦτα comme reprenant τὰς δόξας. C'est ce que font, par exemple, G.E.L. Owen (« Eleatic questions », *The Classical Quaterly*, N. S., X-1 [mai 1960], p. 88) – A.P.D. Mourelatos le critique sur ce point (*The Route of Parmenides. A Study of Word, Image, and Argument in the Fragments*, New Haven/Londres, Yale UP, 1970, p. 209, n. 46), mais sa remarque « The pronoun is heard most naturally as a further specification of the other pronoun, πάντα (B 1, 28), not as a specification of the content of δόξαι » me semble difficile à accepter – et L. Táran (*Parmenides*, A Text with Translation, Commentary and Critical Essays, Princeton UP, 1965, p. 211, n. 20). D'autres, comme W. Kranz, le font annoncer la complétive qui suit (« tu apprendras aussi ceci, à savoir comment… »), même s'« il est exceptionnel que οὗτος se rapporte à ce qui suit » (P. Chantraine, *Grammaire homérique*, t. II, *Syntaxe*, Paris, Klincksieck, 1963, p. 169 [abr. Chantraine]) – et Parménide semble suivre la règle (cf. 8, 15 – sauf en 8, 1, mais le texte est particulièrement obscur). Le pluriel n'est pas gênant (cf. I 493, K 491, Ψ 545 et surtout λ 418 *sq.*), et Stein n'a aucune raison de corriger en τοῦτο (« Die Fragmente des Parmenides ΠΕΡΙ ΦΥΣΕΟΣ », dans *Symbola philologorum Bonnensium in honorem Friderici Ritschelii collecta*, Leipzig, 1864-1867, p. 779). Ταῦτα […] τὰ δοκοῦντα serait à la rigueur possible (cf. R. Kühner & B. Gerth, *Ausführliche Grammatik der griechischen Sprache*, 2. Teil. *Satzlehre*, 1, Hanovre, 1898, p. 628, n. 3 [abr. *KG*] – ajouter Empédocle, DK 31 B 17, 32, Platon, *Cratyle*, 389 *a* 2 et 412 *c* 1 *sq.*, *Timée*, 92 *a* 2 *sq.*, ainsi que le texte de Proclus cité en DK 28 A 4), mais le démonstratif suivi de l'article est peu homérique (Chantraine, II, p. 170). La solution de Kranz nous semble donc la plus probable.

réfléchissent sur l'intérêt de l'étude des opinons des mortels ; au lieu de leur ajouter une nouvelle rubrique, ils font retour sur elles.

Jusqu'ici, nous n'avons fait que préparer un terrain relativement solide et peu contesté pour la phrase vraiment difficile. Afin de nous y retrouver plus commodément dans le dédale des interprétations proposées, nous aimerions classer ces diverses tentatives. Une méthode dichotomique nous y aidera jusqu'à un certain point. Le critère le plus adéquat nous semble être la lecture et l'interprétation des sept dernières lettres du fragment. On sait en effet que notre unique source pour les vers étudiés est le commentaire de Simplicius au *De Caelo* d'Aristote [1]. Or, les quatre manuscrits de cet ouvrage que l'éditeur retient présentent deux leçons. Trois d'entre eux (D, E et F) ont *περ ὄντα*, et un seul (A) *περῶντα*. Malgré le peu de cas que Heiberg fait par ailleurs de ce dernier manuscrit, dont il relègue souvent les leçons dans son apparat, c'est le texte de celui-ci qu'il choisit ici d'imprimer. Il semble que personne n'ait retenu l'autre leçon avant une date relativement récente, comme nous le verrons. En

1. Nous citons l'édition procurée par J.L. Heiberg (Simplicius, in *De Caelo*, Commentaria in Aristotelem Graeca, vol. 7, Berlin, 1894). Nous adoptons les sigles de Heiberg : A = Mutinensis III E 8 (gr. 161), XIIIe-XIVe ; D = Coislinianus 166, fin du XIVe ; E = Marcianus gr. 491, fin du XIIIe ; F = Marcianus 228, première moitié du XIVe. La question devra être réexaminée à la lumière des travaux de M. Philippe Hoffmann, qui prépare une nouvelle édition de ce commentaire de Simplicius, et qui a bien voulu me communiquer certains de ses résultats, encore provisoires. En particulier, le jugement dévastateur de Heiberg sur A : « ab imperito et neglegenti librario e codice bono et vetusto transcriptus... » ou « accentuum maxime et adspirationis erroribus, quibus scatet codex » (p. VI) semble devoir être nuancé. La même remarque vaut pour E. F est plus ancien que le dit Heiberg.

tout cas, c'est entre ces deux leçons que se répartissent les commentateurs de Parménide [1] ; et c'est aussi entre elles que nous répartirons leurs tentatives.

1. Si l'on choisit le texte de A, *περῶντα*, ce qui est le cas de la très grande majorité des interprètes, avant et après l'édition critique de Simplicius par Heiberg (1894), nous nous trouvons en face de deux possibilités. *Περῶντα* est le participe présent actif du verbe *περᾶν*. Mais ce participe peut être soit un accusatif masculin singulier, soit un nominatif-accusatif neutre pluriel.

1.1 Si le participe est au masculin singulier, il doit qualifier le sujet inexprimé d'un verbe, lequel sera à l'infinitif. Ce sujet sera la personne qui parcourt le monde en quête de la vérité sur, ou derrière, les apparences. Mais où trouver le verbe requis ? On le cherchera soit dans celui que l'on lit déjà, soit derrière un autre mot.

1.1-1 Si le verbe doit être caché sous celui que fournit le texte, à savoir *εο̃ναι*, on ne saurait obtenir un sens en faisant l'économie d'une correction. On corrigera donc. On a proposé *ἑναι* [2], *κρναι* [3], voire

1. Mentionnons pour mémoire la proposition de Peyron, *ῥέοντα* (*Empedoclis et Parmenidis Fragmenta ex codice taurinensis bibliothecae restituta et illustrata* ab Amedeo Peyron [...], Leipzig, 1810, p. 58), ainsi qu'une suggestion orale de M. Heidegger, rapportée par J. Lohmann dans un article de la revue *Lexis*, II-1 (1949), p. 12 : *παρεόντα*.

2. Peyron, p. 57 *sq.*, suivi par Brandis (*Commentationum Eleaticarum* pars prima, Xenophanis Parmenidi et Melissi doctrina e propriis philosophorum reliquiis veterumque auctorum testimoniis exposita a Christiano Augusto Brandis, sectio 2 a. *de Parmenide*, Altona, 1813, p. 100).

3. S. Karsten (*Philosophorum graecorum veterum praesertim qui ante Platonem floruerunt operum reliquias* recensuit et illustravit Simon Karsten,

γνῶναι [1] : sur l'injonction de la déesse, le chercheur devra, passant à travers tout ce qui apparaît, le *connaître* ou le *juger*.

1.1-2 S'il faut au contraire chercher le verbe ailleurs que là où il semble être, son repaire le plus probable a toute chance d'être situé vers les lettres ΔΟΚΙΜΟΣ. Si on leur associe celles du verbe qui les suit, on aura δοκιμάζεσθαι [2] ou δοκιμωσέμεναι [3]. Auquel cas celui qui cherche devra tout parcourir pour *mettre à l'épreuve* les apparences. Si l'on se contente de ce qui se présente comme un adverbe, sans y joindre l'infinitif du verbe « être », on supposera un infinitif élidé δοκιμῶσ(αι) [4]. On

---

vol. 1m, pars altera. *Parmenides*, Amsterdam, 1835, p. 70), suivi par Stein, art. cité en note 1, p. 105, p. 779 ; cette correction, abandonnée depuis lors, a été reprise plus récemment par O. Becker, *Das Bild des Weges und verwandte Vorstellungen im frühgriechischen Denken*, Berlin, Weidmann, 1937, p. 140, n. 7.

1. Mullach (*Fragmenta philosophorum graecorum* collegit recensuit vertit annotationibus et prolegomenis illustravit indicibus instruxit Fr. Guil. Aug. Mullachius [...], Poeseos philosophicae caeterorumque ante Socratem philosophorum quae supersunt, Paris, 1860, p. 117 *b*).

2. K.J. Liebhold, « Zu Parmenides », *Jahrbücher für klassische Philologie*, 129 (1884), p. 160.

3. Theodor Bergk, « Commentatio de Empedoclis prooemio » (1839), repris dans *Kleine Schriften*, 2. Bd. *Zur griechischen Literatur*, Halle, 1886, p. 31, n. 13 : « Scripsi quamquam dubitanter δοκιμωσέμεναι ». L'idée est reprise dans « Emendationum Parmenidearum pars 1 a » (1864), *ibid.*, p. 69.

4. Cette solution, due à H. Diels (*Parmenides Lehrgedicht*, griechisch und deutsch [...], Berlin, 1897, p. 58), a été suivie par beaucoup d'autres, dont on trouvera la liste dans K. Bormann, *Parmenides. Untersuchungen zu den Fragmenten*, Hambourg, Meiner, 1971, p. 68, n. 6. Elle a trouvé récemment un partisan de taille en la personne de J. Barnes, dont l'attitude est très symptomatique : *(a)* il omet de sa traduction les vers 31b-32, comme particulièrement disputés ; *(b)* il

comprendra alors que la déesse recommande à son disciple de parcourir tout ce qui est pour *admettre* les apparences à l'existence.

1.2 Si, au contraire, on fait du participe un neutre pluriel, il aura pour sujet τὰ δοκοῦντα. Dans ce cas, on n'a plus à chercher un autre infinitif que celui qui s'offre déjà. Par ailleurs, rien n'interdit de lire δοκίμως comme un adverbe. Cette solution a l'avantage de la simplicité, tant qu'on en reste au plan de la lecture et de l'analyse grammaticale des mots. C'est sans doute pourquoi elle a su recueillir les suffrages d'un grand nombre d'interprètes et occuper le devant de la scène pendant au moins la première moitié de notre siècle. En revanche, elle rend possibles plusieurs constructions de la syntaxe, et une quantité d'interprétations plus grande encore. La multiplicité des facteurs qui entrent ici en jeu interdit de maintenir le schéma dichotomique. Même si l'on élimine les problèmes que pose l'interprétation des mots διὰ παντὸς πάντα, comme n'intervenant qu'après que les autres choix ont été faits, on voit que presque tout dépend de quatre termes fondamentaux, susceptibles chacun de deux ou trois interprétations. En combinant ces choix, on pourrait

---

avoue pencher pour la solution de Diels, et propose en outre de lire le masculin pluriel περῶντας, ce qui le mène à traduire : « You will... the way in which men were bound to judge the things that seem to be, since they always journey through them all » – ce qui signifie, en substance : tu apprendras comment les gens sont soumis à un bombardement d'apparences tellement continu qu'ils ne peuvent s'empêcher de les croire réelles ; *(c)* enfin, il déclare que la phrase n'est pas aussi importante qu'on le pense, et que l'on peut donc s'en passer (*The Presocratic Philosophers*, t. I, *Thales to Zeno*, Londres, Routledge, 1979, p. 328, n. 2).

obtenir comme une topique des interprétations possibles des deux derniers vers : (1) *τὰ δοκοῦντα* désigne-t-il les principes d'une théorie de l'être et du monde (les « dogmes ») ? ou ce qui apparaît ? Dans ce cas, s'agit-il des opinions humaines ? ou des phénomènes, à la hauteur desquels les opinions des hommes ne savent pas toujours se porter ? (2) *χρῆν* est-il une forme de politesse pour « il faut » ? ou un passé (« il fallait », « il était inévitable que… ») ? ou encore un irréel (« il aurait fallu ») ? (3) *δοκίμως* a-t-il un sens négatif (« de façon illusoire ») ? ou faut-il le comprendre de façon positive (« de façon acceptable ») ? (4) *εἶναι* est-il un existentiel (« se comporter », « avoir une consistance propre ») ? ou jouerait-il le rôle de la copule dans une périphrase avec *περῶντα*, qui équivaudrait au verbe simple ? Il reste que, dans tous les cas, le sens que l'on prête au verbe *περᾶν* est « traverser » au sens de « se répandre d'un bout à l'autre », « imprégner la totalité ».

2. Supposons maintenant que l'on se rallie à la leçon des trois manuscrits D, E et F. On aura dans ce cas le participe neutre pluriel du verbe « être » (car un masculin singulier n'aurait guère de sens), précédé de la particule *περ*. Reste à savoir quel sens pourrait avoir cette particule.

2.1 Mentionnons pour mémoire, car personne à notre connaissance ne semble l'avoir soutenue, l'interprétation concessive de la particule, qui obligerait à comprendre : « bien qu'elles [*sc.* les apparences] soient toutes choses ».

2.2 La particule *περ* peut avoir une valeur intensive. Les apparences sont « justement », sont « absolument » toutes choses. Cette possibilité a sans doute été proposée pour la première fois par J. Zafiropulo [1], dont G.E.L. Owen a repris l'hypothèse après dix ans [2].

Il est peut-être intéressant de remarquer que l'ordre dans lequel se présente ce tableau des possibilités d'interprétation correspond à la succession dans le temps des recherches sur Parménide, depuis Peyron (1810), qui a révélé pour la première fois le texte original du commentaire de Simplicius au *De Caelo*, jusqu'à Jantzen. Cet ordre exprime peut-être d'ailleurs une nécessité interne de progression, due aux apories que les tentatives de solution successivement proposées ne peuvent manquer de rencontrer sur leur chemin. Il serait fastidieux de réexaminer en détail les critiques que les interprètes n'ont pas manqué de s'adresser les uns aux autres. Chaque auteur avance en effet contre ses prédécesseurs des objections qui la plupart du temps sont fort pertinentes, et qui obligent la recherche à avancer d'hypothèse en hypothèse. Suivons rapidement ce mouvement :

1.1-1 La correction suppose une erreur peu aisée à expliquer dans le cas de verbes si courants. Et le sens obtenu est difficile. C'est pourquoi Diels, réagissant sur

1. J. Zafiropulo, *L'École éléate*, Paris, Les Belles Lettres, 1950, p. 295 *sq.* Sa traduction : « mais tu apprendras aussi ceci : comment l'apparence/Devait apparaître solidement établie, devenant absolument tout pour toujours », n'a pas à nous occuper ici.

2. G.E.L. Owen, *op. cit.* (en note 1, p. 105). Cet auteur est suivi par H. Boeder, *Grund und Gegenwart als Frageziel der früh-griechischen Philosophie*, La Haye, Nijhoff, 1962, p. 124, A.P.D. Mourelatos, *op. cit.* (en note 1, p. 105), p. 214, J. Jantzen, *Parmenides zum Verhältnis von Sprache und Wirklichkeit*, Munich, Beck, 1976, p. 47, et W.K.C. Guthrie, *A History of Greek Philosophy*, vol. 2, *The Presocratic Tradition from Parmenides to Democritus*, Cambridge UP, 1965, p. 9.

la période hypercritique de la philologie du XIXe siècle, a proposé de chercher la correction là où il est plus probable qu'une erreur se soit glissée.

1.1-2 Une fois écartées les tentatives antérieures à Diels comme supposant des erreurs improbables ou des formes verbales inexistantes, la tentative de Diels s'est très vite heurtée aux objections de Wilamowitz [1] : le verbe supposé est très mal attesté, et l'élision particulièrement dure. P. Chantraine écrit sans ambages : « la désinence de l'infinitif actif *-ναι, -σαι* ne s'élide pas [2] ». Il faudrait donc supposer deux miracles simultanés.

1.2 Toutes les solutions qui, gardant le texte de A, font de *δοκίμως* un adverbe, se rejoignent, par-delà les choix secondaires qu'elles sont entraînées à faire, en ce qu'elles donnent toutes au verbe *περᾶν*, comme nous l'avons vu, le sens de « recouvrir » (*to pervade, durchdringen*). Or, il y a dix ans, A. Mourelatos a eu le mérite de faire une observation de bon sens : la simple consultation du dictionnaire montre que le verbe *περᾶν* ne peut pas avoir ce sens, car il suppose à chaque fois que ce qui est traversé est *franchi*, laissé derrière et dépassé comme une limite, et non *recouvert* comme une surface par ce qui le traverse [3].

1. U. von Wilamowitz-Moellendorff, « Lesefrüchte », *Hermes*, 34 (1899), p. 205. Deux ans plus tard, H. Diels, dans ses *Poetarum philosophorum fragmenta*, Berlin, Weidmann, 1901, défendra sa leçon, mais le parallèle qu'il fournit pour l'élision supposée par lui n'est pas convaincant.

2. P. Chantraine, *Grammaire homérique*, t. I, *Phonétique et morphologie*, Paris, Klincksieck, 1958, p. 86.

3. A.P.D. Mourelatos, *op. cit.* (en note 1, p. 105), p. 212 *sq.*

L'objection portant sur la grande majorité des interprètes, nous pouvons négliger les détails.

Mais, s'il en est ainsi, on est porté à déclarer impossible la leçon du manuscrit A, et à privilégier celle des trois autres témoins, qui portent *περ ὄντα* [1].

2.1 Un sens concessif de la particule aboutirait à des difficultés excessives quant au sens. En effet, comprendre « bien que les apparences [ou les phénomènes] soient toutes choses, il faut [fallait, faudrait] qu'elles [ils] soient de façon acceptable » rend incompréhensible l'opposition même que la concession déclare surmontée. Et par ailleurs, comprendre que les apparences, bien qu'elles soient tout, sont de façon illusoire, donne d'une part à l'adverbe un sens très improbable, et rend d'autre part incompréhensible le « mais pourtant » qui ouvre le vers 31. Comment comprendre : « les opinions sont illusoires, et pourtant tu apprendras qu'elles sont illusoires » ?

2.2 C'est bien pourquoi les interprètes qui choisissent la leçon de A prêtent à *περ* un sens intensif. On peut le supposer pour J. Zafiropulo, qui ne fournit pas les raisons de son choix. Le fait est parfaitement net chez G.E.L. Owen, qui renvoie à l'ouvrage de Denniston, et chez ceux qui le suivent sans avoir, semble-t-il, réexaminé la question à nouveaux frais [2]. Or, il

1. Afin d'écarter une éventuelle objection, rappelons que Parménide n'éprouve aucune gêne à utiliser, suivant les besoins du mètre, *ὄν* à côté de *ἐόν*. Kranz signale, outre 21 B 22, 2 et 31 B 129, 5, chez Parménide lui-même, B 8, 57.

2. G.E.L. Owen, *op. cit.* (en note 1, p. 105), p. 88, n. 4, A.P.D. Mourelatos, *op. cit.* (en note 1, p. 105), p. 214, J. Jantzen, *op. cit.* (en note 2, p. 111), p. 46 *sq*.

semble qu'Owen n'a pas agi en l'occurrence sans quelque légèreté. Denniston fait en effet remarquer que ce sens intensif est « the most difficult of all to exemplify », d'une manière générale. De plus, un tel sens est particulièrement rare avec un participe, avec lequel, en revanche, le sens concessif est « especially common ». Si l'on rétrécit encore l'enquête au seul verbe dont il est ici question, à savoir le verbe « être », les occurrences sont non plus simplement douteuses, comme c'est le cas avec les autres participes, mais elles font absolument défaut. Denniston prend soin de montrer que les cas que l'on a parfois interprétés ainsi l'ont été à tort [1]. Nous ne sommes donc pas en droit de supposer ici, pour les besoins de l'interprétation, un sens qui n'est attesté nulle part ailleurs.

Mais s'il en est ainsi, on voit qu'aucune des solutions proposées pour interpréter les deux derniers vers du premier fragment de Parménide n'est recevable. Nous avons vu se fermer devant nous toutes les portes que l'on avait successivement tenté d'ouvrir. Telle est la situation herméneutique nouvelle dont nous parlions au début : le coup d'arrêt porté par Mourelatos il y a une dizaine d'années a rendu impraticable le chemin le plus souvent parcouru, qui consistait à lire, avec le manuscrit A, περῶντα. Et par ailleurs, la lecture des autres manuscrits prête à la particule un sens qu'elle ne peut avoir. C'est un des mérites d'Ernst Heitsch que d'avoir constaté que nous nous trouvions dans l'aporie et d'en avoir pris acte avec une parfaite honnêteté. Dans l'édition procurée par lui

1. Respectivement, J.D. Denniston, *The Greek Particles*, 2e éd., Oxford UP, 1954, p. 481, 485 et 482. Nous avons compté, dans les poèmes homériques, soixante-dix-sept occurrences de περ avec le participe du verbe « être », et elles sont toutes concessives.

des fragments du poème, il place entre *cruces* le mot *περῶντα*, qu'il laisse sans traduction. Dans son commentaire, il pose bien le dilemme : « Il ne semble pas possible de décider entre les mots qui nous sont transmis, *περῶντα* et *περ ὄντα*. Il faudrait rapporter *περῶντα* à *διὰ παντός* et traduire : "s'étendant à travers tout le temps, s'imposant depuis toujours", donc au sens de "durablement". Cependant, on ne peut fournir aucun parallèle de cet usage de *περάω*. D'un autre côté, on ne peut pas non plus expliquer *περ ὄντα*, face aux parallèles épiques (Α 352.546.587, Γ 159.201, Δ 534, Ε 625, Θ 253 ; *θ* 331, *κ* 441, *λ* 265, *υ* 131.271, *ψ* 361 ; Hésiode, *Th.* 719 ; *Op.* 292.514), sans quelque violence. » Heitsch pense donc à des corrections paléographiquement probables, comme *παρόντα* ou *παντ' ἀπέραντα*, mais il préfère en laisser la responsabilité à d'autres savants [1]. Comment, s'il en est ainsi, pourrions-nous sortir de l'impasse ? C'est ce que nous aimerions tenter de montrer.

2. Le contexte de la citation

Il est sans doute de bonne méthode d'examiner le contexte dans lequel nous est parvenu le fragment que nous tentons d'élucider. Notre seul témoin, avons-nous dit, est Simplicius, puisque Sextus Empiricus arrête sa citation au vers 30 pour enchaîner sur ce qui est maintenant le deuxième vers du fragment 7 de l'édition Diels-

1. *Parmenides. Die Anfänge der Ontologie, Logik und Naturwissenschaft*, Die Fragmente herausgegeben, übersetzt und erläutert von Ernst Heitsch, Munich, Heimeran, 1974, p. 12, 13 et 139.

Kranz. Mais il se trouve que Simplicius est un témoin de très grande valeur, qui mérite d'être interrogé minutieusement. La citation étudiée se trouve dans son commentaire au *De Caelo* d'Aristote. Au début du livre III de ce traité, le Stagirite donne, selon son habitude, un tableau des opinions de ses prédécesseurs sur le problème qu'il se propose de traiter, en l'occurrence celui de la génération *(genesis)*. Un premier groupe de penseurs, autour de Mélissos et de Parménide, a radicalement supprimé toute génération et toute corruption. Leur attitude répondait à une logique implicite, qu'Aristote se fait fort de dégager : si la connaissance doit être possible, il faut qu'elle consiste à être fixée sur *(epistanai)* quelque chose de fixe. Et qui n'admet pas de réalités autres que sensibles est contraint d'introduire cette fixité dans l'univers physique lui-même. Dans l'optique d'Aristote, les Éléates sont ainsi comme des platoniciens timides. Ils ont su concevoir les prédicats que doit posséder un objet de connaissance, mais ils les ont attribués à un sujet qui ne peut les porter.

C'est en expliquant le raisonnement d'Aristote que Simplicius achoppe sur une prémisse qui lui semble « un peu forte (*σκληρόν*) » (557, 2). Comment Aristote peut-il se permettre d'attribuer aux Éléates une doctrine qui nie l'existence des réalités autres que sensibles ? Il se propose donc d'expliquer pourquoi le Stagirite soutient une thèse aussi paradoxale : « selon son habitude [1], il réplique ici aussi au sens apparent des discours, pour éviter que les gens superficiels ne se laissent abuser » par des arguments qu'ils comprendraient mal (557, 19 *sq.*). Il peut ensuite se mettre en quête de la doctrine réelle de Parménide,

1. Simplicius expose cette habitude d'Aristote dans son commentaire, p. 69, 12 *sq.*

pour le laver du soupçon de monisme. C'est dans ce cadre qu'interviennent les citations du poème. Essayons de donner une paraphrase du texte difficile où il expose le système parménidien comme un dualisme :

> Ces penseurs, de leur côté, posaient deux sortes d'existence (*διττὴν ὑπόστασιν ὑπετίθεντο*), d'une part celle de ce qui est véritablement (*ὄντως ὄν*), de l'intelligible (*νοητόν*), d'autre part celle de ce qui devient (*γινόμενον*), le sensible (*ασθητόν*), cela même que, justement, ils ne consentaient pas à appeler étant sans réserve (*καλεν ὄν ἁπλῶς*), mais qu'ils appelaient semblant étant (*δοκοῦν ὄν*) ; c'est pourquoi il dit [1] que sur ce qui est porte la vérité (*περῶ τὸ ὄν ἀλήθειαν εῖναι*), et sur ce qui devient, l'opinion (*περῶ δ τὸ γινόμενον δόξαν*). En tout cas (*γοῦν*), Parménide dit :
>
> (DK 28 B 1, 28 *b*-32)
>
> Et encore, après avoir achevé son discours sur ce qui est véritablement (*τὸ ὄντως ὄν*), et sur le point de donner sa doctrine des réalités sensibles (*αἴσθητα*), il reprend :
>
> (DK 28 B 8, 50-52)
>
> Et après avoir exposé la structure des réalités sensibles, il reprend à nouveau :
>
> (DK 28 B 19)
>
> Comment donc Parménide aurait-il supposé que seules les réalités sensibles existaient, lui qui développe, en sa philosophie, des doctrines comme celles qu'il est maintenant superflu de transcrire ? Comment aurait-il transposé aux réalités sensibles ce qui convient aux réalités intelligibles, lui qui a clairement exposé, à part l'unité (*νωσις*) de l'intelligible qui

---

1. Ainsi le Ms. A et la traduction latine de G. de Moerbeke (éd. H. Scotus, Venise, 1540) ; les Mss D et E, ainsi que l'édition S. Karsten (1865), fondée ici sur le Paris. Suppl. gr. 16, ont *φασι*.

est véritablement, à part la façon dont les réalités sensibles se dispersent en un monde (διακόσμησις), et qui estime que le sensible n'est même pas digne qu'on l'appelle du nom d'étant (557, 20-558, 17).

Avant de citer les textes originaux, Simplicius présente ainsi un schéma d'ensemble du dualisme parménidien. Sa reconstruction a pour but moins de dégager la structure immanente de la pensée de l'Éléate que d'en montrer la conformité avec les textes canoniques du platonisme le plus tranché [1]. Les citations qu'il introduit ont pour but d'éprouver la solidité de l'édifice, dont il sait que la rigueur est compromise par l'imprécision poétique du matériau (558, 17), dont il considère cependant qu'il doit décider en dernière instance [2]. Simplicius choisit donc un certain nombre de passages dans une double optique : il lui faut tantôt chercher la préfiguration de doctrines platoniciennes sous le voile d'un vocabulaire inadéquat, auquel cas le contenu sera seul décisif, tantôt s'assurer de la justesse du vocabulaire de Parménide par rapport à des règles précises, auquel cas la lettre prendra tout son poids.

Les textes sont reliés par un fil conducteur très apparent, à savoir l'opposition de la vérité et de l'opinion, de telle sorte que les trois citations pourraient figurer comme un dossier doxographique destiné à documenter la présence de cette opposition platonicienne chez Parménide. Ici, les mots doivent figurer en toutes lettres dans les

1. Le vocabulaire de Simplicius est celui des premières divisions du *Timée*, 27 *d* 5-28 *a* 4.

2. On comparera la valeur de γοῦν en 557, 24 avec certains des exemples donnés dans l'index de Diels, *Doxographi Graeci*, s.v., p. 735 *a* (surtout les exemples d'Aëtius), et avec Aristote, *Parties des animaux*, I, 1, 640 *b* 31.

textes, puisqu'il s'agit d'illustrer ce que *dit* l'auteur cité à comparaître (cf. φησι en 557, 23). On peut toutefois dégager une structure plus rigoureuse encore. En effet, Simplicius met en place une série d'opposés, une *systoichia* où s'affrontent successivement (1) *ontôs on* et *ginomenon*, (2) *noèton* et *aisthèton*, (3) *on haplôs* et *dokoûn on* et (4) *alètheia* et *doxa*. Selon un procédé rhétorique connu, les citations reprendront ces entrées dans un ordre renversé par rapport à celui de l'annonce. Ainsi, le point (4) est prouvé par le début de la première citation, qui oppose sans possibilité de médiation (cf. 1, 30 *b*) le cœur intrépide de la vérité aux opinions des mortels. Passons pour l'instant sur le point (3), qui devra justement nous occuper principalement. Le point (2) s'appuie sur la seconde citation, dans laquelle Simplicius lit l'idée de connaissance intelligible dans le mot νόημα, et où, peut-être, il perçoit dans le mot κόσμος l'écho de l'univers sensible. Le point (1), enfin, est corroboré par la troisième citation : l'idée de devenir, opposée à l'être, se tire sans peine de la formule tripartite où interviennent passé, présent et futur. Si nous considérons maintenant le troisième couple d'opposés, *on haplôs* et *dokoûn on*, et si la disposition en miroir que nous supposons doit se confirmer, on peut dire, pour des raisons d'abord purement formelles, que le texte servant à en montrer la présence chez Parménide doit se trouver à la fin de la première citation, donc aux vers 31 et 32 du premier fragment Diels-Kranz, qui nous intéressent ici. On aurait donc le tableau suivant :

(1)	557, 21 *sq.*	*ontôs on / ginomenon*	558, 9-11	(4)
(2)	*id.*	*noèton / aisthèton*	558, 5-7	(3)
(3)	557, 23	*on haplôs / dokoûn on*	558, 1-2	(2)
(4)	557, 23 *sq.*	*alètheia / doxa*	557, 25-27	(1)

Remarquons que Simplicius doit avoir un besoin impérieux des vers du fragment 1 pour montrer quelque chose à quoi les autres citations ne sauraient suffire. S'il en était autrement, il aurait sans doute, comme Sextus ou sa source, arrêté de citer après le troisième vers (DK B 1, 30). En effet, les trois premiers vers suffisent parfaitement à prouver ce qu'il veut prouver, à savoir la présence chez Parménide d'une opposition entre vérité et opinion. En coupant, il aurait même donné à l'opposition une forme plus tranchée, et évité le malaise que devait créer, chez lui comme chez nous, le revirement, le repentir, ou du moins la nuance, que semble indiquer le « mais pourtant » du quatrième vers. Simplicius a donc besoin des vers que nous examinons. Pourquoi ?

Regardons de plus près les lignes 557, 22 *sq*. Simplicius cherche à montrer que l'Éléate n'a pas commis cette faute qui consiste à attribuer à ce qui ne fait, en rigueur de termes, que *devenir*, des dénominations qui suggéreraient qu'il *est*[1]. Il y va donc des termes mêmes de Parménide, de la rectitude des appellations (cf. *καλεν* en 557, 22). Simplicius distingue un usage correct des mots, dont il félicite Parménide, d'un solécisme possible dont Aristote semble l'avoir accusé. La faute aurait été d'appeler « étant » sans restriction (ἁπλῶς) ce qui devient. Cet adverbe ne forme pas avec *on* une formule aussi canonique que l'est devenu, par exemple, *ontôs on* depuis Platon. Il n'est pas attribué à Parménide, mais porte sur *καλεν*. En revanche, la bonne formule ne peut être portée au crédit de l'Éléate que si elle possède quelque littéralité, que si elle attire l'attention sur un trait effectivement attesté de son vocabulaire. Les mots δοκοῦν ὄν doivent

1. Cf. *Timée*, 38 *b* 1-3.

donc avoir quelque chose de parménidien. Nous devons le conclure pour les raisons internes que l'on vient de dégager. Mais, d'autre part, des raisons externes nous encouragent à confirmer cette conclusion. En effet, si la formule ne vient pas de Parménide, elle doit venir d'une autre source. Mais de laquelle ? Car l'expression n'appartient pas au lexique habituel de Simplicius ou du néoplatonisme auquel il se rattache, pas plus d'ailleurs qu'à un quelconque vocabulaire technique. Certes, rien n'est plus classique que de distinguer ce qui est en réalité et ce qui n'a d'existence qu'apparente. Mais la seconde idée s'exprime bien plus naturellement, soit par le participe régissant un infinitif (*τὸ*) *δοκοῦν εἶναι*, « ce qui semble être [1] », soit même par le seul participe (*τὸ*) *δοκοῦν*, « ce qui semble [2] ». En revanche, l'expression (*τὸ*) *δοκοῦν ὄν* est, à notre connaissance, dépourvue de parallèle. Tout porte donc à croire qu'elle garde comme un écho d'une formule authentiquement parménidienne [3].

Pour rendre compte de la construction de la formule *δοκοῦν ὄν*, il faut prendre le participe *δοκοῦν* au sens verbal, et lui faire régir l'infinitif du verbe « être », sous-entendu

1. La construction avec l'infinitif est normale avec des verbes d'opinion. Le participe exprime en revanche l'idée d'un fait objectif, peu compatible avec ces verbes. La construction avec l'infinitif se retrouve en tout cas à de nombreuses reprises chez Simplicius. En particulier, quand il parle de l'éléatisme en général, y compris Mélissos, et qu'il abandonne l'examen du texte même de Parménide, il retrouve tout naturellement la construction normale = *τὰ αἰσθητὰ οὐκ εἶναι λέγουσιν ἀλλὰ δοκεῖν εἶναι* (559, 21).

2. Cf. Simplicius, in *Phys.*, t. I, 39, 11 Diels = *τὸ φαινόμενον καὶ δοκοῦν*. La formule se trouve chez Platon (*Théétète*, 158 *e* 6, 162 *c* 8) et chez Aristote (cf. Bonitz, *Index Aristotelicus*, 203 *a* 9-12).

3. C'est du moins ainsi que semble la considérer W. Kranz, qui la fait entrer dans son index des présocratiques (s.v. *δοκεῖν*, p. 133 *b*).

comme il l'est normalement quand ce verbe est copule, dont le participe ὄν est prédicat. On a alors la structure δοκοῦν (εὖναι) ὄν, à comprendre comme « ce qui semble (être) étant » ou, en meilleur français, mais au détriment de la précision, « ce qui paraît réel ». Pouvons-nous maintenant retrouver dans le texte de Parménide la structure que nous avons dégagée ? Il est très évident que δοκοῦν ne peut pas ne pas avoir quelque chose à voir avec les δοκοῦντα du vers 31. Mais pourquoi Simplicius ajoute-t-il le participe du verbe « être » ? Cette addition semble superflue, puisque le participe de δοκεν suffit à lui seul, comme nous l'avons vu, à fournir un pendant à l'idée de réalité authentique. Simplicius a dû l'ajouter parce qu'il en trouvait l'équivalent dans le texte qu'il avait sous les yeux. Nous avons bien, au dernier vers, l'infinitif εὖναι. Mais pourquoi Simplicius n'aurait-il pas gardé cette même forme, retrouvant ainsi la construction normale ? Le participe doit donc se lire quelque part dans le texte, et déjà présent comme participe. Puisque Simplicius transpose le participe du pluriel (δοκοῦντα) au singulier (δοκοῦν), il est probable qu'il a également modifié le nombre du participe que nous cherchons encore, et que ὄν ne fait que transposer un ὄντα.

Nous sommes ainsi amenés à chercher un moyen de redonner sa chance à une leçon que nous avions commencé par éliminer, et dans laquelle figure le ὄντα souhaité, à savoir celle des manuscrits D, E et F, περ ὄντα. Écrivons donc les vers étudiés, en soulignant la structure que suppose l'expression δοκοῦν ὄν, et en mettant à part le mot sur lequel nous butions naguère. On aurait :

ὡς τὰ δοκοῦντα
χρῆν δοκίμως εὖναι διὰ παντὸς πάντα ἵ περ ἵ ὄντα

Tel quel, le texte contient bien, et dans le même ordre, les éléments que suppose, si notre analyse est exacte, la paraphrase de Simplicius. Mais nous avons vu que, tel quel, justement, il ne pouvait pas offrir un sens satisfaisant. En effet, même si quelque bonne fée devait ôter le περ gênant, nous devrions encore expliquer comment les apparences « peuvent, de façon acceptable, être en tous points la réalité », formule dont il n'est pas nécessaire de démontrer l'absurdité. Nous sommes donc ramenés à l'aporie à laquelle nous avait menés notre enquête initiale.

3. Une conjecture

Devant une telle situation, où toutes les routes semblent bouchées, il est légitime de proposer une conjecture, qui autrement serait oiseuse, car elle contreviendrait au principe d'économie. Je suis donc porté à supposer que nos manuscrits ne nous donnent pas ce que Simplicius avait transcrit, et qu'il faut lire les derniers mots non pas *πάντα περ ὄντα*, mais bien *πάνθ' ἅπερ ὄντα*. La corruption de cette formule en celle des manuscrits D, E et F s'expliquerait par une erreur qui semble assez souvent se produire : les manuscrits hésitent parfois entre un τ et un θ[1] ; et ils le font tout particulièrement lorsqu'il s'agit d'une élision due à une aspiration, que les copistes ne notaient pas toujours, et qui constitue une source d'erreurs connue[2]. La leçon du manuscrit A s'expli-

1. Citons quelques exemples, recueillis au hasard de nos lectures : Empédocle, DK 31 B 100, 24 ; 111, 6 ; Sophocle, *Œdipe roi*, v. 1267 ; Platon, *Phèdre*, 230 *e* 4 ; Aristote, *Mouvement des animaux*, 3, 699 *a* 13, *Métaphysique*, *α*, 2, 994 *a* 13 ; Épicure (DL X 72) ; Plutarque, *Stoic. Rep.*, 26 (1046 *e* = 33, 26 Pohlenz).

2. Chez Aristote, cf. *Physique*, VIII, 4, 255 *b* 34 ; *Éthique à Nicomaque*, X, 4, 1174 *b* 19-23 ; 8, 1178 *b* 31. Chez Simplicius lui-même, M. Philippe Hofmann me signale : in *De Caelo*, 94, 6 Heiberg, *ἀφ'*

querait à son tour à cause du διὰ παντός qui précède et qui suggère l'idée d'une traversée.

Le relatif ἅπερ, que nous supposons avoir été ce que Parménide a écrit, a le même sens que καθάπερ, à savoir « comme ». Fixons le sens, en première approximation : les apparences (δοκοῦντα), sans bien entendu *se confondre* avec les réalités (ὄντα), peuvent être *confondues* avec elles. Elles sont en effet semblables à celles-ci, elles leur ressemblent – à s'y méprendre, et c'est bien pourquoi il faut signaler la méprise possible. Maintenant, en ce qui concerne l'expression, le dictionnaire Liddell-Scott [1] en cite plusieurs occurrences chez les tragiques. Elle semble surtout poétique : un seul exemple en prose est cité, chez Xénophon. Ce relevé n'est pas exhaustif. On peut en particulier verser au dossier un texte d'une importance capitale, puisqu'il se trouve chez Xénophane, le contemporain et compatriote de Parménide. Dans un des plus célèbres parmi les fragments où il critique l'anthropomorphisme des représentations religieuses, il dit que « si les bœufs, les chevaux et les lions avaient des mains, ou s'ils pouvaient peindre de leurs mains et ἔργα τελεν ἅπερ ἄνδρες », ils feraient des dieux qui seraient à leur image [2]. Kranz traduit, avec raison, « Werke bilden *wie* die Menschen ». Mais cette traduction, parfaitement légitime, ne reproduit pas la structure de l'expression. Le relatif y introduit un verbe sous-entendu, tiré de celui de la principale. Il faut ainsi comprendre : « produire les œuvres que les hommes

αυτοῦ : ἀπ᾽ αυτοῦ Marcianus gr. 257 a.c. : ἀπ᾽ αὐτοῦ p.c. Signalons de même in *Phys.*, 156, 14 et 176, 34 (= DK 59 B 12).

1. *LSJ*, s.v. ὅσπερ (p. 1262 *a*), II 2.
2. DK 21 B 15, 1-2.

(produisent) ». Nous aurons plus tard à montrer l'importance de cette construction. C'est à partir d'elle, en tout cas, que l'on peut reconstituer l'histoire de l'expression [1] et comprendre comment elle a pu en venir à signifier « comme ».

Si l'on suppose, comme nous proposons de le faire, que Simplicius lisait le texte que nous conjecturons, on peut expliquer l'origine de la formule δοκοῦν ὄν. Simplicius devait comprendre que la déesse expliquait à Parménide qu'il allait devoir apprendre « comment il fallait que

---

1. Retraçons cette histoire à grands traits. On peut distinguer quatre étapes :

(A) Chez Homère, on rencontre la phrase : τὰ [...] φρονέεις ἅ τ' ἐγώ περ (Δ, 361 et cf. η, 312). Le relatif est en tmèse. Τε renforce l'identification (cf. Chantraine, II, p. 239). La formule développée serait : l'objet de ta pensée est identique à l'objet de ma pensée, « tu penses cela même que je pense ». On traduit : « tes sentiments sont les miens » (Mazon). Plus simplement : tu penses comme moi.

(B) Dans le passage de Xénophane que nous venons de citer, le τε a disparu – non sans raison, car ce qu'il s'agit d'exprimer est moins une identité qu'une analogie.

(C) Chez les tragiques, le τε ne réapparaît pas (sauf chez Eschyle, *Choéphores*, v. 381). Le verbe sous-entendu disparaît. Le relatif ἅπερ n'est plus son complément d'objet, mais un accusatif adverbial, analogue à οἷά τε (cf. γ, 73) ou au plus fréquent ἅτε. (Le τάπερ de ο, 540 et le τά τε [...] περ de ε, 29 semblent parallèles.) Il faut rattacher à ce stade Eschyle, *Euménides*, v. 131-660 ; Sophocle, *Ajax*, v. 168 ; *Œdipe roi*, v. 175.

(D) L'expression s'efface en prose comme en poésie au profit de καθάπερ, dont *LSJ* ne citent pas d'exemple avant Philolaos. Outre le passage de Xénophon, cité par *LSJ* comme exception, mentionnons Aristote, *Du sommeil et de la veille*, 2, 455 *b* 33. L'exemple est intéressant en ce que l'adverbe simple y est précédé (*b* 31) du composé, d'une façon analogue à une tournure attestée pour les verbes (cf. *KG*, 2, 568 n. et R. Renehan, *Greek Textual Criticism*, A Reader, Cambridge [Mass.], Harvard UP, 1969, § 57, p. 77-85). – L'expression ἅπερ étant sortie de l'usage, il n'est pas surprenant qu'un scribe ne l'ait pas reconnue.

les apparences [les réalités sensibles] fussent de façon acceptable, à tous points de vue, comme les réalités [intelligibles] ». Les réalités sensibles paraissent avoir la consistance des ὄντα, mais ce n'est là qu'une illusion ; elles ne le sont pas ὄντως, mais seulement δοκίμως. Les réalités sensibles sont des δοκοῦντα εἶναι ἅπερ ὄντα, alors que les réalités intelligibles sont les seuls ὄντα dignes de ce nom. Tout cela s'insère sans peine dans une métaphysique de l'exemplarité. À partir de cette lecture du vers de Parménide, Simplicius peut fabriquer la formule qui nous a arrêtés au moyen de trois opérations : il écarte ἅπερ pour éviter le pléonasme apparent qui en résulte (« ce qui semble être semblable à... »), et qu'il comprenait probablement comme une emphase épique [1]. En un second temps, il ôte la copule, comme la langue le lui permet. Enfin, une transposition au singulier donne aux mots la frappe d'un concept.

Nous avons vu comment notre conjecture permettait de mieux comprendre Simplicius, qui cite Parménide. Essayons à présent de voir en quoi elle nous aide également à mieux comprendre l'Éléate lui-même. Pour le dire d'une façon élémentaire, sur laquelle il faudra ensuite revenir, nous supposons que Parménide enseigne dans le texte étudié que les apparences sont *comme* la réalité. Peut-on montrer que ce sens est appelé par le contexte où apparaît le vers ? Parménide, ou la déesse, vient de fixer au disciple une double tâche. Il lui faudra écouter la vérité, puis les opinions des mortels. Sur celles-ci, elle laisse tomber un verdict sans appel : elles ne comportent

1. On trouve des pléonasmes analogues chez Homère, en particulier dans le célèbre vers τ, 203.

rien de vrai, rien à quoi se fier. Le texte poursuit : cependant, il reste à apprendre ou à comprendre quelque chose. Comme nous l'avons vu, une question doit inévitablement nous brûler les lèvres : que reste-t-il à comprendre, une fois qu'on a dit des opinions qu'elles étaient sans fondement aucun ? Ne pourrait-on se contenter de la vérité, paisiblement possédée ? La réponse nous semble s'imposer : la vérité doit constamment se conquérir sur des opinions qu'il faut sans cesse tenir en respect, parce qu'elles n'ont de cesse que de se faire passer pour la vérité. Et si les opinions semblent être la vérité, c'est qu'elles lui ressemblent. Les opinions sont difficiles à écarter parce que leur contenu (τὰ δοκοῦντα) présente un aspect si massif et si solide qu'il semble digne de confiance. On peut donc formuler la question en peu de mots : comment se fait-il que ce qui, d'après la déesse, ne fait que *paraître*, semble *être* si intensément ? Il faut rendre compte de cette illusion nécessaire. Le propos de Parménide se replace ainsi, pour la modifier par sa réflexion propre, dans la tradition de la poésie et de la pensée grecques archaïques, qui a depuis longtemps été sensible à la troublante ressemblance entre le vrai et le faux, à ce qui fait que le faux tire tout ce qui le rend dangereux de ce qu'il imite le vrai [1]. Cette tradition, qui prend sa source dans le domaine du « logique » (du *legein*), est transposée par Parménide dans la sphère « ontologique », où s'opposent l'être *(einai)* et le paraître *(dokein)* [2].

1. Outre le vers d'Homère auquel nous venons de renvoyer, cf. Hésiode, *Théogonie*, 27 ; Théognis, 713 ; Xénophane, DK 21 B 35.

2. Cf. le célèbre vers d'Eschyle, *Sept contre Thèbes*, v. 592, ainsi qu'*Agamemnon*, v. 787.

La conjecture que nous proposons intervient dans un texte qui n'est un texte que par l'enchaînement qui lie ses parties en une totalité organique, dans laquelle une modification partielle doit rejaillir sur l'ensemble. Il nous faut donc prendre position sur tous les mots du vers où nous aimerions l'introduire.

– χρῆν. Je vois dans ce verbe, plutôt qu'un « il faut » poli ou un irréel « il aurait fallu », un passé [1]. Le disciple apprendra à se dégager des apparences, à cesser de leur attribuer un « être » qu'elles ne méritent pas. Mais il apprendra en même temps pourquoi il *fallait* qu'elles donnent l'illusion d'être. Le passé exprime à la fois le fait que l'illusion est dépassée, et la prise de conscience de sa nécessité.

– δοκίμως exprime l'idée d'apparence, comme l'indique l'assonance certainement voulue avec δοκοῦντα. Mais l'idée d'épreuve n'est pas absente. L'apparence n'a rien d'une buée inconsistante, prête à se dissiper devant un examen approfondi ; elle n'est pas ce qui « paraît ». Elle est au contraire ce qui « appert » au terme d'une épreuve, et qui est donc recevable. Aucune expérimentation ne

1. Respectivement, H. Diels, *op. cit.* (en note 4, p. 108), p. 59 ; W. Kranz, « Über Aufbau und Bedeutung des Parmenideischen Gedichtes », dans *Sitzungsberichte der Königlich Preussischen Akademie der Wissenschaften*, 1916, p. 1170 ; K. Reinhardt, *Parmenides und die Geschichte der griechischen Philosophie*, 2e éd., Francfort, Klostermann, 1959, p. 7 *sq.* ; cf. aussi W.J. Verdenius, *Parmenides. Some Comments on his Poem*, Groningue, Wolters, 1942, p. 50, et H. Schwabl, « Sein und Doxa bei Parmenides », dans H.G. Gadamer (éd.), *Um die Begriffswelt der Vorsokratiker*, Darmstadt, Wissenschaftliche Buchgesellschaft, 1968, p. 401.

peut convaincre les apparences de fausseté. Elles forment un tout cohérent. Seul le *logos* peut dissoudre ce tout (cf. B 7, 5) et en montrer l'incapacité à « être ». Mais, en dehors de cette optique, l'apparence se révèle « à toute épreuve ».

– *ἐὸναι* est copule. La phrase est construite sur le schéma d'ensemble d'une prédication très simple. Ce schéma explique la présence devant *δοκοῦντα* de l'article, que Diels trouvait gênant, parce que prosaïque [1]. Il est en effet nécessaire pour identifier le sujet.

– *διὰ παντός* pourrait être compris, selon l'intéressante suggestion de Mourelatos, comme indiquant la série des épreuves surmontées (dans une *dokimasia*) à l'issue de laquelle les *δοκοῦντα* seraient admis à une existence reconnue [2]. Cette explication a cependant l'inconvénient – qui n'est peut-être pas dirimant – de rattacher l'expression à l'adverbe *δοκίμως*, en enjambant le verbe et la césure, et de séparer d'une part cet adverbe de *δοκοῦντα* à qui il fait évidemment écho, d'autre part *διὰ παντός* de *πάντα*. Le jeu avec ce dernier mot n'implique certes pas nécessairement un rapprochement au niveau du sens, mais sa présence au niveau du son invite à ne pas rejeter l'idée d'une correspondance entre proximité phonique et proximité de contenu sans quelque raison grave. On peut donc supposer soit un sens assez abstrait (« de part en part »), soit un sens temporel – hypothèse vers laquelle je pencherais plutôt.

1. H. Diels, *op. cit.* (en note 4, p. 108), p. 59.
2. A.P.D. Mourelatos, *op. cit.* (en note 4, p. 108), p. 205, citant Platon, *République*, IV, 429 *b* 9-*c* 1.

– *πάντα* me semble pouvoir être interprété de deux façons. On peut y voir, en effet, soit un accusatif adverbial, sans doute présent en B 8, 60, soit un attribut de *εἶναι* : les *δοκοῦντα* sont *tout* ce que sont les *ὄντα*, et donc, leur sont semblables en tous points – ils sont « tout comme » eux.

– *ὄντα*. L'article manque, mais pas seulement parce que le participe est attribut. Il pourrait être présent, en effet, pour substantiver le participe, d'autant plus qu'il s'agit de l'affirmation d'une identité [1]. Mais sa présence ferait croire qu'*il y a* des *ὄντα* – ce qui n'est justement pas le cas. Parménide ne distingue pas entre deux réalités toutes deux bien consistantes et qu'il ne faudrait pas prendre l'une pour l'autre. Seul *est* l'*ἐόν* unique. Les *δοκοῦντα* ne sont pas comme *les ὄντα* (à la façon dont les réalités sensibles sont copiées sur les idées), ils sont comme *des ὄντα* : ils se comportent comme le feraient des *ὄντα* si ceux-ci « étaient » en vérité.

4. Interprétation du texte

Jusqu'à présent, la compréhension d'ensemble des vers que nous étudions était supposée, comme arrière-plan d'une conjecture. On pourrait la résumer dans la paraphrase suivante des vers 31-32 : « tu apprendras comment il fallait que les apparences soient en tous points comme des choses vraies, et qu'elles donnent si bien le change qu'on les accepte toujours comme telles ». Maintenant, il

1. Cf. *KG*, 1, p. 592, n. 4.

nous faut suivre un parcours inverse et partir du sens produit par notre conjecture pour arriver à une interprétation plus approfondie du passage et de son rôle dans l'économie du poème de Parménide [1].

Si notre conjecture est exacte, il faut comprendre : les *dokoûnta* ne doivent pas être considérés comme (des) *onta*. Ce dernier terme n'est pas sans histoire dans la pensée grecque. Il constitue au contraire comme un des termes clés de la période archaïque de celle-ci. Rappelons seulement quelques données élémentaires [2]. On connaît le passage célèbre de l'*Iliade* dans lequel Calchas est présenté comme connaissant *τά τ᾽ ἐόντα τά τ᾽ ἐσσόμενα πρό τ᾽ ἐόντα* (A 70) [3]. Fort de l'art que lui donne Apollon, le devin a accès à un savoir qui est normalement l'apanage des dieux. Il sait par exemple ce qu'est en son fond la colère d'Apollon, à savoir une vengeance contre Agamemnon qui a humilié son prêtre. Le savoir est ici l'art de relier le passé (le rapt de la fille de Chrysès) au présent (l'épidémie), la connaissance de l'enchaînement réel des événements. La vérité consiste à ne pas oublier le passé, à le rapprocher du présent en un tout signifiant. Chez Hésiode, la même formule reparaît, mais le sens en est légèrement modifié. Dans la *Théogonie*, les Muses sont en

1. Tout ce qui suit ne constitue qu'une esquisse provisoire.

2. Je renvoie pour plus de détails au début de l'étude, par ailleurs très intéressante, et à laquelle j'emprunte certaines analyses, de E. Heitsch, « Gegenwart und Evidenz bei Parmenides. Aus der Problemgeschichte der Equivocation », dans *Akademie der Wissenschaften und der Literatur. Abhandlungen der Geistes- und Sozialwissenschaftlichen Klasse*, Jhg. 1970, n° 4, Wiesbaden, p. 314-322 (= 4-12).

3. Pour une évaluation précise du sens des participes dans cette phrase, cf. Ch. Kahn, *The Verb Be in Ancient Greek*, Dordrecht/Boston, Reidel, 1973, p. 350 *sq*.

effet censées connaître elles aussi les trois dimensions du réel (v. 38) et communiquer de leur savoir au poète qu'elles favorisent (v. 32). Mais leur savoir a désormais pour objet moins la conjoncture du passé et du futur d'où résulte la réalité profonde du présent que ce qui reste permanent sous l'écoulement du temps qui ne le modifie pas, et qui est ainsi toujours présent hier, maintenant et demain, par exemple les dieux « qui sont toujours [1] ». Si, chez Hésiode, la tâche des Muses comporte également l'exposition de la naissance et de la succession des races divines, la spéculation des premiers philosophes retiendra de leur programme avant tout l'étude des réalités permanentes. Alors que la formule homérique survit à propos des devins ou des divinités [2], ces penseurs ont très probablement repris le terme *onta* pour désigner l'objet de leur recherche [3]. Il serait surprenant que Parménide, à l'époque duquel les penseurs ioniens constituaient

1. Dans son commentaire, M.L. West (Hesiod, *Theogony*, Oxford UP, 1966, p. 166) ne semble pas saisir la nuance qui sépare le savoir des Muses et celui du devin homérique. Sur la façon dont Hésiode traite à la fois de ce qui est permanent et de ce qui est successif, cf. P. Philippson, « Genealogie als mythische Form. Studien zur *Theogonie* des Hesiod », dans E. Heitsch (éd.), *Hesiod*, Darmstadt, Wissenschaftliche Buchgesellschaft, 1966, p. 651-687.

2. Solon, 3 (Diehl), 15 – à propos de Dikè ; Euripide, *Hélène*, v. 14. Le médecin vise à la même capacité de divination (cf. Hippocrate, *Épid.*, I, 11 [189, 24 *sq.* K] et *Progn.*, 1 [78, 2 K]).

3. Cf. E. Heitsch, *op. cit.* (en note 2, p. 131), p. 318 (= 8) ; Ch. Kahn, *Anaximander and the Origins of Greek Cosmology*, New York, Columbia UP, 1960, p. 174. Nous ne possédons pas de texte provenant indubitablement des Ioniens et dans lequel le terme apparaîtrait. Nous ne savons pas si l'expression, dans le premier fragment d'Anaximandre (DK 12 B 1), est à mettre au compte du Milésien ou de Simplicius. Une formule analogue à celle d'Homère figure dans la doxographie d'Anaximène (DK 13 A 7 (1)). Ὄντα figure peut-être

la tendance philosophique dominante, n'ait pas connu cet usage.

Nous pensons au contraire que l'examen critique de ce mot a constitué le point de départ de sa démarche de pensée, que nous pouvons nous représenter comme suit : Parménide trouve devant lui des systèmes qui s'interrogent sur les réalités du monde, sur les *onta*. Chaque penseur essaie de parvenir à un savoir de ces *onta*, c'est-à-dire de dégager ce que ces choses *sont* en vérité, ou au fond. La réponse peut varier : de l'eau, de l'air, l'illimité, etc. Mais il s'agit à chaque fois de dire ce que *sont* les choses qui *sont*. Le premier usage du verbe « être », dans cette formule, usage que nous retrouvons comme copule dans des phrases du genre de « ce qui est *(ta onta)*, c'*est* de l'eau », est ce que

---

chez Héraclite, en DK 22 B 7 – Kirk (*Heraclitus. The Cosmic Fragments*, ed. [...] by G.S. Kirk, Cambridge UP, 1962, p. 233) le laisse à Aristote. Il est présent chez Diogène d'Apollonie, qui imite la langue et la pensée des Milésiens (DK 64 B 2). Tout porte donc à croire que la formule avait une valeur terminologique, et que son absence des citations directes est due au très petit nombre de celles-ci. On peut par ailleurs expliquer sa rareté dans la tradition doxographique par le fait que seul ce qui est différent est perçu : les doxographes, friands de *glôssai* (cf. le vocabulaire de Démocrite), n'ont pas remarqué ce terme si banal, et d'autant moins que son adoption par les philosophes postérieurs a rendu imperceptible l'originalité de l'usage ionien. En tout cas, sa présence à date ancienne pourrait expliquer la critique de Protagoras (80 B 1), et déjà celle de Parménide. Je puis donc souscrire à ce qu'écrit Kahn : « Parmenides attack on the plural *onta* of the Ionians gains in sharpness, if we suppose such expressions to have been used by them in the 6th century » *(loc. cit.)*. Le principe de méthode que pose le même auteur au début de son article « The Thesis of Parmenides », *The Review of Metaphysics*, XXII-4 [88] (juin 1969), p. 701 *sq.*, me semble tout à fait juste : il importe de se demander quels problèmes Parménide avait hérités de ses prédécesseurs et auxquels de ceux-ci son poème peut apparaître comme une réponse.

l'on a appelé la « prédication spéculative ». On a voulu y trouver le sens du verbe ἔστι que l'on rencontre au fragment 2 DK[1]. Mais le second usage, dans lequel le verbe au participe constitue le sujet lui-même, est logiquement antérieur : avant de savoir ce que sont les *onta*, il faut se demander *s'il y a* des *onta*. À notre avis, c'est là la question que Parménide s'est posée. Il a examiné la consistance même de cette expression en en analysant la constitution. Des choses qui sont *(onta)*, on doit pouvoir dire au moins qu'elles sont *(esti)*. Or, ce verbe peut-il avoir ce sujet ? Parménide examine donc le verbe *esti* et se demande à quel sujet on peut l'appliquer. Il s'avère que le sujet *onta* ne peut lui convenir. Il en est déjà ainsi du point de vue de la langue : le verbe est au singulier, le sujet serait au pluriel[2] ; le verbe est au présent, le sujet pourrait être au passé[3]. Guidé par l'analyse du discours, le raisonnement philosophique montre plus précisément que le sujet du verbe *esti* ne peut être parfaitement adéquat au verbe que s'il se tire de celui-ci. Ce sujet est ce que Parménide nomme τὸ ἐόν. Le prédicat (ἔστι) coïncide alors parfaitement avec le sujet (ἐόν) qu'il a sécrété[4]. À tout ce qui

1. Le terme est de A.P.D. Mourelatos, *op. cit.* (en note 1, p. 105), p. 58, qui donne comme exemple, p. 60, Xénophane (DK 21 B 29) et Héraclite (DK 22 B 30).

2. Rappelons que la règle qui veut qu'un sujet au neutre pluriel gouverne un verbe au singulier *(ta zôa trechei)* est, à l'époque de Parménide, loin d'aller de soi (cf. *KG*, 1, p. 66, n.). L'Éléate lui-même joue sur la possibilité d'employer tantôt le pluriel (8, 2 ; 10, 3 ; 19, 1 *sq*.), tantôt le singulier (8, 38 s.v.l.). Le pluriel est particulièrement souhaitable lorsqu'il s'agit d'insister sur l'idée d'une pluralité irréductible (cf. *KG*, 1, p. 65 [b]).

3. Cf. *KG*, 1, p. 200, n. 9 et 10.

4. Je suis ici, dans ses grands traits, l'interprétation proposée par J. Bollack et H. Wismann, telle que la résume B. Cassin, *Si Parménide*

dépasse ce sujet, il faut refuser le *esti.* C'est le cas des *onta*, qui ne « sont » donc pas.

Cela posé, nous pouvons maintenant approfondir notre compréhension de la façon dont les apparences ressemblent à des *onta.* Cet approfondissement dans l'interprétation de la pensée de Parménide s'accompagne d'une meilleure compréhension des mots dans lesquels il l'exprime. Nous n'avons pas encore justifié le choix que Parménide a fait – si notre conjecture est exacte – de l'expression ἅπερ pour exprimer l'idée de ressemblance. Il nous faut voir à présent que le choix de cette formule peut s'expliquer par des raisons de fond, et que, de la sorte, le fait grammatical révèle une nécessité conceptuelle qui montre qu'il est bien choisi. La formule que nous reconstituons devrait en effet se traduire littéralement par « tu apprendras comment les *dokounta* sont [...] tout ce que [sont] des *onta* ». Si nous écrivons le schéma de la phrase, nous obtenons :

les *dokounta* sont tout ce que [sont] des *onta*
Π X Σ
S C P

En d'autres termes, la déesse enseigne que les contenus de l'opinion des mortels possèdent tous les prédicats des *onta.* En un premier temps, nous avons pu, pour ainsi dire, manipuler la formule sans l'ouvrir. Ce faisant, nous n'avons pas outrepassé les règles de son fonctionnement normal, qui font que chaque occurrence, dans chaque contexte, doit se traduire par « comme ». Nous devons

(Cahiers de Philologie, vol. 4), Lille, 1980, p. 47-57, dont j'emprunte la formule « sécréter » (p. 55).

maintenant montrer que la formule est particulièrement propre à exprimer la pensée de Parménide dans ce qu'elle a de plus original.

Pour ce faire, nous devons avancer, non sans quelque audace, des termes qui peuvent à bon droit sembler anachroniques. Parler de sujet et de prédicat, c'est en effet se placer dans une optique, celle de la prédication, qui ne sera dégagée que plus tard par les philosophes et les grammairiens. Il nous semble cependant que le poème de Parménide contient des traces repérables de ces concepts, en particulier dans les occurrences du verbe *onomazein*. Chacun sait que c'est chez Platon que l'on rencontre, pour la première fois, la distinction nettement formulée du sujet et du prédicat, pour lesquels il utilise les mot d'*onoma* et de *rhèma* [1]. L'histoire de cette terminologie reste à éclairer. Il semble évident qu'elle est plus ancienne que Platon. Nous n'avons nullement l'intention de faire de Parménide l'origine de son usage. Cependant, il est peut-être permis de constater que la préhistoire de cette distinction remonte très loin, et en particulier que le choix du terme *onoma* pour désigner le sujet est préfiguré par la culture grecque, dès Homère. Lisons par exemple la scène pendant laquelle Hélène, à la demande de son beau-père, identifie pour lui les principaux guerriers achéens qu'ils observent depuis les remparts de Troie. Priam commence par en décrire les traits, et Hélène se livre à un exercice simple de nomenclature [2]. Les prédicats d'abord flottants reçoivent un sujet

1. *Sophiste*, 261 *e* 4 *sq*. La distinction est supposée bien connue dès le *Cratyle*, 425 *a* 1-4, 431 *b* 3-*c* 1. Elle est sans aucun doute plus ancienne. Cf. H. Steinthal, *Geschichte der Sprachwissenschaft bei den Griechen und Römern*, Berlin, 1863, p. 133 *sq*.

2. Γ, 3, 161-244, cf. 166 (ἐξονομαίνειν) et 235 (οὔνομα).

une fois que chacun des Grecs est nommé. Et, à partir de ce sujet, on pourra susciter d'autres prédicats qui n'étaient pas immédiatement visibles : une fois Ulysse nommé, Anténor peut conter à son sujet une anecdote. Nommer, c'est ainsi fournir le sujet [1]. La distinction que formule Platon ne fait ainsi que cristalliser ce qui était depuis une date très ancienne en suspension dans le milieu culturel grec – milieu dans lequel Parménide ne baignait pas moins.

Il est donc loisible d'interpréter les occurrences du verbe *onomazein* chez l'Éléate en direction de l'idée de sujet grammatical et logique, idée qui ne sera pleinement dégagée qu'après lui, mais qui était déjà présente en puissance dès avant son époque. Examinons donc les passages où le mot figure. On lit en DK 8, 38 : « c'est au moyen de celui-ci [l'*eon*] qu'est nommé tout ce que les mortels ont posé... [2] ». Comprenons, en forçant la paraphrase : « c'est sous les espèces de l'*eon* que tous les prédicats que

1. Ce sens d'*onomazein* est encore présent chez Platon, *Sophiste*, 262 *d* 3.5.

2. À la suite, semble-t-il, de J. Bollack et H. Wismann, « Le moment théorique », *Revue des sciences humaines*, XXXIX [154] (avril-juin 1974), p. 203-212, cit. p. 204 et, en tout cas, de J. Jantzen, *op. cit.* (en note 2, p. 111), p. 102, je choisis, contre DK, la leçon ὀνόμασται, qui est celle de Simplicius en *in Phys.*, 146, 11 (145 est à corriger dans l'apparat de DK, t. I, p. 239) *codd. omn.* et qui est donné par le Ms. E en 87, 1. Elle me semble confirmée par l'interprétation que donne Simplicius avant de citer ce dernier texte, en 86, 29 *sq.* : « si donc tout ce que l'on dit ou pense est l'*on*, sur toutes choses, il y a un seul discours, celui de l'*on* [ou = toutes choses auront la définition de l'*on*] ». Pour le datif (instrumental) avec *onomazein*, cf. Sophocle, *Œdipe à Colone*, 293 *sq.* Prendre *onoma* au sens de « pur *flatus vocis* », comme on le fait souvent, prête au mot grec un sens qu'il ne prendra guère qu'avec la sophistique. Cf. H. Heinimann, *Nomos und Physis. Herkunft und Bedeutung einer Antithese im griechischen Denken des* 5. *Jhdts*, Bâle, Reinhardt, 1945, p. 50.

posent les mortels reçoivent leur sujet », ou, si l'on préfère, « c'est en l'*eon* qu'ils trouvent leur sujet ». Le véritable et unique sujet de tous les attributs dont les mortels constatent la présence dans le monde est l'*eon*, qui seul « est ». Faute de le comprendre, les mortels supposent pour chacun de ces prédicats tel ou tel sujet nécessairement inadéquat, puisque d'aucun de ces sujets il n'est nécessaire qu'il soit. C'est leur erreur qu'explique DK 8, 53 : « ils ont posé deux formes pour donner un sujet à leurs représentations », pourrait-on là aussi paraphraser [1]. Les mortels supposent en effet qu'il existe un principe, le feu, que l'on peut dire léger et lumineux. Ils estiment que l'on peut dire : le feu (S) *est* lumineux (P), la nuit (S) *est* lourde (P), etc. Les sujets que les mortels supposent remplacent le vrai sujet, qui est l'*eon*, et le singent en une imitation perverse. Le fragment 9 l'expose : l'ensemble des phénomènes (πάντα) reçoit pour nom lumière et nuit. Lumière et nuit sont censés être les sujets de tous les prédicats constatables dans le monde. Ces deux principes inconciliables, et dont l'opposition épuise la réalité, copient la plénitude du sujet unique *eon* [2].

S'il en est ainsi, les vers que nous étudions sont susceptibles de deux lectures successives, la seconde reprenant

1. Je fais de ὀνομάζειν un infinitif de but. Supposer que l'on a l'expression *gnômèn katatithenai* se heurte au pluriel γνώμας. L'existence même d'une telle expression est d'ailleurs contestée par B.A. Van Groningen, *La Composition littéraire archaïque grecque. Procédés et réalisations*, Amsterdam, VKNAW, 1958, p. 144 *sq.*, n. 5.

2. On comparera DK 9, 3 à DK 8, 24. Dans cet ordre d'idées, on pourrait se demander si la voie du « n'est pas » ne serait pas qualifiée d'ἀνώνυμος en DK 8, 17, parce que, si on la suit, le prédicat (en l'occurrence « n'est pas ») ne peut pas donner de sujet.

la première pour en montrer la richesse, que celle-ci n'avait saisie qu'extérieurement. On a peut-être là l'une des implications du fragment 5 DK, dans lequel la déesse indique que, quel que soit son point de départ, il lui faudra y revenir. Plus qu'une simple répétition (revenir à...), ce fragment pourrait recommander une relecture (revenir sur...) [1]. Une telle méthode est en tout cas tout à fait de mise là où il s'agit de vers qui achèvent le prologue d'un poème didactique et qui en annoncent le contenu sous une forme abrégée. La lecture du développement amène en effet à vérifier que les promesses de l'introduction ont bien été tenues, et même que le contrat a été plus que respecté : le lecteur aura appris une leçon plus profonde que sa compréhension d'abord superficielle du prologue le lui avait fait espérer [2].

Ainsi donc, une première lecture nous incite à attendre que le poète-philosophe montre pourquoi les apparences sont fausses, mais paraissent pourtant vraies. Une fois situés dans le contexte du poème tout entier et lus sur son fond, les mêmes vers rendent pourtant un son différent, qu'il nous faut tenter de percevoir.

---

1. B.A. Van Groningen, *op. cit.* (en note 1, p. 138), ne voit dans ce fragment qu'une allusion à la méthode de répétition (p. 227).

2. Remarquons que le travail de K. Deichgräber, « Parmenides Auffahrt zur Göttin des Rechts. Untersuchungen zum Prooimion seines Lehrgedichts », dans *Akademie der Wissenschaften und der Literatur. Abhandlungen der Geistes- und Sozialwissenschaftlichen Klasse*, Jhg. 1958, n° 11, Wiesbaden, p. 631-724 (= 1-96), suppose l'existence d'une technique semblable, dont il étend la nécessité à l'ensemble du prologue. Le lecteur commençant sera dès l'abord frappé par des images dont il n'apprendra qu'à la suite d'un second parcours qu'elles correspondent à quelque chose de plus profond que des préoccupations esthétiques.

Les *dokoûnta* sont les objets de l'opinion des mortels. Celle-ci ne mérite pas la confiance, en ce qu'elle n'a rien de vrai. Le vrai *est* vraiment. Or, seul *est* l'Étant *(to eon)*. Si les *dokoûnta* étaient vrais, ils seraient des *onta*. Ce qui n'est pas le cas. Pourtant, ils donnent l'impression de l'être. Cette illusion provient de ce que, de fait, les *dokoûnta* sont ce que seraient des *onta*. Pour le dire autrement, les *dokoûnta* ne sauraient être identifiés à des *onta*, mais ils possèdent les prédicats que l'on attribue normalement à ceux-ci. Ils sont pourvus des prédicats qui pourraient faire d'eux des *onta*, si les *onta* ne devaient justement se définir par le prédicat *esti*, qui doit leur faire défaut, puisqu'il ne convient qu'à l'unique *eon*. Ces prédicats (« tout ce que [sont]… ») ne sont pas « vrais », en ce qu'ils sont attribués à des sujets inconsistants, les *onta*, qui ont leur vérité (l'*esti*) en dehors d'eux (dans l'*eon*). Seul l'*eon* est un sujet suffisamment solide pour être le support de prédicats. Les prédicats des *dokoûnta* sont en réalité les prédicats de l'*eon*. Les *dokoûnta* sont ce qu'est (copule d'appartenance) l'*eon* ; mais ils ne sont pas (copule d'identité) l'*eon*. Les *dokoûnta* et l'*eon* ont ainsi les prédicats en commun – sauf un seul, le prédicat des prédicats, *esti*.

Nous pouvons maintenant comprendre autrement un fait que l'on a constaté depuis toujours, à savoir le parallélisme troublant entre l'univers décrit dans la seconde partie du poème, et qui est, quel qu'en soit le statut exact, non-vrai, et l'*eon* tel que le pense la première partie. Ce parallélisme est si manifeste dans le vocabulaire et les images qu'il serait fastidieux de le prouver ici encore une fois [1]. On en a proposé de multiples

1. On trouvera un tableau des similitudes dans A.P.D. Mourelatos, *op. cit.* (en note 1, p. 105), p. 248 *sq.* et J. Jantzen, *op. cit.* (en note 2, p. 111), p. 93.

explications [1]. Celles-ci peuvent avoir leur valeur. Nous aimerions simplement souligner un point : il ne faut nullement chercher à minimiser la ressemblance entre le monde et l'*eon*. On pourrait même dire au contraire, en une formule extrême, que Parménide ne refuse rien au monde. Il lui accorde au contraire tous les prédicats de l'*eon* : sa forme, etc. – sauf ce que Socrate appellerait sans doute un petit détail *(smikron ti)*, à savoir, *esti* [2]. Le monde, en un sens, est donc « vrai ». Les opinions des mortels, en revanche, n'en sont pas moins erronées, en ce qu'elles *posent* les prédicats, en ce qu'elles les font reposer sur des sujets qu'elles supposent exister, alors que le seul sujet qui soit, le prédicat des prédicats se le sup-pose lui-même pour reposer sur lui [3]. Les *dokoûnta* ne doivent pas être confondus avec l'*eon*. Il faut se garder de leur imposer un *esti* auquel, par eux-mêmes, pris tels qu'ils se présentent, ils n'élèvent aucune prétention. Une fois respectée cette différence, qui n'est pas sans analogue avec la

---

1. K. Reinhardt, *op. cit.* (en note 1, p. 128), p. 17 (la cosmogonie n'est compréhensible qu'à partir de l'ontologie), 20 *sq.* (analogie lumière/nuit // être/non-être), 71 *sq.* ; K. Deichgräber, *op. cit.* (en note 2, p. 139), p. 689 (= 61). Excellentes formules de U. Hölscher, *Anfängliches Fragen. Studien zur frühgriechischen Philosophie*, Göttingen, Vandenhoeck & Ruprecht, 1968, p. 108 : la totalité du sensible répète la totalité de l'*eon*. Les prédicats de l'*eon* valent pour cette totalité qui est la vérité de l'apparence.

2. Je me rapproche sur ce point de J. Jantzen, *op. cit.* (en note 2, p. 111), p. 59 et 87.

3. Il n'est pas impossible que la formule καθ' αὐτό [...] κεται (DK 8, 29), dont le sens est loin d'être clair, soit aussi une tentative pour donner une image physique d'un fait logique. Le verbe *keisthai*, bien attesté comme passif de *tithenai*, employé à propos d'un nom, pourrait dire la façon dont *esti* est dit de l'*eon*, qui en est tiré, de telle sorte que le prédicat est en un sens son propre sujet.

« différence ontologique », les *dokoûnta* sont parfaitement à la hauteur de ce que réaliseraient, en fait de présence, des *onta*. Ils sont le vrai nom de ce que les opinions des mortels nomment des *onta*, les chargeant ainsi d'un poids qu'ils ne sauraient porter. La critique par Parménide des *doxai* est en ce sens une libération et une restitution à eux-mêmes des *dokoûnta* que les opinions humaines sont incapables de respecter comme tels.

PLATON

SUR LE PLAN DU *TIMÉE*

Tous les lecteurs de Platon connaissent le passage du *Phèdre* dans lequel Socrate explique que personne qui voudrait écrire en procédant selon les règles de l'art ne composerait une œuvre sans mettre de l'ordre entre ses parties. De la sorte,

> tout discours doit être constitué à la façon d'un être animé *(zôon)* : avoir un corps qui soit le sien, de façon à n'être ni sans tête ni sans pieds, mais à avoir un milieu en même temps que deux bouts, qui aient été écrits de façon à convenir entre eux et au tout [1].

Cette comparaison, qui a connu une grande fortune dans la littérature occidentale [2], tire une partie de sa richesse de l'ambiguïté de ses mots centraux, qu'aucune traduction ne peut rendre. Le grec *zôon* désigne en effet aussi bien l'animal vivant que sa représentation en un tableau, le verbe *graphein* veut dire aussi bien « écrire » que « peindre ». Ce jeu dans les mots permet un jeu sur les mots, lequel permet de poser deux équivalences :

---

1. *Phèdre*, 264 *c* 2-6 ; trad. L. Robin, Paris, Les Belles Lettres, CUF, 1926, p. 69.

2. Cf. Cervantès, *Don Quichotte*, I, 47. Nous n'avons pas à nous occuper ici de la préhistoire de la comparaison chez Isocrate et Alcidamas.

(1) animal = tableau. L'unité de l'animal est mise sur le même plan que celle du tableau qui le représente. On néglige ainsi la différence entre l'organisme et l'amas de parties juxtaposées, dont l'unité n'existe que pour l'observateur, entre le vivant et l'inerte, entre ce qui a une âme et ce qui n'en a pas. L'unité du tableau n'existe que pour qui la compare à celle de l'original. Le tableau n'est un que comme représentation. (2) Œuvre écrite = œuvre peinte. Cette égalité est écrite dans un autre passage du *Phèdre* (275 *d* 4-9), passage dans lequel le mot *zôon* n'apparaît d'ailleurs pas. La composition d'une œuvre littéraire est analogue à la répartition des masses sur une surface peinte. L'œuvre littéraire est donc artistement faite quand elle reproduit les proportions de son modèle. De ces deux prémisses résulte la thèse du *Phèdre* selon laquelle l'œuvre écrite est comme un animal – comme un animal harmonieusement bâti quand elle est bien écrite, comme un monstre quand ce n'est pas le cas.

Par un paradoxe typique de l'ironie platonicienne, le dialogue qui constitue la source de cette règle stylistique, et qui devrait, pourrait-on penser, en constituer l'application la plus parfaite, est justement celui dont le plan se laisse le plus malaisément dégager, et qui, en apparence du moins, est le plus confusément composé de l'œuvre de Platon. Nous n'essayerons donc pas ici d'examiner le *Phèdre*, mais d'appliquer le principe qu'il fournit à un autre dialogue, à savoir, le *Timée*. Nous pouvons fournir une raison de le préférer à tout autre dialogue, en ce que la comparaison que contient le texte du *Phèdre* ne se retrouve nulle par ailleurs chez Platon, si ce n'est justement au début du *Timée*, et dans un passage capital, puisque c'est lui qui explique l'existence même du dialogue : Socrate exprime sa relative insatisfaction dans le régime *(politeia)* idéal qu'il vient de décrire, la veille, devant ses hôtes, et son désir de voir une cité qui aurait un tel régime engagée dans une action réelle. Il éprouve, explique-t-il,

> l'impression de celui qui, devant de beaux animaux *(zôa)* contemplés soit en peinture, soit même réellement vivants, mais à l'état de repos, aurait soudain envie de les contempler en mouvement [1].

L'important est ici que l'« animal » peint (tableau) et l'animal vivant ne sont pas distingués, ou, plus exactement, que cette distinction n'est pratiquée que pour être tacitement considérée comme non pertinente une fois vue du point de vue de l'opposition du mouvement et du repos. Le passage du *Timée* formule ainsi ce que le *Phèdre* présupposait comme allant de soi.

Le dialogue, tel qu'il se déroule ensuite, se replace dans le programme tracé par Socrate, mais le modifie. Et il le fait de telle façon que la comparaison de l'œuvre littéraire à l'animal reçoit une dimension supplémentaire. En effet, la comparaison avec un *zôon* veut d'abord dire que *ut pictura poesis*. L'œuvre littéraire peut être comparée à un tableau sans que celui-ci doive pour autant représenter un animal. Le mot désigne en effet un tableau, même lorsque celui-ci a pour objet non un animal, mais un homme ou une plante [2]. Ici, en revanche, l'objet du tableau est bien lui-même un animal. Il ne s'agit plus *des* animaux que suppose Socrate (19 *b* 6), mais du Vivant unique, non des cités, mais de l'Univers physique, qui est

1. *Timée*, 19 *b* 5-8 ; trad. J. Moreau, dans Platon, *Œuvres complètes*, Paris, Gallimard, Bibliothèque de la Pléiade, t. II, 1943, p. 433.
2. Cf. Hérodote, III, 88, 3 ; I, 203, 2.

conçu de la façon la plus constante et la plus explicite comme un animal (cf. 30 *b* 8, *d* 4, 32 *d* 1, 33 *b* 3, 69 *c* 1, 92 *c* 7). Le *Timée* a pour objet un animal. Comme œuvre littéraire, il doit être comme un animal, mais aussi être, d'un animal, le tableau fidèle. Il doit être le tableau d'un vivant, *zôon zôou.* Sa structure devra donc correspondre à celle de son objet.

1. Le monde comme animal...

Comment l'animal que le *Timée* a pour tâche de décrire est-il constitué ? La réponse serait une citation de tout le dialogue, si un assez long passage de la première partie ne donnait des indications d'ordre général sur son apparence :

> En fait de figure *(schêma)*, il lui a donné celle qui lui convient et lui est connaturelle ; or, au vivant *(zôon)* qui doit envelopper en soi tous les vivants, ce qui peut convenir comme figure, c'est celle qui comprend en soi tout ce qu'il y a de figures ; aussi est-ce en forme de sphère, le centre équidistant de tous les points superficiels, qu'il l'arrondit, le travaillant au tour : ce qui est de toutes les figures la plus parfaite et la plus complètement semblable à soi-même ; car il jugea qu'il y a mille fois plus de beauté dans le semblable que dans le dissemblable. La polissure de tout le contour extérieur fut du dernier fini, pour beaucoup de raisons. D'yeux en effet il n'avait nul besoin, car de visible il ne restait rien hors de lui, et d'ouïe pas davantage, car il n'y avait rien non plus d'audible ; et il n'y avait pas d'air ambiant, qui demandât une respiration, et il n'eût su non plus se trouver en défaut d'un organe pour prendre la nourriture à ingérer, et celle dont une fois il aurait retiré le suc, la rejeter. Il ne pouvait, en effet, rien perdre, ni rien recevoir

du dehors, puisqu'il n'y avait rien ; c'est lui qui se procure à soi-même sa nourriture, tirée de ses propres pertes, et c'est à l'intérieur de lui-même que s'accomplit, et de par lui-même, tout ce dont il est le patient et l'agent. C'est à dessein qu'il fut ainsi fait, son auteur ayant pensé que l'autarcie lui serait une condition meilleure que s'il dût avoir besoin de choses étrangères. De mains, dont ni pour saisir ni pour écarter les objets il n'avait nul besoin, on ne crut pas devoir lui en adapter d'inutiles, pas plus que de pieds, ni en général d'appareil pour la marche. Car, en fait de mouvement, on lui attribua celui qui était approprié à son corps, entre les sept mouvements celui qui est le plus en rapport avec l'intelligence et la réflexion. Aussi, le faisant tourner par les mêmes points, en même place et sur lui-même, le Dieu lui imprima-t-il un mouvement de rotation circulaire ; mais les six autres mouvements, il les lui retira *(apheîlen)* tous ensemble, et le réalisa incapable d'errer dans leurs directions. Or, pour cette révolution, comme il n'avait nul besoin de pieds, il le fit naître sans jambes ni pieds [1].

Ce passage tire les conséquences du fait que l'Univers est (un) animal ou (un) être vivant, et non pas *un* animal, mais *l'*animal unique (31 *a* 1-*b* 4, 55 *d* 4 *sq.*, 92 *d* 2), parce qu'il est l'animal qui contient les autres animaux (30 *d* 1 *sq.*, 4 *sq.*, 69 *c* 1 *sq.*, 92 *c* 6 *sq.*). Pour les contenir *(periechein)*, il faut que l'univers commence par se tenir lui-même d'une façon qui le lui permette. Il faut que sa tenue *(schêma)* lui permette d'être le plus possible d'un seul tenant. La forme de l'Univers est donc saisie de l'intérieur, comme sa manière propre de se tenir et de tenir à soi-même, et non comme l'aspect qu'il présente (*eidos*, *idea*) à un observateur placé au-dehors (cf. 28 *a* 8). Le terme « figure » est donc dangereux. Nous ne pouvons

1. *Timée*, 33 *b* 1-34 *a* 8 ; trad. Moreau, p. 448 *sq.*

l'éviter, à cause de la raison fournie par Timée lui-même : sa figure, que seul le démiurge peut « réaliser », doit comprendre (laisser s'inscrire en elle) les figures que le géomètre considère comme ses objets. Cette difficulté de traduction laisse deviner une dualité de perspectives qui commande ce passage, et qui se retrouve d'ailleurs à bien d'autres reprises dans le dialogue. La sphère est la plus parfaite des figures *(schèmata)* parce qu'elle est celle qui a le plus de maintien, celle qui s'engendre soi-même par application de soi à soi. La définition géométrique [1] permet d'exprimer l'indifférence à toute perspective particulière [2]. Aucune autre figure que la sphère ne semble rendre plus superflue l'intervention d'un démiurge. Cependant, nous voyons celui-ci façonner au tour cet univers sphérique (33 *b* 6). Ce trait s'explique, bien entendu, à partir du mythe global de la fabrication du monde. Mais le choix de la technique particulière n'est pas le fruit du hasard. Il renvoie au contraire à une seconde définition géométrique de la sphère qui en décrit la génération à partir de la rotation du demi-cercle sur son diamètre. C'est cette définition qu'Euclide utilise, car elle lui permet de démontrer plus facilement que tout polygone régulier est inscriptible dans la sphère [3]. De même ici, Timée se donne implicitement la méthode de construction qui permettrait la démonstration qu'il requiert (*b* 3 s.). La technique du tour n'a ici presque rien

1. *Timée*, 33 *b* 5, et cf. Aristote, *Du Ciel*, II, 14, 297 *a* 24.
2. Cf. A.P.D. Mourelatos, *op. cit.* (en note 1, p. 105), p. 127 *sq.*
3. Euclide, XI, déf. 14, et cf. T.L. Heath, *Euclid. The Elements*, New York, Dover, 1956, t. III, p. 269, cité par F.M. Cornford, *Plato's Cosmology*, The *Timaeus* of Plato Translated with a Running Commentary, Londres, Routledge & Kegan Paul, 1937, p. 54.

d'artisanal. Elle se situe à l'intérieur de l'optique géométrique. Celle-ci dépend d'une raison, qui est la faveur donnée au semblable sur le dissemblable, qui découle elle-même de la préséance accordée au beau (*b* 7 s.). Ce privilège est l'objet d'une estimation (*nomizein*, *b* 7). Le démiurge est législateur. L'exclusion totale de tout point de vue extérieur mène à rendre indispensable un point de vue dont l'extériorité est absolue. La règle du maximum de cohérence avec soi exige un démiurge pour lui donner force de loi.

C'est pourquoi un second thème suit le premier, géométrique. Nous voyons l'artisan divin manier la lime pour donner à la boule qu'il vient de tourner une surface parfaitement lisse. À la construction dans l'espace pur, où rien ne résiste parce que aucun « solide » n'a d'antitypie, succède l'effort de l'artisan qui lutte avec son matériau pour donner à la surface du monde le poli qui en fait une sphère parfaite, cette sphère parfaite qu'il n'est donc pas d'emblée. Là aussi, Timée donne des raisons qui justifient cet usinage soigné. Et ces raisons ne recouvrent pas parfaitement celles qui ont été fournies jusqu'à présent. Elles reviennent à dire que l'Univers n'a pas *besoin* de tout ce qui pourrait former une protubérance sur la surface de sa sphère (cf. *c* 2.4 [deux fois], *d* 3.4 *[chreia]*). L'Univers comportant en lui tout ce qui est matériel (33 *a* 1 *sq.*), il ne peut échanger avec un extérieur qui n'existe pas. Les organes qui rendraient possible un métabolisme sont donc superflus, en raison de l'impossibilité de celui-ci. Il en est de même de ceux de la perception, faute d'objets extérieurs. Les échanges avec l'extérieur ne sont pas seulement impossibles, ils seraient encore mauvais. En effet, il est, pour l'Univers, meilleur d'être autarcique que dépendant (*d* 2 *sq.*). L'Univers n'a rien en dehors de lui parce que ce qui lui serait ainsi extérieur serait pour lui un objet de besoin. Comment le savons-nous ? Tout ce qui est extérieur n'est pas objet de besoin, sauf si cet « extérieur » est le milieu dans lequel vit un animal. D'autre part, il ne suffit pas que l'extérieur soit supprimé pour que le besoin disparaisse, comme le montre justement l'Univers qui, bien qu'il ne tire pas sa subsistance du dehors, est quand même conçu comme se nourrissant (33 *c* 8). N'aurait-il pas suffi de dire que l'Univers n'a nul besoin de se nourrir ? Pourquoi évoquer une théorie de l'Univers se nourrissant de ses propres déjections ? On se fait la part trop belle quand on substitue l'idée selon laquelle *chaque élément* se nourrirait des autres [1] au problème qui est ainsi posé par le besoin intérieur que l'Univers a de soi-même. Le point de vue à partir duquel le démiurge élimine ce qui dépasse la forme sphérique ressemble à celui auquel il se plaçait pour choisir cette forme, et qui était le souci du *beau* (*kallion*, 33 *b* 8). Ici, il s'agit du *bien* (*ameinon*, *d* 2). L'Univers est supposé être ce qu'il y a de plus beau (28 *b* 1, 29 *a* 2.6) et en même temps ce qu'il y a de meilleur (30 *b* 6 *sq*., 68 *e* 2, 92 *d* 2). Les deux sont-ils équivalents ? Sont-ils même toujours compatibles ? Le point de vue du beau peut se distinguer de celui du bien comme le visible se distingue de l'invisible [2]. Le beau manifeste le bien, de telle sorte que les opérations invisibles que le visible présuppose ne peuvent être saisies que sous l'angle du meilleur, non du plus beau [3]. L'optique du bien mène

1. R.D. Archer-Hind, *The Timaeus of Plato*, Edited with Introduction and Notes, Londres, 1888, p. 102 *a*.

2. Cf., à propos de l'âme, 36 *e* 6 et 37 *a* 2, ainsi que le contre-exemple, dans un autre contexte, en 30 *b* 2 *sq*.

3. Cf. *ameinon* en 30 *a* 6 – l'ordre du visible n'est pas visible en tant que tel.

ainsi à rendre l'Univers auto-suffisant, au prix d'une intériorisation du besoin. Cette intériorisation oblige l'Univers à s'affecter soi-même, à être à la fois agent et patient (πάντα ἐν αυτῷ καῶ ὑφ᾽ αυτοῦ πάσχον καῶ δρῶν, 33 *c* 8-*d* 1). Or nous savons, par une règle que Timée énonce avec emphase, que, justement, ce qui est semblable à soi (ὅμοιον καῶ ταὐτὸν αὑτῷ, 57 *a* 3) ne saurait subir quoi que ce soit de sa propre part. Quel sens devons-nous alors attribuer à la similitude avec soi-même qui invite à choisir la forme sphérique pour l'Univers, et qui en fait la beauté ? La beauté de l'Univers ne serait-elle que la surface séduisante qui recouvre des processus répugnants, comme la peau cache les boyaux ? L'Univers peut-il être *à la fois* beau et bon ? La « bonté » qui implique son *unicité* (le fait qu'il n'y a rien en dehors de lui) peut-elle s'accorder à la beauté qui implique son *unité* (sa cohérence, sa convenance avec soi-même) ?

2. … mais sans organes

C'est sur le fond de ces questions qu'il faut lire la description que fait Timée de la forme du monde. Il procède négativement, par une série d'exclusions méthodiquement réglée, qui refuse à l'Univers les organes qui sont d'habitude ceux de l'animal. On a fait remarquer que le passage pouvait être lu comme la critique implicite d'une image archaïque de l'Univers comme d'un animal articulé et pourvu d'organes correspondant chacun à une partie du monde. Il se replacerait ainsi dans une tradition inaugurée par Xénophane et poursuivie par Empédocle [1]. Il

1. F.M. Cornford, *op. cit.* (en note 3, p. 150), p. 55 *sq.*

est parfaitement légitime de le penser. Si l'on s'attache, cependant, aux traits propres du texte, on voit apparaître plusieurs différences. Le fragment Diels-Kranz 21 de Xénophane étant trop peu explicite, la comparaison devra se faire avec les fragments Diels-Kranz 29 et 134 d'Empédocle :

(a) Chez Empédocle, l'ordre dans lequel les organes éliminés sont énumérés ne semble pas avoir une signification accentuée. Sont en effet successivement niés : les bras, les pieds, les genoux, les parties sexuelles. L'ordre est un va-et-vient. Dans le *Timée*, en revanche, l'ordre des organes à retrancher est gouverné par un principe rigoureux. On procède de haut en bas, et l'on élimine tout ce qui est en dessous de la boîte crânienne. Disparaissent ainsi successivement : les yeux, les oreilles, le nez (et avec lui, sans qu'il soit mentionné, l'appareil respiratoire), la bouche (et avec elle, bien que, à nouveau, seule l'autre extrémité en soit suggérée, le tube digestif), les bras, les jambes, et les pieds. Les organes sexuels ne sont pas nommés. Le dialogue y voyant un appendice au tube digestif (91 *a* 4-7), il serait normal qu'ils soient tacitement exclus avec lui. Ou alors, il faudrait comprendre *basis* (34 *a* 1) comme substantivant le verbe *bainein* au sens de « saillir [1] », et voir dans la formule qui contient ce mot non une redondance, mais une périphrase pour les organes sexuels mâles [2]. Le corps est ainsi méthodiquement parcouru, en suivant ce qui est, chez l'homme, l'ordre le plus rationnel – alors que, pour un animal,

1. Cf. *Phèdre*, 250 *e* 4.
2. Le terme épique *mèdea*, dont se sert Empédocle, ne désigne guère que ceux-ci.

l'ordre le plus rationnel serait sans doute celui de la marche. Le corps par rapport auquel la forme du monde est décrite est un corps humain. Ce que le monde *n*'est *pas*, c'est avant tout un homme.

(b) Chez Empédocle, on commence (DK 134) par éliminer la tête, puis les membres suivent. La tête est en effet, comme les membres, quelque chose qui dépasse. On tronque donc l'Univers, et l'on obtient un tronc qui n'est plus que pensée – une pensée logée dans le tronc, plus précisément dans le diaphragme (*phrèn*, v. 4). Dans le *Timée*, au contraire, la tête échappe seule aux négations. Tout ce qui, dans le corps, n'est pas la boîte crânienne, est écarté plus ou moins nettement. L'Univers est comme un crâne auquel on aurait retiré le reste du corps. Si l'Univers ressemble à un crâne, il est normal que le crâne ressemble à l'Univers. C'est bien ce que dit Timée un peu plus loin dans la première partie, quand il décrit l'anatomie humaine :

> Les révolutions divines étaient [...] au nombre de deux ; pour imiter la figure *(schêma)* de l'Univers, qui est arrondie, les dieux les enchaînèrent dans un corps sphérique : ce que nous appelons maintenant la tête [1].

Ce crâne qui ressemble à l'Univers est celui de l'homme et de l'homme seul. Chez les autres animaux, en effet, les révolutions de l'âme qui ont perdu leur circularité correspondent à des crânes allongés (91 *e* 8-92 *a* 2). L'Univers ressemble ainsi à un crâne humain. Réciproquement, l'homme ressemble à l'Univers par sa tête et ne peut être comparé à celui-ci qu'à la condition d'être

1. *Timée*, 44 *d* 3-5 ; trad. Moreau, p. 462.

réduit à sa propre tête. Remarquons que cette réduction a une dimension politique. On peut en effet lire le passage que nous étudions en relevant les harmoniques qu'éveillent certains termes et qui ressortissent au domaine de la tripartition de la cité, telle qu'elle est longuement orchestrée dans la *République*. On sait que ce dialogue établit un parallèle entre les classes de la Callipolis et les parties de l'âme. Le *Timée* ajoute à ce parallèle une dimension supplémentaire, en faisant correspondre aux parties de l'âme des endroits du corps : l'âme raisonnable est logée dans la tête, la colère dans la poitrine, le désir dans le ventre. Ce thème est discrètement présent dans notre texte : le passage sur les mains ou les bras *(cheires)* [33 *d* 3 *sq*.] renvoie à la classe des guerriers. Le mot possède à lui seul des connotations militaires [1], et de plus, Timée attribue aux bras un rôle qui n'est pas seulement préhenseur, mais aussi défenseur (*d* 4) ; les membres inférieurs forment une *hypèresia* (34 *a* 1), une classe de domestiques [2]. Les deux, déclare Timée, sont inutiles à un Univers autarcique (33 *d* 2 et cf. 68 *e* 3), qui réalise l'idéal de la cité [3], un idéal que le corps humain est foncièrement incapable d'atteindre [4]. L'idéal de la cité serait-il sa réduction à la classe des dirigeants ? Notons en tout cas un fait capital : le parallèle n'est pas établi ici, comme c'est ailleurs le cas, entre la classe guerrière et le « cœur » d'une part, la classe ouvrière et le « ventre » d'autre part, mais entre les classes de la cité et les

1. Cf. *LSJ*, s.v., *passim*, et surtout V, p. 1984 *a-b*.
2. Cf. *Lois*, XII, 956 *e* 2.
3. Cf. Thucydide, II, 36, 3, et Aristote, *Politique*, I, 2, 1252 *b* 29, 1253 *a* 1.
4. Cf. Hérodote, I, 32, 8 ; Thucydide, II, 51, 3 (et cf. 41, 1).

membres. Alors que les organes qui fournissent les termes de la comparaison sont d'habitude contenus dans le tronc, ils lui sont ici extérieurs. Or, ce sont justement les membres qui sont exclus en toutes lettres du corps du monde. En revanche, Timée est très discret, pour ne pas dire réticent, sur le tronc. Sa présence est moins niée que passée sous silence. Les phrases qui invitent à penser qu'il est exclu supposent un raisonnement remontant du manifeste (par exemple le nez) à l'inapparent (l'appareil respiratoire, les poumons). Alors que la tête est privée de ce qui pourrait dépasser, le tronc est vidé de ce qui pourrait s'y loger. Mais le contenant (cage thoracique, bassin) n'est pas évoqué. Nous ne savons pas très bien si le moignon d'animal que Timée nous laisse entrevoir possède ou non un tronc. Et tout se passe comme si Platon avait voulu nous laisser dans l'ambiguïté. L'Univers du *Timée*, dans notre passage du moins, se présente comme une tête amputée traînant derrière elle un tronc fantôme. La place et la fonction du tronc sont aussi obscures que celles de la nutrition dans le corps du monde. L'Univers se distingue de l'animal en ce qu'il ne se nourrit que de soi-même. Timée ne lui retire donc pas simplement la nutrition – comme il lui refuse, sans équivoque cette fois, la respiration –, il la maintient, mais sous une forme paradoxale, qu'exprime avec une brièveté saisissante une phrase qu'aucune traduction ne peut rendre de façon satisfaisante (33 *c* 7 *sq.*) : la nourriture *est* le déchet. La bouche et l'anus coïncident dans la réalité de l'Univers, de même que la phrase qui les évoquait plus haut (*c* 4-6) ne les distinguait pas clairement dans le discours. L'Univers n'a pas de tube digestif. Se nourrissant de soi-même, il est contraint de se dévorer et de se recracher sans la moindre médiation. À la différence de son fils Cronos,

Ouranos n'a même pas la ressource de dévorer ses enfants. Chez l'homme, en revanche, le tube digestif et ses circonvolutions dont la spirale imite les révolutions célestes (cf. 77 *a* 3 et 39 *a* 7) lui donne le temps de penser. D'autres animaux, pourvus d'un tube digestif plus court, et contraints par là de remplir sans cesse ce qui ne cesse de se vider, passent leur vie à chercher leur nourriture sans avoir le loisir de réfléchir [1]. La pensée suppose un délai, une distance, un différer – un rapport à l'autre qui lui est aussi indispensable que le rapport au même [2]. De ce point de vue, on peut se poser les questions suivantes : pourquoi l'Univers n'est-il pas, parmi les animaux, le plus bête, et même le seul à être absolument bête ? Que signifie la pensée, qui lui est attribuée de la façon la plus explicite (30 *b* 8 *sq.*) ? Le raisonnement fondé sur le souci du beau à l'issue duquel le démiurge l'anime et l'inspire est-il contraignant ? En quoi la pensée de l'Univers se distingue-t-elle de celle de l'homme ?

Pour le moment, récapitulons la description de l'Univers fournie par Timée. Sa méthode est négative. Mais ce qui est nié, il ne le *refuse* pas à ce qui n'aurait rien, il le *retire* [3]. Il l'ôte donc à ce qui est conçu comme en étant pourvu. Timée cherche bien à éviter l'anthropomorphisme. Mais il nous fait comprendre l'Univers à partir de ce dont nous faisons l'expérience, notre propre corps. Le tout de ce qui est se comprend à partir du tout que

1. Cf. *Gorgias*, 494 *b* 6 ; Aristote, *Parties des animaux*, III, 14, 675 *a* 18-25, et *Génération des animaux*, I, 4, 717 *a* 23 *sq.*, 26-29.

2. Cf. *Phèdre*, 266 *b* 4 *sq.* et tout le *Sophiste*.

3. Le verbe en 34 *a* 5 est *apheilen* (actif !). Je suis donc R.D. Archer-Hind, *op. cit.* (en note 1, p. 152), p. 103, *et al.*, contre Th. H. Martin, *Études sur le Timée de Platon*, Paris, 1841, t. I, p. 95.

nous connaissons, parce que en un sens nous le sommes. Nous pouvons comprendre que l'Univers est le Tout parce que nous savons qu'avec notre corps, il y va de tout, et que le quitter, c'est en même temps quitter l'Univers. L'animal qui permet de comprendre ce que c'est qu'un animal, et par suite ce que c'est que l'Animal suprême, l'animal des animaux, qui est l'Univers, n'est autre que notre corps. L'Univers apparaît comme un homme mutilé, réduit à sa tête, dont on ne sait pas si le tronc y est encore attaché.

Nous sommes donc maintenant en possession de la forme globale de l'Univers conçu comme un animal contenant tous les animaux (cf. 30 *d* 1 *sq*., 4 *sq*., 33 *b* 2 *sq*., 41 *b* 9 *sq*., 69 *c* 1 *sq*., 92 *c* 6 *sq*.). Cette forme est conçue par élimination à partir de la forme d'un animal particulier, l'homme. Celui-ci est cependant plus qu'un animal particulier. Il est en effet analogue à l'Univers, en ce que lui aussi contient d'autres animaux : tel que les démiurges le créent, il est gros de tous les animaux qui procéderont de lui (42 *b* 5-*c* 4, 90 *e* 3-91 *a* 1, *d* 6-92 *c* 4) – à l'exception des plantes. Le modèle que Timée devra imiter est ainsi un animal, l'Univers, qui est conçu sur le modèle d'une tête humaine, peut-être adaptée à un tronc. En quoi son exposé est-il fidèle à ce modèle ? En quoi l'animal bien constitué que doit être son discours se conforme-t-il à l'animal cosmique qui ressemble si étrangement à un homme ? Pour le savoir, il nous faut examiner avec quelque attention la structure de ce long monologue qui constitue l'essentiel du dialogue. Le plan en est, en un sens, assez clair. En effet, Platon ne s'est pas seulement donné la peine de préciser dans quel programme d'ensemble s'insérerait l'exposé cosmologique présenté par le personnage éponyme (27 *a* 2-*b* 6), mais il a veillé à ce que le discours même de celui-ci abondât en indications d'ordre, à ce que les transitions y fussent soulignées avec soin, les points déjà traités récapitulés, ceux qui restent à voir, annoncés à l'avance. Tout semble soumis à un découpage rationnel et transparent. Nous risquons cependant de nous noyer dans ce flot limpide, dont la transparence même nous interdit de voir les *principes* qui rendent nécessaire la succession ordonnée des développements. Ces principes peuvent rendre compte de différents détails du texte, par exemple de certaines omissions par rapport à ce que laisserait attendre le genre littéraire choisi, qui est celui d'un traité *peri physeôs* (cf. 27 *a* 4), ou inversement, de certaines originalités – la plus éclatante étant le passage sur la « matière » qui ouvre la seconde partie. Nous aimerions ici chercher le principe (ou du moins *un* principe) susceptible d'éclairer l'ensemble du texte et son plan, à commencer par ce qui est justement la déviation la plus spectaculaire par rapport au genre de l'exposé cosmologique, à savoir la rupture qui introduit au cœur de l'exposé un nouveau principe et un nouveau style d'explication. L'articulation décisive et sans précédent (car les deux parties du poème de Parménide n'en sont qu'un très lointain parallèle) nous semble en effet diviser l'exposé de Timée en *deux* parties, dont la première (du début, que l'on peut situer en 27 *c* 1, à 47 *e* 2) traite comme on sait de ce qui a été œuvré par la « raison » *(noûs)*, et la seconde, de 47 *e* 3 jusqu'à la fin, de ce qui est venu à l'être par nécessité. Il nous semble important d'insister ici sur ce qui saute aux yeux, pour écarter l'idée selon laquelle le dialogue comprendrait, non pas deux, mais *trois* parties, en ce qu'une dernière partie, commençant en 69 *a* 6, y serait consacrée à la coopération de la raison et de la nécessité, présentées d'abord comme deux principes à part [1]. On peut accorder que tel est bien le thème des développements qui suivent 69 *a* 6. Mais cela n'autorise pas à négliger la différence essentielle qui distingue cette articulation de celle qui se rencontre en 47 *e* 2. Ce n'est en effet qu'au début de la seconde partie que Timée procède à un nouvel exposé des principes, un troisième, assez obscurément désigné, venant s'ajouter aux deux (modèle et copie) qui lui semblaient jusqu'alors suffisants. Au début de la prétendue troisième partie, au contraire, il n'est en rien question d'introduire un nouveau principe, mais tout au plus de remonter à un commencement déjà posé (cf. 69 *a* 8). Il nous semble donc important de parler d'une *sub*division répartissant la seconde partie en deux *sous*-parties. Il nous faudra rendre compte de ces articulations.

3. L'hypothèse

En ce qui concerne le plan d'ensemble du discours de Timée, nous pensons que sa clé doit être cherchée dans sa *correspondance avec la structure du corps humain*, ou, plus exactement, avec celle de l'ensemble formé par la tête et le tronc. L'articulation la plus importante dans ce discours nous semble correspondre au cou, de telle sorte que la première partie serait l'équivalent de la tête, et la seconde, celui du tronc. Nous ne pouvons justifier cette thèse que progressivement. Commençons par fournir quelques données extérieures susceptibles de la rendre un

1. Cf. F.M. Cornford, *op. cit.* (en note 3, p. 150), p. 279 ; Moreau, p. 494 (rubrique).

peu moins improbable. Quoi de plus extérieur, mais aussi de moins subjectif, que les chiffres ? La première partie de l'exposé de Timée totalise, dans l'édition Rivaud, 665 lignes (631 chez Burnet), la seconde 1 710 (1 640 chez Burnet). Le rapport entre les deux parties correspond à celui de 7 sur 18. Ce rapport semble avoir été celui de la longueur de la tête à celle du tronc dans un corps humain, non pas n'importe lequel, mais le corps très particulier qui était celui du *Doryphore* de Polyclète. Il convient de s'exprimer ici avec prudence, car nous ne possédons pas – comme c'est le cas de la quasi-totalité de la plastique grecque – l'original de cette œuvre, et les dimensions relatives des parties peuvent varier à l'intérieur de certaines limites[1]. On sait en tout cas que le sculpteur souhaitait que son œuvre, qui pour cette raison s'appelait le « Canon » (la règle), représentât l'idéal des proportions du corps masculin. Il appliquait ainsi au corps humain l'effort pour exprimer de façon rigoureuse et mesurable l'harmonie qui fait la beauté des œuvres architecturales. On sait que Platon connaissait son activité de sculpteur, puisqu'il mentionne son nom à deux reprises, dans le *Protagoras* – qui porte le nom d'un sophiste dont la formule la plus célèbre n'est peut-être pas totalement étrangère au souci manifesté par Polyclète (311 *c* 3, 328 *c* 6). Il n'est pas question de prétendre que, dans le *Timée*, Platon se serait proposé d'écrire un texte doté des mêmes proportions que celles d'une statue déterminée, et de réaliser ainsi une version littéraire du *Doryphore*. Nous aimerions simplement rappeler que l'étude

1. Contentons-nous ici de renvoyer au dernier ouvrage paru sur la question : H. von Steuben, *Der Kanon des Polyklet. Doryphoros und Amazone*, Tübingen, Wasmuth, 1973. Le rapport 7/18 a été mesuré

des proportions du corps humain et l'effort pour les ramener à des rapports exprimables dans le langage des nombres était, dans la Grèce classique, un phénomène que Platon ne pouvait pas ignorer. On peut même aller plus loin que cette formule négative, et constater que le philosophe manifeste lui-même sa préoccupation pour l'harmonie mathématique du corps, et qu'il le fait justement dans le dialogue qui nous occupe. On y lit en effet :

> Tout ce qui est bien, sans nul doute, est beau ; or le beau n'est point sans mesure (*οὐκ ἄμετρον*) ; un vivant (*ζῷον*), par conséquent, pour se bien porter, posons qu'il lui faut de justes mesures (*σύμμετρον*). Or, en fait de mesures et de proportions, dans les petites choses nos sens les discernent et nous en faisons le compte ; mais, dans les choses principales et les plus grandes, nous sommes incapables de ce compte. Pour ce qui touche en effet à la santé et à la maladie, à la vertu et au vice, il n'est point de proportion (*συμμετρία*) ou de disproportion (*ἀμετρία*) plus importante que celle de l'âme elle-même par rapport au corps lui-même ; or, nous ne nous en apercevons nullement, nous n'en avons pas même idée. Cependant, une âme vigoureuse et grande à tous égards, quand elle est livrée à un physique (*εἶδος*) trop faible et trop petit, ou quand l'inverse se produit dans l'assemblage des deux, point n'est beau dans son entier le vivant (*ζῷον*), disproportionné (*ἀσύμμετρον*) qu'il est sous le rapport des plus importantes proportions (*συμμετρία*) ; mais, dans le cas contraire, de tous les spectacles il est, pour qui sait le contempler, le plus beau et le plus aimable. Un exemple : des jambes trop longues (ou tout autre trait trop accusé qui détruit la mesure du corps en lui-même) non seulement le rendent laid, mais encore, quand il prend part à des travaux, lui occasionnent bien des fatigues, bien des tiraillements, et

---

par nous sur une photographie de la statue du musée de Naples, qui passe pour la meilleure reproduction de l'original perdu.

> même, parce qu'il va de travers, des chutes : toutes sortes de maux dont il est pour lui-même la cause ; il en va de même, nous devons nous en pénétrer, pour le composé de deux substances que nous appelons un vivant (ζῷον) [1].

Notons quelques points. Timée distingue entre deux sortes de proportions : celles que nous percevons et qui, par suite, permettent le calcul, et celles qui y échappent, et qui sont pourtant les plus importantes, comme il distinguait plus haut entre les petites régularités astronomiques (les plus manifestes : jour et nuit, mois et années) que nous songeons à calculer, d'une part, et d'autre part ce que nous négligeons de dégager, à savoir les rapports numériques harmonieux qui gouvernent les révolutions des planètes et les mouvements qui, au bout d'une « grande année », ramènent l'Univers à son état initial (39 *c* 6-*d* 2). Les constances astronomiques sont évidentes : la lumière succède à l'obscurité, la lune a des phases, les saisons reviennent. Les nombres qui gouvernent les planètes sont en revanche difficiles à calculer. Que dire alors de l'harmonie que Timée nous demande de sauvegarder ? Comment mettre sur le même plan l'harmonie visible du corps et celle, cachée, de l'âme ? Comment comparer l'un à l'autre le visible et l'invisible ? Quand Timée dit qu'une telle harmonie est belle « pour qui sait la voir » (87 *d* 8), il pose un problème bien réel. Le seul moyen de percevoir l'harmonie cachée de l'âme est d'examiner les discours produits par celle-ci [2]. S'il en était ainsi, dans un animal

1. *Timée*, 87 *c* 4-*e* 6 ; trad. Moreau, p. 517 *sq*.
2. Cf. *Charmide*, 154 *e* 4-6. Remarquons que le contexte de ce dialogue est assez étroitement parallèle à celui du passage que nous étudions : le soin de la tête exige celui du corps entier, qui suppose à son tour la guérison de l'âme ; cf. 156 *e* 2 *sq*.

bien bâti, les proportions du corps devraient correspondre à celles des discours, lesquelles rendraient visibles celles de l'âme. Et c'est encore plus vrai si l'âme est elle-même logée, comme Timée l'indique, partie par partie, dans le corps. Timée illustre son propos en empruntant une comparaison à un domaine facilement visible, celui du corps. L'exemple choisi est celui des jambes trop longues. Le choix de ces membres permet d'ajouter au thème de la beauté celui de l'utilité, thème que d'autres exemples n'auraient pas permis d'introduire, parce que la beauté et l'utilité y iraient à l'encontre l'une de l'autre [1]. Le caractère exagéré de la description des inconvénients causés par des jambes trop longues et l'intention comique qui la gouverne invitent à rapprocher ce passage d'un autre endroit du même dialogue, presque digne d'Aristophane, et en tout cas de l'Aristophane que met en scène le *Banquet* (cf. 190 *a* 4-8), dans lequel sont évoquées les mésaventures d'une tête qui, n'étant prolongée par aucun membre, dégringolerait dans des trous d'où elle serait encore plus en peine de se tirer que Thalès de son puits (44 *d* 9-*e* 2). L'harmonie du corps humain est ainsi à mi-chemin entre l'absence totale de ce qui n'est pas la tête et l'excès en fait de jambes. L'ironie consiste ici en ce que le corps humain, supposé atteindre la santé en imitant l'*eidos* de l'Univers [2], reçoit pourtant pour modèle un monde qui n'est qu'une tête. Et elle se redouble lorsqu'on songe que le modèle ne peut être imité que parce que l'homme a, pour lui permettre de bouger, justement ces jambes qui manquent à l'Univers, et que, par

1. Cf. Xénophon, *Banquet*, V, 5-7.
2. Cf. 88 *d* 1 et 87 *d* 5 – à comparer avec *schêma* employé, dans le même contexte, par la première partie (cf. 44 *d* 3).

suite, la ressemblance ne peut être atteinte que par le détour de la différence. On peut donc se demander si la santé de l'homme est possible, si l'homme n'est pas essentiellement l'animal malade. Quoi qu'il en soit, les proportions du corps humain sont supposées capables de beauté. Et tout porte à croire que Platon avait conçu la possibilité d'une détermination précise, parce que numérique, de la beauté du corps humain. C'est ainsi qu'un passage des *Lois* nomme « nombres » *(arithmos)* les proportions de celui-ci, telles qu'elles définissent l'animal reproduit par la peinture ou la sculpture :

> Qu'arriverait-il si [...] on ignorait l'essence de chacun des corps reproduits par l'imitation ? Pourrait-on jamais reconnaître ce qui en eux est fait correctement ? Je veux dire, par exemple, s'il y a là les proportions (ἀριθμός) du corps et la disposition des différentes parties, quelles sont ces proportions et quelles parties, placées à côté de telles autres, ont ainsi reçu la place convenable [...]) quelqu'un te paraît-il pouvoir le discerner s'il ignore complètement l'essence de l'être (ζῷον) imité par l'art [1] ?

Ce qui se lit dans les *Lois* a plus de raison encore d'être présent dans le *Timée* : si l'âme, et avant tout celle du monde, est construite à partir de certains rapports numériques, il doit en être de même du corps. Et si, comme on aime à le supposer, Polyclète a subi l'influence du pythagorisme et de sa mystique des nombres, ce qui l'a marqué doit à plus forte raison avoir laissé son empreinte sur Timée, qui est originaire de Locres. En tout cas, nous ne sommes pas le premier à rapprocher le dialogue du

1. *Lois*, II, 668 *d* 9-*e* 6 ; trad. É. des Places, Paris, Les Belles Lettres, CUF, 1951, t. I, p. 61 *sq*.

philosophe et la statue du sculpteur. On a écrit, justement à propos du *Doryphore* :

> Ce qu'a pu faire l'esprit classique après la première moitié du Ve siècle, c'est développer tout d'abord, – parallèlement à l'étude de la nature –, une connaissance foncièrement *critique* des formes du corps humain. Nous sommes renseignés sur ce travail, et sur les conséquences qu'il eut à la période suivante, par certains passages du *Timée* (44 *d*), où Platon, pour le début du IVe siècle, a consigné encore des idées antérieures, utiles à l'explication du *Canon* polyclétéen. On n'insistera jamais trop, par exemple, sur l'étonnante conception d'alors, qui comparait la tête humaine, siège du *nous*, à la sphère céleste, et qui la disait même créée plus ou moins à l'imitation de cette sphère. N'y a-t-il pas eu là, notons-le, trace persistante du temps où la frontalité obligeait les statuaires à présenter le corps humain, de préférence, selon la *face antérieure*, dite principale [1] ?

Ce qui est ainsi communément admis ne concerne que la parenté, assez visible, entre un détail minime appartenant au contenu du dialogue et les préoccupations anthropométriques de l'art grec. Il nous semble possible d'étendre cette correspondance à la *forme* même du dialogue. De la sorte, celle-ci contiendrait par elle-même un enseignement susceptible d'entrer en relation avec celui du contenu, de le nuancer, voire de le corriger. Nous connaissons plusieurs exemples de textes littéraires dans lesquels la forme dessinée sur le papier reproduit l'objet qui en constitue le thème. Les *Calligrammes* d'Apollinaire ne sont pas sans ascendants dans l'Antiquité. C'est ainsi

1. Charles Picard, *Manuel d'archéologie grecque, La sculpture*, II. *Période classique (Ve siècle)*, Paris, Picard, 1939, p. 261. Cf. aussi J. Charbonneaux, *La Sculpture grecque classique*, Paris, Cluny, 1946 (éd. de poche, p. 44 *sq.*).

que le livre XV de l'*Anthologie grecque* contient une demi-douzaine de pièces imitant la forme d'une flûte de Pan (n° 21, Théocrite), d'une hache, des ailes d'Éros, d'un œuf d'hirondelle (n°s 22, 24, 27, Simias de Rhodes), voire d'un autel (n°s 25 et 26, Vestinus et Dosiadas) [1]. Ces exemples proviennent d'un art alexandrin, et d'un maniérisme dont on répugnera sans doute à trouver des exemples chez Platon. Il conviendrait pourtant de lever les préjugés peu conscients qui nous font exclure de l'œuvre d'art totale, capable de synthétiser l'ensemble de l'héritage grec que constituent les dialogues de Platon ce qui en eux s'apparente aux genres considérés comme mineurs – par exemple le comique aristophanesque. Prouver la présence de procédés analogues à ceux du poème figuré dans des œuvres de quelque ampleur est certes plus difficile. Signalons cependant, d'une part, que ce que nous appelons dédaigneusement l'aspect formel des œuvres littéraires pouvait être considéré par les Anciens, ou même par des auteurs plus récents, comme digne de tous leurs soins, et comme l'un des objets de leur art. C'est ainsi que l'on peut constater parfois des procédés de composition dans lesquels les nombres jouent un rôle capital et contiennent eux-mêmes un enseignement [2]. Signalons d'autre part que des tentatives

1. Cf. U. von Wilamowitz-Moellendorff, « Die griechischen Technopaegnia », *Jahrbuch des kaiserlich deutschen Archäologischen Instituts*, 14 (1899), p. 51-59.

2. Pour les procédés arithmologiques dans la composition des recueils poétiques anciens, cf. P. Maury, « Le secret de Virgile et l'architecture des *Bucoliques* », *Lettres d'humanité*, 3 (1944), p. 71-147 ; J. Irigoin, « Les bucoliques de Théocrite. La composition du recueil », *Quaderni Urbinati di cultura classica*, 19 (1975), p. 27-44 ; *id.*, « Les *Pontiques* d'Ovide. La composition des trois premiers livres », *Revue de philologie, de littérature et d'histoire ancienne*, 54 (1980-81), p. 19-

analogues à la nôtre ont déjà été faites pour des œuvres de quelque dimension ; on a pu ainsi proposer de découper le livre des *Proverbes* en sept parties qui reproduiraient les « sept piliers » de la maison de la sagesse que le texte évoque (9, 1) [1]. De tels parallèles peuvent tout au plus montrer que notre hypothèse n'est pas totalement improbable ; mais pour une justification pouvant prétendre à quelque rigueur, seul l'exposé complet de ses implications peut en donner une.

4. La principale articulation

La principale articulation de l'exposé de Timée est celle qui sépare la première et la seconde partie. Elle correspond, si notre hypothèse est juste, à la principale articulation de l'homme sans membres, celle de la tête sur le tronc. En quoi la première partie correspond-elle alors à la tête ? Comme on le sait, cette première partie rend compte de l'Univers tel que la raison *(noûs)* le gouverne. Chez l'homme, la raison est logée dans la tête (44 *d* 3-5). Celle-ci est ronde parce qu'elle reproduit la forme de

---

26. Le nombre et le numéro des chapitres d'une œuvre peut avoir une signification. Par exemple, les *Discorsi...* de Machiavel comptent autant de chapitres (142) que l'histoire de Tite-Live comptait de livres (cf. L. Strauss, *Thoughts on Machiavelli*, Glencoe [Ill.], Free Press, 1958, p. 305, n. 66).

1. Cf. Mgr Skehan, « Wisdom's House », *Catholic Biblical Quaterly*, 29 (1967), p. 162-180. Il est clair que je ne prends nullement position sur l'exactitude des résultats obtenus, et que j'invoque cet exemple et ceux de la note précédente uniquement afin d'abriter mon irrévérence derrière des autorités peu suspectes de plaisanter.

l'Univers, laquelle imite à son tour le mouvement circulaire qui est le privilège de la raison (34 *a* 2 *sq.*). Il est donc normal que la partie qui présente l'Univers comme l'œuvre exclusive de la raison corresponde à la tête qui en est le siège. En outre, tout se passe comme si la première partie de l'exposé de Timée présentait le corps humain du point de vue de la tête, et de ce seul point de vue. Les seuls sens qui y sont étudiés (quoique de façon unilatérale) sont ceux qui sont logés dans la boîte crânienne et qui n'ont aucune relation avec le tronc et ce qu'il contient. C'est le cas de la vue (45 *b* 2-47 *c* 4) et de l'ouïe (47 *c* 5-*e* 2). En revanche, les autres ne sont pas mentionnés : le toucher concerne tout le corps (cf. 65 *b* 5) ; le goût implique la digestion et le tube digestif, et les veinules qui reçoivent les substances sapides s'étendent jusqu'au cœur (cf. 65 *c* 7) ; l'odorat de son côté implique la respiration, donc l'appareil respiratoire, et les substances odorantes affectent tout le creux de notre corps, depuis le sommet du crâne jusqu'au nombril (cf. 67 *a* 5 *sq.*). La première partie n'étudie donc *que* ce qui se trouve dans la tête, même si elle n'examine pas *tout* ce qui s'y trouve. Et quand il lui arrive de mentionner les autres parties du corps, elle le fait du point de vue de la tête. Un texte permet de la montrer assez nettement :

> Les révolutions divines étaient donc au nombre de deux ; pour imiter la figure (σχῆμα) de l'Univers, qui est arrondie, les dieux les enchaînèrent dans un corps sphérique : ce que nous appelons maintenant la tête, qui est la partie la plus divine et qui règne sur toutes celles qui sont en nous. Aussi bien, c'est à elle qu'ils ont confié tout le corps, équipage qu'ils ont rassemblé à son service, ayant réfléchi qu'à tout ce qu'il y avait de mouvement elle aurait part. Afin donc qu'elle n'eût pas à rouler sur la terre, qui présente des hauteurs et

des cavités de toutes sortes, et qu'elle ne fût en peine pour franchir les unes, se tirer des autres, ils lui ont donné comme véhicule le corps, pour se déplacer sans peine. De là la longueur (μῆκος) donnée au corps, à qui il poussa (ἔφυσεν) quatre membres allongés et flexibles, mécanisme inventé par un dieu pour la locomotion ; par leur moyen, le corps fut en mesure d'avoir prise et appui pour cheminer par tous lieux, portant haut la demeure de ce qu'il y a en nous de plus divin et de plus sacré. Des jambes, donc, et des mains, voilà comment et pour quelles raisons il en a poussé (προσέφυσεν) à tous [1].

Plusieurs traits de cette image du corps sont frappants : les membres supérieurs et inférieurs n'y sont nullement distingués, comme si l'homme marchait à quatre pattes, tel l'enfant de l'énigme célèbre. On a par ailleurs l'impression que ces membres sont de simples appendices de la tête, et qu'ils sont venus s'y accoler de façon plus ou moins adventice, comme invite à le penser l'usage de προσφύω en 45 *a* 2 [2]. On a enfin l'impression qu'ils sont fixés à la tête sans le moindre intermédiaire, comme des germes poussés à un tubercule. Dans ce corps, ce qui manque, c'est le tronc. Comment caractériser cette image du corps ? Timée vient d'évoquer la psychologie de l'enfant, et son agitation perpétuelle (43 *a* 6-44 *b* 2). Or, ce sont justement des démiurges-enfants (cf. *paîdes* en 42 *e* 6) qui ont reçu la mission de construire l'homme. Timée semble donner de l'homme qu'ils viennent de construire l'image que les enfants ont de leur propre corps. L'homme, tel que le dessine la première partie de

1. *Timée*, 44 *d* 3-45 *a* 2 ; trad. Moreau, p. 462.
2. Cf. son occurrence dans le mythe de Glaucos, en *République*, X, 611 *d* 4, et son sens chez Aristote, cf. Bonitz, *Index Aristotelicus*, 649 *a* 50-53.

l'exposé de Timée, est un magnifique exemple de « bonhomme-têtard » : une tête ronde avec des yeux, mais sans nez ni bouche, et entourée de quatre membres effilés, directement attachés à la tête. Pas de tronc, mais seulement « l'allongement du corps, sans qu'on puisse reconnaître s'il s'agit du tronc ou des jambes [1] ». Un tel corps est vu du point de vue de la tête. Il correspond à peu près à ce que nous voyons quand nous nous penchons pour regarder – avec nos yeux, depuis notre tête – le reste de notre corps. Pour acquérir une image complète de notre corps (ou du moins de sa face antérieure) qui en respecte les proportions, le seul moyen est de le regarder dans une surface réfléchissante. Je ne veux pas parler ici du fameux « stade du miroir », tel qu'il définit, justement, une étape dans l'évolution psychologique de l'enfant. Il est simplement question de constater une donnée d'expérience, que nous faisons à tout âge : nous ne pouvons voir l'ensemble de notre corps dans ses proportions réelles, tel que le voient les autres hommes, que par le truchement d'un miroir [2]. Or, il nous semble que nous touchons ici à un trait capital de la première partie du monologue de Timée, trait qui est étroitement lié au monopole de la tête, et, avec elle, de la raison, et qui explique avec lui la nécessité d'une seconde partie. En un mot, il s'agit de l'*absence de miroir*. Nous ne pouvons pas donner ici à ce thème les développements qu'il faudrait. Indiquons seulement que l'on peut déduire cette absence d'un passage de notre dialogue, sur lequel il nous faut nous arrêter quelque temps.

---

1. H. Wallon et L. Lurçat, « Le dessin du personnage chez l'enfant », *Enfance*, 1958, p. 179. Cf. 44 *e* 3 *(mêkos)*.

2. Cf. *Théétète*, 144 *d* 8 *sq*.

Il s'agit de la comparaison par laquelle Timée essaie de faire comprendre le trouble qu'introduit dans les cercles de l'âme le flux continuel dans lequel celle-ci se trouve plongée à la suite de son union avec le corps, au moment de la naissance, lequel trouble se prolonge tout au cours de l'enfance. Les cercles subissant toutes sortes de distorsions, la droite et la gauche sont interchangées. Timée introduit alors une comparaison assez bizarre, dont l'interprétation est controversée et que, pour cette raison, nous retraduisons en sacrifiant l'élégance à l'exactitude [1]. Tout se passe

> comme lorsque quelqu'un, qui est à l'envers pour avoir appuyé sa tête sur la terre et avoir lancé ses pieds en l'air, fait face à quelqu'un [d'autre], alors, dans une telle situation, la droite de celui qui la subit et celle des spectateurs semblent être la gauche, et la gauche, la droite, pour chacun des deux groupes celles de l'autre (43 *e* 4-8).

Le phénomène que Timée décrit suppose toute une gymnastique, et il faudra se demander pourquoi tant de complication, alors que le renvoi à des expériences plus simples aurait semblé suffire. Commençons par la décrire : lorsque deux personnes debout se font face, chacune sait que sa droite est en face de la gauche de l'autre, et réciproquement. Supposons maintenant que l'une des deux fasse le poirier. Lorsque l'une des deux est à l'envers, le « savoir » devient trompeur. En effet, ce qui est en face de la droite de l'antipodiste est non la gauche de l'observateur, mais bien sa droite. L'illusion vient de ce que l'on néglige la situation

1. J'adopte l'interprétation de R.D. Archer-Hind, *op. cit.* (en note 1, p. 152), p. 150 *b*, à laquelle se rallie F.M. Cornford, *op. cit.* (en note 3, p. 150), p. 149, n. 2, plutôt que celle de Proclus, in *Timaeum*, III, 344, 19-345, 15 Diehl.

inversée de celui qui nous fait face, et que l'on raisonne comme s'il était à l'endroit. Maintenant, cette déformation est la même qu'une autre, obtenue par un autre moyen, celui de la réflexion. Imaginons en effet quelqu'un qui serait au courant de l'existence d'autres hommes, mais qui ignorerait encore celle des miroirs. Placé devant l'un de ceux-ci, il prendrait sa propre image pour un autre homme lui faisant face. Il s'imaginerait donc que sa droite à lui est en face de la gauche de son vis-à-vis, et que ce qu'il voit à sa gauche à lui est à la droite de l'autre – alors qu'il n'en est rien. L'illusion a donc le même résultat que celle que décrit Timée. Pourquoi Platon choisit-il alors un montage si compliqué ? N'aurait-il pas suffi de remplacer le passage par « comme c'est le cas de qui se regarde dans une glace » ? Tout se passe en fait comme si Platon voulait évoquer l'illusion de qui se voit dans un miroir, mais sans s'y reconnaître, tout en s'abstenant de faire nommer par Timée le phénomène de la réflexion. Ce phénomène de l'inversion des côtés est évoqué un peu plus loin, dans les mêmes termes (cf. 46 *b* 4 à 43 *e* 7 *sq.*), lorsqu'il est question, dans le cadre d'une étude de la vision, des miroirs plans et concaves. C'est juste après ce passage que Timée commence à ressentir le besoin d'une nouvelle approche du monde, telle qu'elle sera développée dans la seconde partie. Mais ici, ce que Platon cherche à décrire n'est pas le phénomène de la conscience d'images en tant que telles (la réflexion réfléchie, pourrait-on dire), mais celui de la vision d'images qui sont prises pour la réalité. Le défaut de l'âme nouvelle-née est l'incapacité de faire le départ entre l'image et la réalité, un danger qui guette tout particulièrement les jeunes enfants [1] et que l'on pourrait appeler *incapacité eikastique*.

1. Cf. *République*, X, 598 *c* 2 ; *Sophiste*, 234 *b* 8.

Cette incapacité de distinguer l'image comme image provient à son tour de l'incapacité de distinguer l'image de son support. Ce thème eikastique se replace ainsi dans l'économie logique du dialogue : le passage à la seconde partie est dû à une insuffisance de la première, et avec elle de la raison *(noûs)*, insuffisance qui a entre autres pour conséquence l'impossibilité d'une connaissance de soi. Le fait que la première partie ne voit l'homme que du point de vue de la tête, sans pouvoir donc en donner une image adéquate, est ainsi rendu nécessaire par les limitations mêmes de son optique.

Si la première partie traite de ce que produit la raison et correspond à la tête, la seconde, qui traite de ce qui est venu par nécessité (47 *e* 5), doit correspondre au tronc. Si cette partie du corps n'est pas mentionnée dans la première partie, la seconde en raconte au contraire la fabrication par les démiurges et s'étend sur son contenu de façon détaillée (69 *c* 5-73 *a* 8). De plus, même ce qui était déjà étudié dans la première partie l'est à nouveaux frais dans la seconde. Mais il l'est, si l'on peut dire, du point de vue du tronc – parce que du point de vue de la nécessité. C'est ainsi que les sens, désormais au complet, sont passés en revue quant à leurs objets – fait d'une importance capitale, mais que nous pouvons ici nous contenter de relever : l'étude de la couleur complète celle des yeux, etc. Ils le sont dans l'ordre inverse par rapport à celui qui figurait deux fois dans la première partie, à savoir dans le passage, examiné plus haut, sur la structure du monde, auquel était refusés successivement les yeux, les oreilles, le nez, la bouche et les mains, et dans l'ébauche d'une théorie des sens, qui plaçait les yeux avant les oreilles. Ici, en revanche, Timée commence par le toucher (61 *d* 6-65 *b* 4), qui concerne tout le corps, y compris les jambes. Il poursuit par le goût (65 *c* 1-66 *c* 7), qui porte sur tout ce qui va de l'abdomen à la bouche, l'odorat (66 *d* 1-67 *c* 7) – du nombril au sommet du crâne, l'ouïe (67 *a* 7-*c* 3), et finit par la vue (67 *c* 4-68 *d* 8). La première partie ne traitait que la vue et l'ouïe. Elle n'examinait donc pas la cavité bucco-nasale – goût et odorat –, détail dont nous aurons par la suite à voir la signification. Le point de vue du tronc est celui de la nécessité. Le tronc est lié à la nécessité parce qu'il est le réceptacle de ce qui nous est nécessaire, au sens le plus prosaïque du terme : les échanges avec le milieu extérieur – ce que l'on appellera plus tard le métabolisme, à savoir la respiration et la nutrition. C'est ce sens, le plus courant, qu'Aristote commence par dégager :

> Nécessaire se dit de ce sans quoi, pris comme condition, il n'est pas possible de vivre : par exemple la respiration et la nourriture sont nécessaires à l'animal, car il ne peut exister sans elles [1].

Timée indique ce lien à la nécessité ainsi conçue on ne peut plus clairement. Nous n'avons donc ici qu'à rappeler le contenu manifeste et déjà souligné par les commentateurs [2] de ce qu'il dit. Nous lisons en effet : « est nécessaire (ἀναγκαον) tout ce qui entre dans le corps pour lui donner sa nourriture » (75 *e* 2 *sq.*). Et par ailleurs, l'œuvre des démiurges est désormais explicitement placée sous le signe de la nécessité :

> ils se mirent à tourner pour [l'âme] un corps mortel, ils lui donnèrent pour véhicule ce corps tout entier, et y édifièrent en outre une autre espèce d'âme, celle qui est mortelle. Celle-ci porte en elle des passions redoutables et inévitables

1. *Métaphysique*, Δ, 5, 1015 *a* 20-22.
2. Cf. F.M. Cornford, *op. cit.* (en note 3, p. 150), p. 281 n. 3.

(ἀναγκαα) : d'abord le plaisir, ce grand appât du mal ; puis les douleurs, qui nous font fuir le bien ; puis encore l'audace et la peur, conseillers imprudents ; l'emportement, sourd aux avis ; l'espérance, ouverte aux séductions. Avec la sensation irraisonnée et le désir (ἔρως) prêt à toute entreprise, mélangeant tout cela, en sa nécessaire condition (ἀναγκαίως) ils ont composé l'âme mortelle [1].

Nous pouvons donc nous considérer en droit de penser que la seconde partie, qui traite de la nécessité, correspond dans son ensemble au tronc humain. S'il en est ainsi, nous pouvons maintenant comprendre l'ambiguïté qui, comme nous avons essayé de le montrer, grevait la description négative du corps de l'Univers dans la première partie. Le tronc plus ou moins fantomatique correspondait à la nécessité, négligée dans cette partie, et seulement présente à l'état de privation.

5. Le diaphragme

Jusqu'à présent, nous n'avons établi de parallélisme qu'entre les deux parties que Timée distingue le plus nettement dans son exposé et l'articulation la plus visible du corps humain. Il nous faut maintenant essayer de rendre ce parallélisme plus rigoureux en montrant qu'il aide à comprendre d'autres traits du discours de Timée. Pour ce faire, considérons la manière dont il conçoit la structure du corps humain, dans un passage qui fait immédiatement suite à celui que nous venons de citer. Cette struc-

---

1. *Timée*, 69 *c* 6-*d* 6 ; trad. Moreau, p. 494 *sq*.

ture se modèle sur la répartition dans le corps des parties de l'âme humaine :

> Voilà pour quelles raisons, se gardant de souiller le principe divin, à moins de nécessité absolue, à l'écart de celui-ci ils établissent dans une autre demeure du corps l'âme mortelle ; ils bâtissent un isthme et une frontière entre la tête et la poitrine ; entre les deux, ils placent le cou, afin qu'il y ait séparation. C'est donc dans la poitrine, en ce qu'on appelle le thorax, qu'ils attachèrent l'espèce mortelle de l'âme. Et, comme il y avait en elle une partie naturellement meilleure, une autre pire, ils font encore deux pièces dans la cavité du thorax ; ils les séparent comme l'appartement des femmes et, à côté, celui des hommes, et ils mettent au milieu le diaphragme, comme une cloison. Ainsi, la partie de l'âme qui a part au courage (*ἀνδρεία*) et à l'emportement (*θυμός*), avide qu'elle est de dominer (*φιλόνικος*), ils l'établirent plus près de la tête, entre le diaphragme et le cou [1].

Timée décrit ce que nous appelons le tronc et qu'il appelle, lui, de deux noms, l'un populaire (*στῆθος*), l'autre plus technique (*θώραξ*) – terme qui englobe aussi bien ce que nous nommons « thorax » que ce qui est pour nous l'« abdomen ». C'est pourquoi il attire l'attention sur cet usage [2]. Le mot n'est pas encore fixé dans son sens technique, qui commence seulement à apparaître. Il désigne d'abord la cuirasse, ce qui permet à Aristophane de jouer sur le mot [3]. L'ajout du terme technique au terme populaire connote un fait important : l'homme que les démiurges construisent est, en son état primitif, un mâle capable de porter les armes. La femme ne sortira en

1. *Timée*, 69 *d* 6-70 *a* 5 ; trad. Moreau, p. 495.
2. Cf. A.E. Taylor, *A Commentary on Plato's Timaeus*, Oxford UP, 1928, p. 500 *sq*.
3. *Les Guêpes*, 1194 *sq*.

effet de l'homme primitif qu'à la deuxième génération (cf. 90 *e* 6-91 *a* 1). La métaphore militaire est encore filée quand il est question de la cavité (κύτος) de la cuirasse (69 *e* 6) [1]. Le tronc est divisé en deux pièces par une cloison constituée par le diaphragme. Ces deux pièces sont comparées au logement des hommes et à celui des femmes dans la maison grecque. Sans aller jusqu'à parler d'une âme mâle et d'une âme femelle, il faut, contre Archer-Hind [2], faire correspondre la masculinité (70 *a* 1) au courage viril (*andreia*, *a* 3). Le diaphragme joue ainsi un rôle important dans l'économie du corps humain et par suite dans la partie mortelle de l'âme humaine. Il sépare en effet ce qui relève de la raison, à savoir, soit l'esprit *(noûs)*, qui la détient et qui l'émet depuis la tête où il trône, soit le *thymos*, qui est au moins susceptible d'« entendre raison » (70 *a* 5), d'une part, et d'autre part ce qui est définitivement incapable d'y comprendre quoi que ce soit (71 *a* 3 *sq.*, 77 *b* 5 *sq.*). Cette puissance sourde est logée dans l'abdomen :

> la partie de l'âme qui a l'appétit (ἐπιθυμητικὸν) du manger, du boire, et de toutes ces choses dont la nature du corps lui fait éprouver le besoin (ἔνδεια), ils l'ont établie dans l'espace intermédiaire entre le diaphragme et la frontière du nombril ; c'est comme une mangeoire que, dans toute cette région, pour la nourriture du corps ils ont construite. Et ils

1. Cf. Aristophane, *Paix*, 1224 – scène dans laquelle Trygée se sert de la cuirasse comme d'un ὄχημα. Cf. *Politique*, 288 *a* 10 et J.B. Skemp, *Plato's Stateman*, a Translation of the *Politicus* of Plato with Introductory Essays and Footnotes, Londres, Routledge & Kegan Paul, 1952, *ad loc.*, p. 180.

2. Cf. Th.H. Martin, *op. cit.* (en note 3, p. 158), t. II, p. 295 *sq.*, 298 *sq.* ; R.D. Archer-Hind, *op. cit.* (en note 1, p. 152), p. 257 *b*.

> ont attaché là cette sorte d'âme, comme une bête sauvage, mais qu'il est nécessaire (ἀναγκαον) de nourrir en la tenant attachée, s'il doit jamais subsister espèce mortelle. Afin donc que, toujours à paître auprès de sa mangeoire, logée le plus loin possible de la partie qui délibère et lui apportant le moins possible de trouble et de bruit, elle laissât cette partie maîtresse délibérer en paix sur les intérêts communs du tout et sur ceux des parties, pour ces raisons ils lui ont assigné cette place [1].

Timée ne s'arrête pas à cette séparation. Au contraire, il explique qu'il existe une médiation entre ce qui pourrait sembler inconciliable : le foie est logé juste au-dessus des intestins afin de pouvoir transmettre à la partie appétitive, qui est essentiellement irrationnelle, quelques images venues de la raison (71 *a* 6 *sq.*, *b* 3). Par l'entremise du rêve et de la divination, la raison, usant tour à tour de la menace et de la douceur, parvient à tenir tant soit peu en respect les désirs logés dans les entrailles. Le diaphragme n'est donc pas que la cloison que son nom indique. Il a aussi une fonction médiatrice. Retrouvant le vieux sens du mot qui le désigne, *phrenès*, Platon fait de la région du corps ainsi nommée le lien avec la *phronèsis* de ce qui en est privé (71 *d* 5, *e* 4). Le diaphragme et la région qui est la sienne concilient le mieux possible la raison et la nécessité. Si maintenant nous comparons la place du diaphragme dans l'organisme humain avec la composition du monologue de Timée, nous constatons qu'elle est occupée dans cette dernière par l'articulation qui nous avait arrêté tout à l'heure, et qui, en 68 *e* 1, annonçait à l'intérieur de la seconde partie une subdivision destinée à montrer la collaboration de la raison et de la nécessité.

1. *Timée*, 70 *d* 7-71 *a* 3 ; trad. Moreau, p. 496.

Timée ne dit pas si le diaphragme sépare le tronc en deux parties strictement égales. Si nous le supposons, constatons que le centre exact de la deuxième partie tombe en 70 *c* 3. Si nous comparons au *Doryphore* (qui n'est ici, répétons-le, qu'un exemple), nous tombons sur la limite supérieure du diaphragme. Le rôle de cette région du corps, d'après ce qu'en dit Timée, est ainsi de réaliser concrètement dans l'homme ce dont la seconde sous-partie de la deuxième partie de son exposé a pour but de donner la présentation théorique, à savoir l'influence de la raison sur la nécessité. Cette influence s'exerce par le truchement d'une persuasion (cf. 48 *a* 4, 56 *c* 6). Le *logos* se fait rhétorique pour affronter ce qui lui résiste ou, du moins, ce qui ne lui est pas spontanément acquis [1]. De même, le foie agit sur le désir irrationnel par les moyens de la rhétorique [2]. Ce qui est vrai dans le corps humain correspond à ce qui se passe dans l'Univers et dans le dialogue qui le décrit : le démiurge reçoit ce que lui remet la nécessité qui découle de la nature des choses, et ordonne ce donné brut pour en faire l'œuvre la plus belle possible. La partie qui rend compte de cette coopération s'ouvre à la place qu'occupe dans le corps humain le diaphragme qui y joue le même rôle.

1. Ce détour est d'ailleurs essentiel pour la connaissance de soi-même du *logos*, comme c'est le cas dans le *Phèdre* pour l'âme.

2. Cf. ψυχαγωγεν en 71 *a* 7 avec les occurrences de ψυχαγωγία en *Phèdre*, 261 *a* 9 et 271 *c* 10.

6. L'abdomen

La seconde partie de l'exposé de Timée est donc analogue au tronc humain, tel qu'il y est décrit, quant à la place et à la fonction de son articulation majeure. Nous pensons, maintenant, que le parallélisme se poursuit quant à ce sur quoi s'achèvent ces deux structures. Toutes deux se terminent par une sorte d'appendice : Timée indique qu'il en a presque fini avec la tâche qui lui incombait d'exposer la formation de l'Univers jusqu'à la naissance de l'homme (90 *e* 1-3). Il ajoute cependant un développement sur la sexualité et la reproduction. Ce passage correspond, par sa place, aux parties sexuelles, dont on ne sait pas trop bien si le mâle (cf. 75 *c* 7) primitif en est pourvu et, si non, où réside sa masculinité. Un passage comme 76 *e* 1, qui déclare que les démiurges prévoyaient la naissance de la femme à partir de l'homme primitif, et donc la reproduction sexuée, le suggère cependant. De même que le tronc humain se termine par les parties sexuelles, de même Timée achève la seconde partie de son exposé, et avec lui le dialogue tout entier, par l'étude de leur formation, de leur fonctionnement, et de leurs effets. Le passage qui leur est consacré occupe une place à peu près proportionnelle à celle qu'occupent dans le corps humain (masculin, en l'occurrence) les organes reproducteurs. Après une courte introduction qui annonce les thèmes (90 *e* 1-91 *a* 4), le passage se divise très naturellement en deux parties : la première porte sur l'opération de la reproduction, après avoir décrit les organes sexuels, surtout masculins (91 *a* 4-*d* 5) ; la seconde dresse l'arbre généalogique des avatars qui aboutissent à la création de toutes les espèces animales – à l'exception des plantes –

par dégénérescence à partir de l'homme primitif qui les contient toutes en germe (91 *d* 6-92 *c* 4). Ces deux paragraphes correspondent ainsi, respectivement, à la verge et aux testicules [1].

Nous nous fondons ainsi sur l'anatomie humaine, telle qu'elle est présentée par Timée lui-même, et sans nullement prétendre que son exposé est complet [2]. Il est permis de penser que les organes que Timée éprouve le besoin de situer avec quelque précision correspondent eux aussi à certains contenus de son discours. Ainsi, quant à l'abdomen, les intestins sont situés par lui, dans le passage que nous venons de reproduire, « dans l'espace intermédiaire entre le diaphragme et la frontière du nombril » (70 *e* 1 *sq*.). L'expression *ὁ πρὸς τὸν ὀμφαλὸν ὅρος*, mot à mot « la limite vers le nombril », indique nettement qu'il y a une limite. Mais elle est vague et curieusement contournée, même si son référent est rendu clair par le parallélisme fourni par 77 *b* 4 *sq*. On peut se demander si ce manque de clarté ne serait pas dû au fait que l'homme que les dieux façonnent, et qui n'est pas né d'une femme, n'a aucune raison d'avoir un nombril [3]. Ou, s'il en est pourvu, la présence de celui-ci doit être

1. Platon ne les mentionne pas dans le *Timée*, ni ailleurs dans son œuvre, mais la médecine grecque d'avant Platon les considérait traditionnellement comme le réceptacle de la semence qui, selon les auteurs, se forme dans le cerveau (Alcméon) ou se rassemble depuis tout le corps (Démocrite), et qui est acheminée jusqu'aux testicules par l'intermédiaire de la moelle épinière (cf. Diogène d'Apollonie, DK 64 B 6). Cf. Hippocrate, *De la nature de l'homme*, VI, 58, 7 ; *De la génération*, I, 3 ; II, 1.

2. Quel est, par exemple, le rôle des reins, mentionnés en 91 *a* 5, mais nulle part expliqués, comme si l'homme n'était vu que de face ?

3. Cf. A.E. Taylor, *op. cit.* (en note 2, p. 178), p. 502.

non la trace d'une utilité passée, au moment de la gestation, mais le signe d'un avenir. Il doit en être de l'homme que fabriquent les démiurges comme de celui que fabrique Apollon, pour le mythe que raconte Aristophane, dans le *Banquet* : son nombril est le rappel d'une opération passée (191 *a* 4 *sq*.) et le signe permanent de la finitude. Dans le *Timée*, il ne peut rappeler la naissance pour l'homme de la première génération, qui n'est justement pas né. Mais il rappelle la menace de la mort. Si maintenant nous cherchons quelle est la place que devrait occuper le nombril, ou plutôt son équivalent, dans le dialogue, cette place doit être située à mi-chemin entre la moitié de la seconde partie (le « diaphragme ») et sa fin. Là aussi, Timée ne précise pas où se situe cette « limite » dont il parle. Si nous procédons, comme pour le diaphragme, au calcul et à la comparaison avec le corps humain, nous trouvons qu'ils se confirment l'un l'autre. Le compte des lignes place le milieu de tout ce qui suit 70 *c* 3 en 81 *c* 7. C'est, à deux lignes près, le centre du petit passage sur le vieillissement et la mort (81 *b* 4-*e* 6) : le premier est dû à l'affaiblissement des triangles, qui ont soutenu tant de combats, dont l'agonie est le dernier. Un autre exemple est fourni par le passage qui suit immédiatement le « nombril » – la mort : cette partie, qui dans le dialogue correspond au bas-ventre de l'homme, est consacrée aux maladies (81 *e* 7-87 *b* 9) et, plus succinctement, à leur thérapeutique (87 *c* 1-90 *d* 7). Les maladies et les blessures amènent une mort douloureuse (81 *e* 2 *sq*.). Or, le bas-ventre est l'endroit où une blessure est la plus douloureuse, comme le savent les Grecs depuis au moins l'*Iliade* : « entre les bourses et le nombril, [à] l'endroit où Arès est le plus douloureux – de beaucoup – pour les misérables mortels » (13, 568 *sq*.).

7. *Le thorax*

Voici donc les équivalences que nous suggérons pour l'abdomen. Pouvons-nous en trouver pour le thorax (au sens moderne de ce terme) ? Si notre schéma est exact, il doit correspondre au début de la seconde partie. Pouvons-nous retrouver, dans la partie afférente de l'exposé de Timée, une structure analogue à celle qu'il dégage pour le corps humain ? Le passage où il décrit le thorax est le suivant :

> la partie de l'âme qui a part au courage et à l'emportement, avide qu'elle est de dominer (φιλόνικος), ils l'établirent plus près de la tête, entre le diaphragme et le cou, afin que, docile à la raison, elle pût de concert avec elle contenir par la force l'espèce des appétits, lorsque, du haut de l'Acropole, les ordres de la raison n'auraient plus moyen d'obtenir d'eux une obéissance de bon gré consentie. Quant au cœur, point d'attache des veines et source du sang qui circule impétueusement par tous les membres, ils l'ont installé comme au poste des gardes [1].

La comparaison avec une cité, et surtout avec la cité de la *République* et ses trois classes, est trop évidente pour qu'il soit nécessaire de la souligner encore une fois. L'image est parlante, mais elle a l'inconvénient d'offusquer la précision de la description. On aimerait pouvoir localiser le cœur. Mais où situer ce « poste des gardes » – mot à mot, l'habitation des doryphores [2] ? Ce qui est vrai dans l'anatomie humaine ne figure pas explicitement dans les textes platoniciens. Si le cœur se situe à mi-chemin entre le cou et le diaphragme, nous aurons à chercher ce

1. *Timée*, 70 *a* 2-*b* 3 ; trad. Moreau, p. 495.
2. Cf. *Critias*, 117 *c* 7.

qui lui correspond dans le dialogue au milieu de la première section de la seconde partie. En divisant par deux ce qui va jusqu'à 70 *c* 3 (milieu de toute la seconde partie), on obtiendra comme milieu la ligne 59 *a* 7. Si en revanche on arrête la partie à diviser à 68 *d* 8, on obtiendra 58 *b* 7. Le contexte de ces occurrences est formé d'un groupe de passages expliquant les modifications des quatre corps fondamentaux : *(a)* 56 *c* 8-57 *c* 6 décrit la « guerre chimique », les combats (cf. *μάχεσθαι* en 56 *e* 5, 57 *a* 7, *b* 4), les avantages remportés (*κρατεν* en 56 *e* 6, 57 *b* 2.7), les victoires et les défaites (*νικᾶν* en 56 *e* 5, 57 *b* 6), la fuite (*ἐκφεύγειν*, 57 *b* 6), voire la capitulation volontaire (cf. 57 *b* 1) des uns et des autres ; *(b)* 57 *d* 7-58 *c* 4 explique la perpétuité du mouvement des corps élémentaires par le mouvement circulaire de l'Univers (*περίοδος*, 58 *a* 5) ; *(c)* 58 *c* 5-59 *a* 9 évoque les différentes espèces de feu et leur action sur les substances aqueuses qu'il fond, et qui se solidifient après son départ. On pourrait à la rigueur faire correspondre ces éléments, respectivement, au goût du *thymos* pour la victoire (cf. *φιλόνικον* en 70 *a* 3), à la circulation du sang (*περιφέρεσθαι* en 70 *b* 2), et à la chaleur innée du cœur (*μένος* en 70 *b* 4.7, *πῦρ* en *c* 3). Ces rapprochements, de toute évidence, sont loin d'être aussi nets que certains de ceux que nous avons relevés jusqu'à présent. On peut donc se demander si le schéma que nous supposons ne se vérifie pas pour le thorax, par exemple à la suite de l'interférence avec lui d'autres contraintes de composition ; ou bien si le fait que rien, dans l'exposé de Timée, ne correspond nettement au *thymos*, est lui-même porteur d'un quelconque enseignement – question que nous laisserons ouverte.

8. La tête

Jusqu'à présent, nous avons tenté de rapprocher le plan du discours de Timée avec la structure du corps humain. Ce qui a été fait pour la découpe générale et pour le tronc peut-il se poursuivre en ce qui concerne la première partie de l'exposé de Timée, qui devrait, si notre idée est juste, correspondre à la tête ? Ce qui nous a semblé assez clair pour la tête en général doit se retrouver dans le détail des parties du crâne humain, et, par suite, dans celui du plan de la première partie. Mais, dans ce domaine, la tâche est rendue plus difficile par le fait que Timée ne nous donne pas d'indications sur la structure interne de la tête, alors qu'il explique assez longuement pourquoi elle n'est pas protégée par plus de chair, pourquoi elle repose sur un cou tendineux, pourquoi elle est couverte de peau et de cheveux (75 *b* 2-76 *d* 3). Nous sommes donc obligé de nous fonder sur la forme de la tête, telle que nous la connaissons, sans pouvoir garantir nos considérations par aucun texte du *Timée*. Il est raisonnable de supposer qu'il en est de la tête humaine comme du tronc, en ce sens que tous deux sont divisés en deux parties – fait que Timée ne mentionne que pour le dernier (cf. 69 *e* 6, déjà cité). Pour l'observateur extérieur, la tête est divisée en deux parties à peu près égales par la ligne des yeux – c'est en tout cas ce que l'on peut constater pour le *Doryphore*. De l'intérieur, elle est divisée en deux parties inégales par le palais, qui forme la limite inférieure de la cavité crânienne. Si l'on divise la première partie de l'exposé de Timée en deux parties égales, le milieu tombe en 37 *c* 5. Il s'agit de l'endroit où la description de la fabrication et du mouvement des cercles de l'âme du monde cède la place au passage qui contient la célèbre définition du temps. Si l'on y regarde de plus près [1], on s'aperçoit d'ailleurs que l'accent, dans ce long passage (37 *c* 6-39 *e* 2), est moins sur le temps que sur la fabrication de la voûte céleste et des astres qui s'y déplacent – en un mot, du ciel *(ouranos)*. Il se trouve que ce mot est également la seule façon, en bon grec, de désigner le sommet de la cavité buccale, ce que nous appelons le palais [2]. Il se pourrait ainsi que la partie consacrée au ciel corresponde à la place du palais dans la tête, peut-être même à sa fonction de limite entre la pensée et son expression dans la parole, de même que les mouvements ordonnés du ciel expriment l'âme du monde. On pourrait aussi mettre ce passage sur le ciel en rapport avec les yeux, dont la place correspond mieux au centre de la première partie, et ce, même si la vision qui leur correspond n'est traitée que plus tard, et rejetée vers la fin de la première partie, pour des raisons qu'il est d'ailleurs possible de dégager. Le ciel constitue en effet l'objet privilégié de la vision (cf. 47 *a* 1-5), et privilégié en ce sens qu'il est celui qui permet de remonter de la perception à la pensée. En effet, si nous n'avions pas d'yeux pour voir l'ordre des phénomènes célestes, nous n'aurions pas de physique et pas de philosophie (*a* 8-*b* 2). La vue permet, pour le dire dans un vocabulaire mythique, de remonter du ciel au « lieu supra-céleste », de franchir le palais de l'Univers.

---

1. J'ai essayé de le faire dans mon travail sur la définition du temps dans le *Timée*, dans *Du temps chez Platon et Aristote*, Quatre études, Paris, PUF, 1982, p. 11-71.

2. Le mot est attesté en ce sens à partir d'Aristote. Il donnait lieu à des calembours, comme le montrent deux textes : *Athénée*, 8, 344 *b*, et *Anthologia graeca*, V, 105.

Nous avons fait remarquer que la première partie arrêtait son examen des sens logés dans la boîte crânienne à celui de l'ouïe. L'étude anatomique ne descend pas plus bas que la cavité bucco-nasale, exclusivement. Timée n'explique pas la nature du nez dans la première partie, qui ne fait allusion à la respiration que pour l'exclure, et avec elle son organe, du corps du monde (33 *c* 3 *sq.*). Mais cela ne suffirait pas pour interdire que l'équivalent d'un organe qui n'est pas étudié dans la première partie figure pourtant dans le plan de celle-ci. Or, ce n'est pas le cas pour le nez, auquel rien ne semble correspondre.

La bouche n'est pas étudiée dans la première partie, pas plus que le goût. Mais on peut lui trouver un équivalent dans celle-ci, au niveau de la composition. La tâche nous est facilitée par le fait que Timée consacre quelques lignes à cet organe, dans la seconde partie. Il y est caractérisé, d'une manière très intéressante, comme marqué par une dualité de points de vue, ceux du bien et de la nécessité. Nous y lisons en effet :

> Quant à ce qui nous sert de bouche (ἡ τοῦ στόματος ἡμῶν δύναμις), c'est en raison du nécessaire (τὰ ἀναγκαα) tout comme du meilleur (τὰ ἄριστα) que les dents, la langue et les lèvres y ont été ordonnées par nos ordonnateurs en leur actuelle disposition ; ils en ont ménagé l'entrée en vue du nécessaire, la sortie en vue du meilleur : nécessaire (ἀναγκαος) est en effet tout ce qui y entre, par l'aliment qu'il apporte au corps ; mais le flot des paroles (λόγοι) qui s'épanche au-dehors et se met au service de la pensée (φρόνησις), est le plus beau (κάλλιστος) et le meilleur (ἄριστος) des épanchements [1].

1. *Timée*, 75 *d* 6-*e* 5 ; trad. Moreau, p. 502.

La bouche a, parmi les organes, ce privilège de se trouver au point de rencontre des deux optiques dans lesquelles le *Timée* considère l'Univers, et qui gouvernent respectivement la première et la seconde partie de l'exposé présenté par le personnage qui lui donne son nom. La bouche sert au bien pour le langage, au nécessaire pour la nourriture [1]. Elle unit de façon paradoxale le noble et le vil, de la même manière que les organes sexuels [2]. La seule différence indiquée par Timée étant celle de la direction, entrée ou sortie [3], il importe au plus haut point de distinguer ces deux directions, pour pouvoir distinguer ce qui entre et ce qui sort. Or, c'est justement cette distinction que le passage, étudié au début, sur la forme du monde, brouillait. En effet, parler d'« un organe pour prendre la nourriture à ingérer, et celle dont une fois il aurait retiré le suc, la rejeter » (33 *c* 4-6) aboutit à laisser dans l'ombre le fait, pourtant capital, que l'ingestion et la déjection ne se font pas au même endroit. Ce n'est que dans la seconde partie que les deux seront distingués de façon explicite. Dans la première partie, cette distinction ne peut être nette, le point de vue de la nécessité n'étant pas encore nettement distingué de celui du bien. Cependant, il nous semble que la première partie distingue ces deux points de vue *implicitement* si, comme nous le pensons, on peut y trouver, caché dans son plan, un équivalent de la bouche : celle-ci est représentée par *deux* passages. Ceux-ci, qui d'ailleurs se suivent presque immédiatement et sont de longueur presque égale, sont les

1. Cf. Aristote, *De l'âme*, II, 8, 420 *b* 18-20.

2. Cf. Hegel, *Phänomenologie des Geistes*, *WW*, t. II, p. 271 Glockner ; Baudelaire, *Mon cœur mis à nu*, XVIII.

3. Matthieu, 15, 11.

deux seuls discours que Timée met dans la bouche du démiurge. Le premier est adressé aux dieux chargés de fabriquer le reste des vivants (41 *a* 7-*d* 3) ; le second, aux âmes nouvellement mélangées à partir des reliefs de l'âme du monde (41 *e* 3-42 *d* 2). Le premier est au style direct, et nous entendons le démiurge parler avec la voix de Timée : le second est au style indirect, et les paroles du démiurge nous sont rapportées par les mots de Timée. Le contenu du premier discours a pour principe le bien : si les dieux ne sont pas tels que le démiurge ne puisse, *de potentia absoluta*, les défaire, défaire ce qui est fait conformément à la beauté *(kalôs)* serait d'un être mauvais (41 *b* 2). Or, le dieu est bon (29 *e* 1). Le souci qui préside à la fabrication de l'Univers est celui du maximum de perfection dont il est capable (41 *b* 9 *sq*.). L'homme a pour but d'imiter ce qui en lui est divin (41 *c* 7 *sq*.). Le second discours, quant à lui, se règle sur la nécessité : les âmes doivent être implantées dans des corps parce qu'il est nécessaire qu'il en soit ainsi (ἐξ ἀνάγκης, 42 *a* 3), et, une fois incarnées, celles-ci subiront tous les effets de cette incarnation, tout ce qui s'ensuit nécessairement (ἀναγκαιον, *a* 5 et cf. 69 *c* 8-*d* 6). Ce second discours dévoile ce que l'autre cachait sous l'apparence de la beauté : de l'homme sortiront successivement la femme, puis les autres espèces animales, suivant que celui-ci se sera montré plus ou moins digne du rôle qu'il a à jouer, et que Timée résume implicitement par l'idée de courage (cf. 90 *e* 7). Il laisse même deviner ce qu'il ne dit pas, à savoir que l'Univers n'est parfait, c'est-à-dire contenant tous les animaux (41 *b* 7-*c* 1), que parce que l'homme, qui est gros de tous les animaux, a, par son imperfection, déclenché le processus qui les a fait sortir de lui. Le prix à payer pour la perfection de l'Univers est l'imperfection de l'homme, telle qu'elle est prévue dès le début par les démiurges (cf. 72 *e* 4 et 76 *e* 1). Le second discours est ainsi au service du premier, en ce que la nécessité aboutit au beau, comme c'est le cas dans la structure de l'Univers. Les deux discours, par leur style comme par leur contenu, correspondent donc aux deux fonctions de la bouche, telles que les distingue Timée. La bouche est le lieu où s'accomplit la persuasion de la nécessité par la raison, et elle constitue elle-même le meilleur exemple de ce à quoi peut aboutir une telle persuasion : l'organe qui représente le comble du nécessaire, le besoin de se nourrir, est en même temps celui que la raison a pu transformer pour le mettre le plus parfaitement à son service.

Nous pouvons peut-être revenir maintenant sur l'absence, assez frappante, du nez ou de son équivalent dans cette première partie du discours de Timée, et proposer une hypothèse. Le nez est dans le visage l'intermédiaire entre les yeux et la faculté théorétique d'une part, la bouche et le besoin, d'autre part [1]. Il joue dans la tête le même rôle que celui que joue, dans le système d'ensemble des parties de l'âme, le *thymos* dont il est d'ailleurs l'affleurement [2]. Or, la première partie du *Timée* manque justement de ce qui correspond au *thymos* – le contenu de la partie qui en est l'équivalent. C'est pourquoi le dialogue ne pourra renouer avec la tête qu'après avoir introduit ce qui correspond au *thymos*. De ce point de vue, on pourrait peut-être comprendre pourquoi rien, dans l'économie de la première partie, ne correspond au nez.

1. Voir Hegel, *Ästhetik*, *WW*, t. XIII, p. 389 *sq*. Glockner.
2. Voir Homère, *Odyssée*, 24, 318 *sq*.

9. *Conclusion*

Nous avons ainsi fait correspondre terme à terme certains éléments du *Timée* et certaines parties, articulations et organes du tronc et de la tête humains. Nous pouvons maintenant résumer ces correspondances en une figure.

Le corps humain représenté est celui du *Doryphore*. Nous le choisissons, encore une fois, pour des raisons de convenance, et sans nullement prétendre que Platon se serait réglé sur un canon déterminé plutôt que sur la vérité de tout homme. Le parallélisme nous semble assez net pour pouvoir être considéré comme une des clés de la composition du *Timée*. Nous disons « une des clés », car il est clair que d'autres soucis viennent interférer avec celui de décalquer le corps humain, et que, par suite, la clé que nous proposons ne saurait prétendre expliquer tout le contenu du dialogue. Ces autres impératifs peuvent être de différentes sortes : le genre littéraire que Platon a choisi d'imiter, celui du traité *peri physeôs*, imposait certains thèmes.

On peut également repérer dans le détail certains choix de composition qui s'expliquent par l'enseignement que Platon souhaitait faire porter à son dialogue. Par exemple, et comme nous l'avons déjà vu, la présence d'un développement sur la vision à la fin de la première partie – donc ailleurs qu'à l'endroit qui correspond aux yeux – n'est sans doute pas étrangère à l'une des manières de rendre compte de ce qui manque à la première partie et, par suite, de la nécessité de passer à une seconde méthode d'explication. Il resterait à se demander pourquoi Platon a choisi, si notre hypothèse est bonne, de donner à son dialogue une forme humaine. La réponse à cette question exigerait une interprétation d'ensemble de l'enseignement du *Timée* qui dépasserait le cadre de cet article.

La cosmologie finale du *Sophiste*

(265 *b* 4-*e* 6)

Le but de la note qui suit est simplement d'attirer l'attention sur un passage du *Sophiste* de Platon : les pages 265 *b* 4 à *e* 6, qui forment la première moitié (hormis les quatre premières lignes) du paragraphe 49 du découpage traditionnel. Ce morceau se trouve communément négligé par les commentateurs, à ma connaissance (et à celle des répertoires spécialisés, comme par exemple celui de la revue *Lustrum*) depuis une bonne trentaine d'années. On peut comprendre les raisons de cette omission : les philosophes, le plus souvent, et avant tout ceux de la tendance que l'on étiquette aussi commodément que caricaturalement comme « analytiques », ne lisent du *Sophiste* que quelques pages qu'ils considèrent comme cruciales, et qui portent sur les cinq genres, la négation, le sens du verbe « être », etc. – problèmes avec lesquels notre passage n'a, à première vue, rien à voir [1]. Par ailleurs, ceux, et ils ne sont pas si nombreux, qui se donnent la peine de fournir de tout le *Sophiste*

1. Il y a en fait un lien, que nous ne pouvons ici que signaler sans l'étudier : la conquête de la notion de non-être explique, dans le cas de la production, *d'où vient* ce qui est (cf. E.N. Lee, « Plato on Negation and Not-Being in the *Sophist* », *The Philosophical Review*, 81 [1972],

un commentaire suivi, semblent curieusement pressés d'en finir, et passent rapidement sur les dernières répliques – non d'ailleurs sans imiter en cela les protagonistes mêmes du dialogue [1]. Il me semble que l'on passe de la sorte à côté d'un texte fort intéressant et, en particulier, lourd d'implications pour la signification de tout ce que Platon dit ailleurs à propos de l'univers physique. Je ne puis ici que donner quelques rapides indications, me réservant de revenir plus en détail sur le contexte de ce qui reste ici programmatique.

1. La production

Notre passage, donc, se situe au moment où il s'agit de cueillir enfin les fruits de la longue digression sur la possibilité du non-être. La négation de celle-ci par le sophiste interdisait de le caractériser comme un fabricant d'illusions verbales, d'« images dites (εἴδωλα λεγόμενα) »

p. 267-304, p. 299 *sq.*, et J.-F. Mattéi, *L'Étranger et le simulacre. Essai sur la fondation de l'ontologie platonicienne*, Paris, PUF, 1983, p. 328).

1. Les commentateurs modernes prennent sur ce point le relais des anciens : je n'ai pas pu étudier, évidemment, tous les auteurs susceptibles d'avoir cité le texte étudié. Signalons simplement qu'Aristote ne cite pas le passage (cf. H. Bonitz, *Index Aristotelicus*, 598 *b* 54-58), Plotin non plus (cf. l'index de l'édition Henry-Schwyzer des *Ennéades*, t. III, p. 455 *a*), et que, chose curieuse, il est absent du commentaire de Proclus au *Timée*. En revanche, on peut signaler la citation qu'en fait Stobée (cf. *infra*, note 1, p. 206) dans le cadre d'une doxographie destinée à montrer que Dieu est le créateur du monde qu'il gouverne par sa providence (I, p. 23) et qui s'ouvre par un passage du pseudo-aristotélicien *De mundo* (chap. VI), que suivent Xénophon, *Mémorables*, IV, 3, 3-6, notre passage, puis un fragment d'Onatas, enfin, un passage d'Arrien.

(234 *c* 6), puisque, pour celui-ci, on ne peut faire que ce qui est. La solution apportée au problème du non-être permet de reprendre la chasse et de procéder à une nouvelle division de l'activité productrice *(poiètikè)*. Nous nous attendons à ce que l'Étranger reprenne la division là où il l'avait laissée, et nous ne sommes donc pas surpris de le voir reprendre sa méthode dichotomique, et poser : « soient donc, pour commencer, deux parties de la technique *(technè)* productrice » (264 *b* 4). En revanche, nous partageons l'incompréhension de Théétète lorsque nous entendons l'Étranger proposer de diviser, non pas en production de réalités et production d'illusions singeant celles-ci, mais en productions divine et humaine (265 *b* 6). Cette distinction n'est préparée par rien dans ce qui précède [1] ; le *Sophiste*, jusqu'ici, ne parlait que de l'activité humaine de produire. De plus, elle n'est pas indispensable (pour dire le moins) à la capture du sophiste : il suffirait pour cela de distinguer production de la chose même et production de sa copie, en restant à l'intérieur de la façon humaine de produire. Introduire une étape intermédiaire est même dangereux, puisque, en commençant par opposer productions divine et humaine, on suggère que le phénomène humain de la sophistique possède une contrepartie du côté de la production divine, lui faisant ainsi un honneur qui jure avec la dépréciation dont il est l'objet pendant tout le cours du dialogue.

L'Étranger, pour s'expliquer, renvoie explicitement aux définitions précédentes. En l'occurrence, il demande à

1. En particulier, rien ne laisse entendre, dans notre passage, que les réalités sensibles seraient les copies des idées. Cf. W. Kamlah, *Platons Selbstkritik im Sophistes*, Munich, Beck, 1963, p. 15 *sq*.

Théétète de se rappeler la définition de « productrice » et se fonde sur celle-ci pour poser :

> Est productrice (ποιητικήν) [...], avons-nous dit, toute capacité (πᾶσαν [...] δύναμιν) qui, quelle qu'elle soit (ἥτις), devient à chaque fois (ν + subj.) responsable [ou « cause » (ατία)] pour les [choses] qui n'étaient pas auparavant, de devenir ultérieurement (265 *b* 8-10).

Comme chaque fois qu'un personnage de Platon demande à un autre s'il se souvient bien de ce qui a été dit, nous devons prendre la question aussi pour nous, et comparer les textes. Celui auquel il est fait ici allusion se trouve en 219 *b* 4 *sq*. Or, nous y lisons :

> Tout ce que, alors qu'il n'était (ὂν) pas auparavant, quelqu'un conduit ensuite vers l'être (οὐσίαν), nous disons, je crois, que celui qui le conduit le fait (ποιεν), et que ce qui est conduit est fait (ποιεσθαί).

Cette phrase ne dit pas exactement la même chose que celle qui nous occupe actuellement. 219 *b* 4 *sq*. définissait ce que c'est que « faire » ; 265 *b* 8-10 dit que tout ce qui est responsable, ou « cause » (ατία) du passage d'un non-être antérieur à un être postérieur, est productif. La notion de cause est ramenée de la sorte à celle de production. La causalité est réduite à quelque chose comme ce qui s'appellera plus tard la causalité efficiente. Une telle réduction se retrouve dans un texte que son sujet rend parallèle à celui qui nous occupe : *Timée*, 28 *a*. Le passage de l'idée de cause en général à celle de cause efficiente – en l'occurrence le divin artisan, le démiurge – était rendu inévitable par le glissement de sens à l'intérieur du verbe *gignesthai*, lequel passait de « devenir » (changer) à « advenir » (apparaître) en 28 *c*. Les autres figures de la causalité, telles qu'Aristote en donnera la formulation classique, ne sont nullement ignorées de Platon (qu'on songe par exemple à *Phédon*, 99 *a sq*.). Il n'est donc pas peu surprenant qu'un de ses personnages néglige, ici comme dans le *Timée*, de pratiquer une distinction pourtant possible, voire nécessaire [1].

2. La structure du créé

Une fois ce pas franchi – sans qu'il soit signalé –, l'Étranger va affirmer que le monde est l'œuvre d'un divin artisan. Voyons de plus près le contenu de ce monde, la nature de cette œuvre. Sont énumérés :

> Tous les vivants (ζῷα) mortels, et aussi (καὶ δὴ καὶ) les choses qui poussent (φυτὰ) aussi bien (τ') celles qui poussent sur la terre (ἐπὶ γῆς) à partir de semences et de racines que (καὶ) les choses inanimées (ἄψυχα) qui se constituent par concrétion (συνίσταται), [à savoir] des corps fusibles et non fusibles (265 *c* 1-3).

La traduction proposée demande quelques explications : je donne à φυτά un sens plus large que ne suppose

1. Sur le passage du *Timée*, cf. F.M. Cornford, *op. cit.* (en note 3, p. 150), p. 24 s. et R.G. Collingwood, *The Idea of Nature*, Oxford UP, 1945, p. 75. Je ne puis, ici comme dans ce qui suit, qu'esquisser très rapidement une comparaison entre notre passage du *Sophiste* et le *Timée*. Il est très regrettable qu'aucun des deux protagonistes de la controverse devenue classique sur la date du *Timée* n'ait fait la moindre mention dudit passage. Cf. G.E.L. Owen, « The Place of *Timaeus* in Plato's Dialogues », *Classical Quaterly*, 47 (1953), p. 79-95, et H. Cherniss, « The Relation of the *Timaeus* to Plato's Later Dialogues », *American Journal of Philology*, 78 (1957), p. 225-266, tous deux repris dans R.E. Allen (éd.), *Studies in Plato's Metaphysics*, Londres, Routledge & Kegan Paul, 1965, p. 313-338 et 339-378.

sa traduction habituelle par « plantes », et qui le fait englober deux sous-groupes, détachés par le balancement de la formule τ' … καὶ : d'une part, les plantes proprement dites, d'autre part les minéraux. Ce sens large de φυτά désigne tout ce qui pousse ou croît [1], que son augmentation se fasse à partir d'un germe qui se déploie de façon centrifuge [2], ou au contraire de façon centripète, par concrétion autour d'un noyau. De ces dernières réalités, on peut aussi dire qu'elles croissent. Ainsi les pierres qui, selon une physique postérieure, mais marquée par le platonisme, grandissent aussi longtemps qu'elles restent dans leur milieu nourricier, et cessent de le faire une fois qu'elles en sont arrachées [3]. Cette interprétation permet en tout cas d'obtenir une arborescence dichotomique parfaite, que l'on peut présenter comme suit :

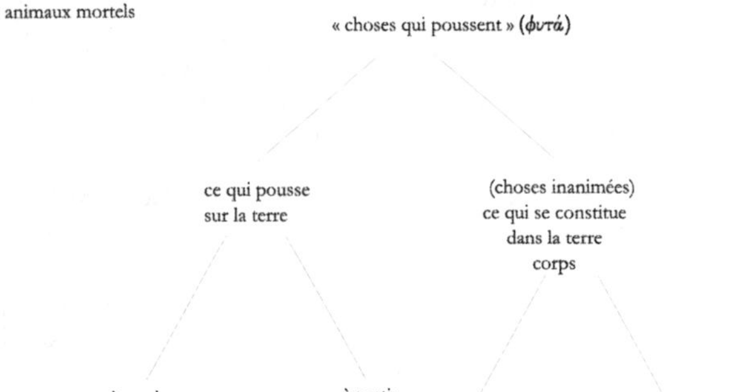

1. Cf. *LSJ*, s.v., II 1 (p. 1196 *a*). On ajoutera aux textes cités *Théagès*, 121 *b* 1 (avec G. Stallbaum, *ad loc.*, p. 232) et *Lois*, VI, 765 *e* 3.

2. Cf. Empédocle, DK 31 B 110, 5.

3. On rencontre cette idée surprenante chez Plotin, IV, 4 (28), 27, 9-11. Chez Strabon, elle sert à expliquer pourquoi certaines mines sont censées inépuisables (V, 2, 6 et VII, 5, 8). W. Theiler, *Die Vor-*

Cette dichotomie présente le schéma d'une science de la nature dont le *corpus* platonicien nous offre par ailleurs certains éléments, d'autres se trouvant à l'état de traces chez des penseurs postérieurs, mais ayant incontestablement subi l'influence de Platon. Ainsi, est directement attestable chez Platon le principe de la division des minéraux en fusibles (métaux) et non fusibles (265 *c* 3). Cette classification implique en effet la théorie de l'interaction des éléments telle que l'expose le *Timée* : la fusion résulte de l'action du feu et de l'eau sur la terre (60 *b*). La division (implicite) entre plantes poussant à partir de semences et plantes poussant à partir de racines est-elle platonicienne ? Nous savons par un fragment souvent cité du comique Épicrate que les chercheurs de l'Académie ne laissaient pas le règne végétal à l'abri de leur frénésie classificatrice ; par ailleurs, nous possédons des traces de l'ouvrage de Speusippe sur *Les Semblables*, et au nombre de celles-ci, au second livre de l'œuvre, figurent des fragments de classification botanique. Il n'est donc pas impossible que Platon ait regroupé sous le terme de ἴζα (« racine ») tout ce qui est responsable de la génération végétale sans être σπέρμα (« germe »), à savoir les rhizomes, marcottes, boutures, etc. [1]. La dichotomie située plus haut dans l'arbre, et qui oppose les réalités privées d'âme aux plantes, suppose tacitement une doctrine de l'animation des végétaux conforme à *Timée*, 77 *b*.

---

bereitung des Neuplatonismus, Berlin, Weidmann, 1930, p. 73-75, suppose ici l'influence de Posidonius.

1. Cf. respectivement, Épicrate, fr. 11 Kock, et L. Tarán (éd.), *Speusippus of Athens*. A Critical Study with a Collection of the Related Texts and Commentary, Leyde, Brill, 1981, fr. 6 et 7, p. 136 *sq.*, et 24, p. 139 (commentaire p. 245 *sq.* et 259). Sur l'usage large de ἴζα, cf. les références à Aristote données dans Bonitz, *Index Aristotelicus*, 690 *b* 25-30.

Par ailleurs, l'ensemble des divisions ainsi pratiquées se ramène à un principe unique. Celui-ci est la plus ou moins grande possibilité du mouvement. La dichotomie, une fois disposée comme nous l'avons indiqué, va du plus au moins mobile : les animaux sont de toute évidence plus susceptibles de se déplacer que tout ce qui pousse et reste « planté là » ; à l'intérieur des *φυτά*, les végétaux sont plus mobiles que les minéraux incapables de pousser des rameaux au-delà de leur point de départ, autour duquel ils ne peuvent que se rassembler ; parmi les végétaux, à leur tour, ceux chez lesquels se forme une graine détachable et susceptible d'être plantée à distance sont plus mobiles que ceux chez lesquels les racines restent sur place. Parmi les minéraux, de leur côté, certains sont au moins capables de changer, sinon de place, du moins d'état, grâce à l'action du feu, tandis que d'autres se voient refuser jusqu'à ce degré élémentaire de mouvement. Ce principe de classement n'est pas seulement cohérent ; il est de plus conforme à ce que nous savons par ailleurs du platonisme, et avant tout, à celui des doctrines tardives de Platon. On songe, par exemple, à la classification des différentes sortes de mouvement que l'on rencontre au livre X des *Lois*. Ici, le choix du mouvement comme principe de classification n'est pas sans renvoyer discrètement au sommet du mouvement dans la liberté suprême du « mouvement se mouvant soi-même ».

3. L'oubli du ciel

Une fois que l'on a dégagé le principe sur lequel est structurée la physique squelettique que nous présente ce passage du *Sophiste*, on peut en voir la relative étrangeté, et la cause de celle-ci.

L'Étranger précise le premier terme de la plus élevée de ses dichotomies en mentionnant les « animaux mortels ». Ce faisant, il laisse de côté les vivants immortels, qui font pourtant partie intégrante de l'univers platonicien, voire, qui y occupent la première place. Ces vivants immortels sont, bien entendu, les corps célestes, les astres [1]. La cosmologie que présente l'Étranger est donc une cosmologie tronquée. On le voit clairement si l'on compare l'énumération qu'il propose avec celles qui sont fournies ailleurs, et qui n'omettent pas les astres et/ou les dieux (cf. *Sophiste*, 234 *a* 3 *sq.* ; *République*, X, 596 *c* 5-9). La cosmologie de notre passage s'arrête aux habitants et composants de la Terre – en termes aristotéliciens, elle ne dépasse pas le sublunaire. Ce monde correspond, pour revenir à Platon, à ce qui, dans le *Timée*, est l'œuvre des dieux secondaires, alors que le Démiurge suprême se réservait la fabrication des corps célestes. On connaît l'étrange idée de Jamblique selon laquelle le sujet du *Sophiste* tout entier serait le démiurge du monde sublunaire [2]. Le passage que nous étudions ici, et son image du monde si étrangement étêtée, aurait pu lui servir de point d'appui.

1. Cf. *Timée*, 39 *e* 10, 40 *b* 5 ; *Lois*, X, 899 *b* 7. Sur la « vie » des astres, cf. *Épinomis*, 981 *e* 2-4.

2. Cf. *Iamblichi Chalcidensis in Platonis dialogos commentariorum fragmenta*, Edited with Translation and Commentary by J.M. Dillon, Leyde, Brill, 1973, p. 89 *sq.*, et commentaire p. 245-247. Pour le contexte dans le néoplatonisme, cf. W. Deuse, « Der Demiurg bei Porphyrios and Jamblich », dans C. Zintzen (éd.), *Die Philosophie des Neuplatonismus*, Darmstadt, Wissenschaftliche Buchgesellschaft, 1977, p. 238-278, surtout n. 75, p. 274-276.

Pourquoi en est-il ainsi ? Pourquoi cette omission ? Ce que le dieu-artisan du *Timée* doit fabriquer est le « monde », c'est-à-dire, selon la formule archaïque, « le ciel et la terre [1] ». Or, la juxtaposition de ces deux termes n'est pas sans faire problème, car les réalités qu'ils recouvrent sont, du point de vue de la physique ancienne, parfaitement hétérogènes : à la régularité des allures célestes, à la perfection de leur ordre, etc., s'opposent de façon tranchée le désordre et l'à-peu-près qui règnent ici-bas. Affirmer que le ciel est œuvre divine n'est pas trop difficile, et la *République* l'affirme à plusieurs reprises (VI, 507 *c* 6-8 ; VII, 530 *a* 5-7, 532 *c* 1). La difficulté commence quand le dieu est rendu responsable du ciel *et* de la terre. C'est ce que fait le *Timée*, mais non sans atténuer le malaise en répétant la dénivellation ciel/terre à l'intérieur même de la démiurgie divine grâce à l'introduction de démiurges secondaires, eux-mêmes créés. La difficulté doit enfin atteindre son comble là où il s'agit de ne faire porter l'affirmation de la causalité divine que sur le seul monde terrestre, en traitant le supralunaire par pure et simple prétérition. Et c'est exactement ce qui se passe dans notre passage du *Sophiste*.

Nous ne saurions donc mettre sur le même plan, sans précautions, l'affirmation de la « création » qui y est faite et la présence du démiurge dans le *Timée*, et encore moins celles que l'on trouve dans les dialogues (probablement) antérieurs. Il conviendrait au contraire de commencer par s'interroger sur la singularité de notre passage – et peut-être en prenant ce terme au pied de la lettre,

1. La formule se rencontre chez Platon en *Gorgias*, 508 *a* 3 ; *Euthydème*, 296 *d* 2 ; *Sophiste*, 232 *c* 4 ; *Timée*, 52 *b* 6 ; *Philèbe*, 28 *c* 3.

puisqu'il semble bien que l'idée qui s'y trouve impliquée ne se rencontre que là chez Platon [1].

4. La création comme question

Nous avons vu quel est le contenu de l'affirmation de « création » dans notre passage du *Sophiste*, et nous avons donné une idée de ce qu'elle a à la fois de délicat et d'important. Voyons maintenant la façon dont cette affirmation est présentée. La « création » n'est pas affirmée d'emblée, mais fait l'objet d'une question. L'Étranger ne la pose d'ailleurs pas sans indiquer la réponse – négative – qu'il attend :

> dirons-nous, peut-être (*μῶν*), que [ces choses], qui auparavant n'étaient pas, sont devenues ultérieurement par l'opération (*δημιουργοῦντος*) de quelque chose < ou quelqu'un (*τινὸς*) > d'autre qu'un dieu ? (265 *c* 3-5)

La réponse ainsi suggérée, selon laquelle un dieu est l'artisan du monde terrestre, s'oppose à ce que l'Étranger

1. Dans un article par ailleurs très remarquable, « The Creation Myth in Plato's *Timaeus* », dans J.P. Anton & G.L. Kustas (éds), *Essays in Ancient Greek Philosophy*, Albany, State University of New York Press, 1971, p. 372-407 (cf. p. 382 et n. 84 à 89, p. 399), L. Tarán fait remarquer que l'idée du démiurge se rencontre chez Platon ailleurs que dans le *Timée* (« avant » et « après » celui-ci, si l'on accepte la chronologie couramment admise). Le relevé des occurrences qu'il fournit me semble, d'une part, mélanger des passages se présentant eux-mêmes comme mythiques (*Politique* et, d'après l'auteur lui-même, *Timée*) à d'autres qui sont plus « dialectiques » (*République*, *Sophiste*), d'autre part ne pas distinguer *ce qui* à chaque fois est dit avoir été créé par un démiurge.

appelle « ce qu'admet (δόγμα) et affirme (ῥῆμα) la masse (τῶν πολλῶν) » (265 *c* 5).

Nous ne sommes pas immédiatement tenus au courant de ce que pense le vulgaire, car, si l'on en croit le texte des manuscrits [1], l'Étranger laisse sa phrase en suspens, et se perd dans ses pensées – assez longtemps, peut-on penser, puisque Théétète, pourtant placide et bien élevé, se permet de l'interrompre pour lui demander de préciser sa pensée. L'Étranger reprend donc à nouveaux frais (d'où une rupture de construction) : l'opinion déclarée du vulgaire est que

> la nature (τὴν φύσιν) les [*sc.* les choses de la terre] engendre (γεννᾶν) à partir de quelque cause spontanée (αὐτομάτης) et qui fait pousser sans réflexion (ἄνευ διανοίας φυούσης),

l'autre terme de l'alternative proposée étant que la nature les engendre « à partir d'une cause qui s'accompagne de raison (μετὰ λόγου), ainsi que d'une science divine venant d'un dieu (ἐπιστήμης θείας ἀπὸ θεοῦ γιγνομένης) » (265 *c* 7-9) [2].

Qui est le « vulgaire, la masse » (οἱ πολλοί), dont la doctrine ici exposée prend le contre-pied ? L'opposition du vulgaire et des gens distingués, en l'occurrence les phi-

1. Les manuscrits de Stobée, dans la citation qu'il fait de notre passage, au lieu de ποίῳ τῷ, ont ποιητῶν (« [la majorité] des poètes ») (*Ioannis Stobaei Anthologii Libri duo priores* [...], rec. C. Waschmuth, Berlin, t. I, 1894, p. 47, 12). L'éditeur de Stobée corrige à partir de la leçon des manuscrits de Platon.

2. Sur la construction de cette phrase, je renvoie à la discussion approfondie menée par J. Van Camp et P. Canart, *Le Sens du mot* ΘΕΙΟΣ *chez Platon*, Louvain/Paris, 1956, Publications universitaires, p. 201-206, n. 4.

losophes, est un trait courant de la pensée grecque classique, comme d'ailleurs de la philosophie pré-moderne en général, et elle se trouve à plusieurs reprises dans le *Sophiste* [1]. L'identification du « vulgaire » suppose que l'on a d'abord élucidé la nature de la doctrine qu'il soutient. Celle-ci ne consiste pas à accorder le rôle créateur à la nature, elle n'est pas un « naturalisme ». En effet, pour la théorie qui s'oppose à elle, et qui a la faveur de l'Étranger, c'est aussi la nature qui engendre les choses. La différence est que, dans le premier cas, elle est laissée à elle-même, alors que, dans le second, elle se règle sur « le *logos* et la science divine qui vient d'un dieu ». La « nature » dont il est ici question n'est pas caractérisée de façon plus précise, mais il n'est pas interdit d'y voir, soit une préfiguration, soit un écho, de l'« âme du monde »

---

1. Cf. H.D. Voigtländer, *Der Philosoph und die Vielen*, Die Bedeutung des Gegensatzes der unphilosophischen Menge zu den Philosophen (und das Problem des Argumentum e consensu omnium) im philosophischen Denken der Griechen bis auf Aristoteles, Wiesbaden, Steiner, 1980, XIV-698 p., et p. 279 *sq.* sur notre passage. Autres occurrences de la même opposition en *Sophiste*, 216 *b* 8-*d* 2, 225 *d* 7-11, 228 *d* 6-11, 232 *b* 6-*c* 3, 254 *a* 4-*b* 2. Devant la récurrence de cette opposition, il est difficile de voir dans « le vulgaire » une allusion soit à un groupe déterminé parmi les philosophes – on pense avant tout aux atomistes –, soit à la majorité de ceux-ci (cf. respectivement, R. Muth, « Zur Frage der Erkenntnis der Naturgesetzlichkeit durch die griechische Philosophie bis Platon », dans R.M. & I. Knobloch [éds], *Natalicium Carolo Jax Septuagenario* a. d. VII Kal. Dec. MCMLV oblatum, Pars I, Innsbruck, Sprachwissenschaftliches Seminar der Universität, 1955, p. 111-122, p. 120, n. 18 – qui suppose une large diffusion de l'atomisme dans le public – et S. Rosen, *Plato's Sophist. The Drama of Original and Image*, New Haven, Tale UP, 1983 [ouvrage sur lequel cf. mon c.r. dans *Philosophischen Rundschau*, 1988, p. 69-75], p. 312).

qui sera au centre du *Timée* [1]. Dans ce cas, la cosmologie du Platon de la dernière période garderait une parfaite cohérence d'un dialogue à l'autre. Et par ailleurs, le schéma que nous avons identifié comme sous-jacent aux dichotomies de 265 *c* 1-3 ne serait que l'un des points sur lesquels la fin du *Sophiste* est en accord avec le *Timée* : on retrouverait dans les deux dialogues l'idée d'un principe subordonné – âme ou nature – recevant ses ordres d'un principe supérieur – le Démiurge dans le *Timée*, et, dans le passage qui nous occupe ici, celui qui est nommé simplement « un dieu ».

5. « Selon un dieu »

C'est la seconde fois qu'il est question d'un dieu. L'Étranger ne fait donc, à première vue, que reprendre là où il avait interrompu le cours de ses pensées. Cependant, pendant le temps de silence que nous laisse supposer Platon, une nuance nouvelle est apparue : alors que le dieu apparaissait d'abord comme l'ouvrier qui fabriquait le monde, il n'est plus ici que le point de départ d'une science, qualifiée de « divine », et qui est censée accompagner la production par la nature des choses de la terre. Un nouveau pas sera franchi lorsque Théétète donnera sa réponse. Examinons-en d'abord le contenu : le jeune homme affirme qu'il tient pour autorisée *(nomizein)*

1. Sur l'identification de la « nature » dont il est ici question avec l'âme du monde, cf. J.H.M.M. Loenen, *De Nous in het systeem van Plato's philosophie*, Onderzoekingen betreffende de verhouding nous-psyche, de ontwikkeling der teleologische natuurverklaring en haar plaats in het systeem, Amsterdam, s. d. (1951), p. 155-158.

l'idée selon laquelle lesdites réalités, « c'est bien selon un dieu qu'elles naissent (κατά γε θεὸν αὐτὰ γίγνεσθαι) » (265 *d* 3).

Je traduis ici de façon littérale ce que les mots κατά γε θεόν semblent signifier, en rendant l'emphase exprimée par la particule [1]. Mais il faut regarder de plus près le sens que produisent les mots, une fois qu'on les lit comme formant une expression stéréotypée. En effet, les traducteurs rendent le plus souvent κατὰ θεόν d'une façon trop lourde. C'est avant tout le cas de L. Robin, qui traduit par : « conformément à l'action d'un Dieu [2] ». L'expression κατὰ θεόν possède en effet une signification depuis longtemps reconnue par les lexicographes [3]. Celle-ci est d'ailleurs susceptible de nuances, qu'il vaut mieux classer. Nous le ferons ici en nous bornant au *corpus* platonicien. On peut distinguer : *(a)* les occurrences dans lesquelles on spécifie avec précision, de façon implicite ou explicite, le dieu selon lequel quelque chose se fait. C'est le cas, par exemple, de Socrate menant son enquête conformément à l'injonction du dieu de Delphes (*Apologie*, 22 *a* et 23 *b* 5 : κατὰ τὸν θεόν) ; il en est de même lorsque les âmes se

1. Cf. J.D. Denniston, *op. cit.* (en note 1, p. 114), p. 146. La place de γε est la place normale, et nous ne sommes pas en droit, me semble-t-il, de rendre cette particule, comme le fait S. Benardete, *The Being of the Beautiful*, Plato's *Theaetetus*, *Sophist* and *Statesman*, Chicago UP, 1984, t. II, p. 64, par « in conformity at least to a god ».

2. *Platon. Œuvres complètes*, *op. cit.* (en note 1, p. 147), t. II, p. 333.

3. Cf. *LSJ*, s.v. θεός, I a, p. 791 *b*. On lit déjà chez G. Budé, *Commentarii linguae graecae*, dans *Opera*, Bâle, 1557, t. III, col. 1366 : « Interdum κατὰ θεόν sic dicitur, ut κατὰ τύχην, et κατὰ δαίμονα, hoc est instinctu divino, divinitus. » Sur l'identification du dieu avec le hasard, cf. par exemple Xénophon, *Anabase*, V, 2, 24 et 25.

mettent à la suite de leur dieu de prédilection, dans le mythe de leur itinéraire céleste (*Phèdre*, 252 *d* 1 et 253 *b* 4). *(b)* Dans un second groupe de textes, le dieu est, au contraire, pourvu de l'indéfini τις. Κατὰ θεόν τινα ne signifie alors guère plus que : par hasard, souvent là où il s'agit d'une rencontre ou d'une découverte fortuite (cf. *Euthydème*, 272 *e* 1 ; *République*, IV, 443 *b* 8 *sq.* ; *Lois*, IV, 722 *c* 6 *sq.*). *(c)* Un troisième groupe de textes comporte exactement la même formule que celle qui nous a arrêté dans le *Sophiste*, soit κατὰ θεόν, sans spécification ni restriction. Nous y retrouvons la même liaison au hasard : en *Lois*, III, 682 *a* 2, il est dit de vers d'Homère qu'ils ont été dits « selon un dieu, d'une certaine façon, et selon [la] nature (κατὰ θεόν πως [...] καὶ κατὰ φύσιν) » ; au livre XII de la même œuvre, nous lisons que la cité des Magnésiens a une nouvelle fois été préservée selon un dieu – et c'est à propos d'un tirage au sort (946 *b* 6). De même, dans l'*Épinomis*, on a la formule : nous pratiquons tous l'agriculture « non par l'effet d'un art, mais par nature selon un dieu (οὐ [...] τέχνῃ ἀλλὰ φύσει κατὰ θεὸν) » (975 *b* 6).

On voit ainsi ce que l'utilisation de la formule κατὰ θεόν a de surprenant dans un contexte comme celui de notre passage. Il s'agit en effet de repousser l'idée selon laquelle le monde, ou du moins le monde sublunaire, aurait été le produit du hasard. Or, pour exprimer la théorie qu'il oppose à celle qu'il veut rejeter, Platon met dans la bouche de Théétète une expression qui signifie, le plus souvent, cela même qu'il s'agit de combattre. La déclaration du jeune homme prend en conséquence une allure singulièrement ambiguë : l'usage de l'expression κατὰ θεόν introduit entre ce que les mots semblent vouloir dire et ce que le stéréotype en était venu à signifier

– à savoir le contraire – une tension que seul le contexte permet de résoudre. Lue dans le cadre d'ensemble de la discussion sur la fabrication divine, nous ne pouvons plus comprendre la formule qu'au sens de « selon un dieu », mais ce n'est pas sans que son sens normal vienne introduire un contrepoint ironique dans tout le passage. La formule se défait pour ainsi dire une fois replacée dans son contexte, et dit, pour Platon comme pour le lecteur attentif, le contraire de ce que voulait dire l'interlocuteur mis en scène [1].

6. *La nature de Théétète*

Maintenant, ce que Théétète déclare ainsi tenir pour vrai ne lui vient pas, comme il l'explique lui-même, d'une réflexion sur les problèmes sous-jacents. Au contraire, s'il est prêt à reconnaître que le monde est « selon un dieu », c'est uniquement parce qu'il a lu sur le visage de l'Étranger que telle était son opinion (265 *d* 2 *sq.*) [2]. L'Étranger le loue de cette attitude, mais en même temps anticipe

1. Le procédé littéraire selon lequel un mot qu'un personnage emploie dans un sens en vient à signifier le contraire une fois replacé dans le contexte d'ensemble de l'œuvre n'est pas sans exemple. Cf., à propos de l'usage du terme *virtù* chez l'Ulysse de Dante et chez Dante lui-même, H. Friedrich, « Odysseus in der Hölle », dans *Romanische Literaturen*, Francfort-sur-le-Main, Klostermann, 1972, t. II, p. 71-118, surtout p. 102 *sq.*

2. Cf. S. Benardete, *op. cit.* (en note 1, p. 209), t. II, p. 162 *sq.*, sur le visage de l'Étranger, qui semble moins impassible *(poker-faced)* que celui de Socrate : Théétète n'avait pas pu deviner si Socrate exprimait sa propre opinion ou voulait simplement le mettre à l'épreuve (*Théétète*, 157 *c* 4-6).

sur ce qui devra rester la position de Théétète : la réponse donnée par le jeune homme lui semble plus que le résultat d'une admiration juvénile, mais correspondre à la nature profonde de son interlocuteur. Si Théétète a deviné la réponse de l'Étranger, celui-ci, de son côté, estime avoir percé à jour la nature de Théétète et être en mesure de prévoir comment elle se développera dans l'avenir : le caractère du jeune homme semble tellement formé (ou tellement facile à connaître) que ses opinions ne devraient guère changer avec l'âge [1].

Il est ainsi dans une situation inverse de celle que l'on suppose chez le jeune athée qu'il s'agit, au livre X des *Lois*, d'amener à résipiscence en le convainquant de l'existence, de la providence et de l'incorruptibilité des dieux. L'Étranger d'Athènes y mise sur le temps, qui, pense-t-il, amènera le jeune homme à modifier ses opinions sur plus d'un point (888 *a* 7 *sq*.). Dans notre passage du *Sophiste*, au contraire, l'Étranger d'Élée pense pouvoir faire l'économie d'un raisonnement démonstratif susceptible de contraindre l'adhésion de Théétète. Il en est ainsi, explique-t-il, à cause de la nature de son interlocuteur. C'est ce qu'il exprime en une phrase qui me semble très remarquable :

> Puisque je comprends à fond (καταμανθάνω) ta nature (τὴν φύσιν), [et] que, même sans les arguments (λόγων) [qui viendraient] de nous, elle s'avancera d'elle-même (αὐτὴ) vers les

1. On peut dire en général que le *Sophiste* suppose acquise la victoire de la manière philosophique de vivre et de faire usage du *logos*, et qu'il n'est plus question de convertir l'interlocuteur à celle-ci. Cf. E.M. Manasse, *Platons Sophistes und Politikos. Das Problem der Wahrheit*, s. l. (Berlin), 1937, p. 65 *sq*.

> choses [*sc.* les opinions] vers lesquelles tu dis que tu es attiré maintenant (265 *d* 8-*e* 2).

Les termes que Platon a choisi de mettre dans la bouche de l'Étranger ont quelque chose de paradoxal : ils reprennent en effet, avec un parallélisme frappant, ceux qui caractérisaient la thèse à laquelle tout le passage a pour but de faire pièce. L'opinion adverse suppose que, les choses, « la nature (τὴν φύσιν) les engendre à partir d'une cause spontanée (αὐτομάτης) et faisant pousser sans réflexion (ἄνευ διανοίας) ». Ici, la nature de Théétète est dite se porter d'elle-même (αὐτὴ πρόσεισιν) vers une certaine opinion qui l'attire irrésistiblement : les termes utilisés ne font guère que fournir une analyse étymologique de l'adjectif *automatos*. Elle s'y porte « sans [...] argument (ἄνευ [...] λόγων) », à la manière de la nature telle que la suppose le vulgaire, à l'opinion duquel s'oppose l'idée d'une nature agissant « avec réflexion (μετὰ λόγου) ». Nous sommes de la sorte invités à mettre en parallèle les deux occurrences du syntagme κατὰ φύσιν en 265 *c* 7 et *d* 8, en d'autres termes, à comparer la Nature qui produit les réalités sublunaires, d'une part, et d'autre part la nature de Théétète.

Cette comparaison fait apparaître un renversement digne d'être noté : la doctrine qui constitue le contenu de son opinion et la façon dont cette opinion s'est constituée sont en contradiction. En effet, c'est par la spontanéité de sa nature que Théétète reconnaît que la nature n'est pas une spontanéité. La nature de Théétète est semblable à celle que se représentent les partisans d'une causalité aveugle et inconsciente. Ceux-ci sont critiqués, dans notre passage, au nom d'un dessein rationnel et sachant ce qu'il mène à bien, et, du coup, la notion encore rudimentaire que « le vulgaire » se fait de la nature subit une correction décisive. Maintenant, faut-il supposer que la nature de Théétète, qui se caractérise par les mêmes traits que celle du « vulgaire », devra subir une critique analogue ? Si Théétète reçoit l'approbation de l'Étranger, c'est que le caractère spontané de sa réponse ne constituait pas en lui-même une objection : seule comptait la direction vers laquelle il se sentait poussé comme malgré lui. Cette tendance naturelle est-elle, à son tour, l'œuvre d'un dieu ?

7. *La physique comme morale*

Le *Sophiste* en reste, quant à la question de l'origine du monde, et plus spécialement du sublunaire, à la réponse de Théétète. L'Étranger laisse entendre qu'une démonstration de ce qu'il avance serait possible. La réponse du jeune homme nous en épargne en tout cas le développement. Nous en resterons sur la constatation de la bonne nature de Théétète, et aucune démonstration ne nous sera fournie. La question de l'Étranger reste donc posée. On peut certes donner de ce fait une explication psychologique et/ou biographique, et penser que le refus de Platon de donner une preuve de ce qu'il avance et la façon dont il se réfugie dans quelque chose comme un « fidéisme » témoignent d'une hésitation devant un problème dont il aurait estimé que les détails demandaient de plus mûres réflexions [1].

1. Cf. H. Gauss, *Philosophischer Handkommentar zu den Dialogen Platos*, III. *Die Spätdialoge*, 1, Bern, 1960, p. 143, et 2, 1961, p. 113

On peut aussi se demander si le vague dans lequel reste Platon, ou les personnages qu'il met en scène, est bien une étape provisoire, un stade de doute inconfortable hors duquel une enquête plus approfondie nous mènera, ou si, au contraire, l'absence de démonstration n'a pas une origine plus profonde. Il s'agirait alors d'une « exigence essentielle » qui, comme telle, serait « expressément dispensée de toute preuve, de tout "argument" [1] ». Il est cependant remarquable, pensons-nous, que cette exigence soit liée à la constatation, chez l'interlocuteur, d'un caractère déterminé. Tout se passe comme si la conception du monde adoptée dépendait avant tout de la nature de celui qui l'adopte, au sens de la célèbre phrase de Fichte selon laquelle le genre de philosophie que l'on choisit dépend du genre d'homme que l'on est. C'est en tout cas ce qu'indique le fait que cette conception est proposée au jeune Théétète, non d'une façon dogmatique et démonstrative, mais sous la forme d'une question [2].

(« fidéisme »). Le ton « personnel » du passage avait déjà été signalé par J. Stenzel, *Studien zur Entwicklung der Platonischen Dialektik von Sokrates zu Aristoteles*, Stuttgart, 1931² (= Darmstadt, Wissenschaftliche Buchgesellschaft, 1974), p. 47 et 116.

1. V. Goldschmidt, *Platonisme et pensée contemporaine*, Paris, Aubier, 1970, p. 43. Il est remarquable que les trois seuls exemples auxquels renvoie la note 10, à savoir, outre notre passage, *Philèbe*, 29 *c* fin et *Timée*, 29 *a*, contiennent tous des thèses « cosmologiques » sur la nature de l'univers sensible.

2. On peut comparer la façon dont ce passage présente une vision d'ensemble de ce qui est sous la forme d'une question avec la première présentation par F. Nietzsche, *Die fröhliche Wissenschaft*, IV, § 341, de la doctrine de l'éternel retour de l'identique, en 1882 : cette doctrine, qui fournit une théorie, évidemment diamétralement opposée à celle de Platon, sur la nature du monde sensible, est là aussi présentée sous la forme d'une question dont la réponse qu'on lui donnera déterminera en chaque cas la nature de l'interlocuteur.

S'il en est ainsi, une étude des déclarations portant sur l'univers sensible que l'on rencontre dans les dialogues de Platon devra tenir compte d'un fait dont on redécouvre depuis quelques décennies l'importance capitale pour l'interprétation de ceux-ci : cette évidence qu'aucun des personnages que Platon met en scène n'est lui-même Platon. Il s'ensuit que le point de vue de chaque personnage dépend au moins autant de sa nature (de son âme), telle que nous la présente Platon, qu'il ne traduit les opinions de celui-ci. On admet volontiers qu'il en est ainsi lorsqu'il s'agit d'interpréter les dialogues, peut-être écrits avant les autres, dans lesquels le rôle central est joué par un personnage habile en quelque technique, ou par un sophiste. On a plus de mal à l'accepter là où un personnage semble être le porte-parole de Platon : Socrate, dans tous les dialogues où il apparaît, ou encore l'Étranger d'Élée, Timée ou l'Étranger d'Athènes. Il se pourrait que l'interprétation de Platon doive ne pas faire d'exception pour les textes dans lesquels celui-ci semble présenter ses vues personnelles sur un domaine de la philosophie, et avant tout la cosmologie. Il se pourrait que la cosmologie que présente un personnage déterminé soit aussi dépendante de sa personnalité propre que le sont les idées que développe tel autre personnage platonicien, par exemple en matière de morale ou de politique. Le passage que nous venons de signaler semble en effet contenir l'ébauche d'une réflexion sur le lien qui existe entre la « vision du monde » (si l'on peut se permettre ici ce terme anachronique) d'un personnage et la nature de son âme.

Ce lien doit avoir une importance particulière dans toute cette tendance de la pensée grecque – tendance qui n'est pas la seule, mais qui exerça une influence prépondérante – qui conçoit la vie humaine à partir du modèle de l'Univers, et l'excellence de celle-ci comme une assimilation audit modèle [1] – et Platon se replace, semble-t-il, dans cette tendance. Pour qui accepte ce modèle de la vie humaine et de ce qui la rend authentiquement telle, n'importe quelle conception de l'Univers ne sera pas compatible avec l'excellence de la conduite humaine, et les doctrines les plus dangereuses en morale ou en politique seront, plus que toutes les autres, y compris justement les doctrines morales ou politiques, certaines conceptions cosmologiques, ou passant pour telles, qu'il faudra combattre par tous les moyens [2].

Réciproquement, les doctrines justes sur le sens de la vie humaine devront avoir pour fondement une théorie cosmologique déterminée.

Le lien dont nous parlons est un état de choses bien connu des lecteurs de Platon, qui d'ailleurs en reconnaît l'existence de la façon la plus explicite, dans l'idée que

1. Sur la « morale » comme imitation du monde, je me permets de renvoyer aux références fournies dans mon *Aristote et la question du monde*, *op. cit.* (en note 2, p. 99), p. 222, n. 40. À cette tradition s'oppose, ce que je ne puis ici que signaler, la ligne de pensée épicurienne. On notera le ton original de la réflexion de Marc Aurèle, IX, 28, qui réfléchit sur la liaison du cosmologique et du moral, mais pour les disjoindre : « le Tout – ou bien c'est Dieu, [auquel cas] tout est bien disposé ; ou c'est le hasard (τὸ εκῆ), d'une manière ou d'une autre, les atomes ou les indivisibles, [alors] ne sois pas, toi aussi, au hasard ».

2. Diogène Laërce, IX, 40, rapporte, selon Aristoxène de Tarente, que Platon aurait souhaité qu'on brûlât les œuvres de Démocrite (cf. B. Spinoza, *Lettre LVI*, fin). Une idée analogue se lit dans les dernières lignes de Marinos, *Vie de Proclos*, chap. 38 : ce dernier aurait souhaité qu'on interdît la lecture des œuvres de philosophes aux commençants, à l'exception de deux textes : les *Oracles Chaldaïques* et – cela me semble tout à fait significatif pour mon présent propos – le *Timée*...

nous venons de rappeler d'une imitation de l'Univers ordonné *(kosmos)* par l'homme vertueux, ainsi que par l'entremise même que couronne cette idée : celle du *Timée*, qui se propose de décrire l'Univers tel qu'il doit être si la vie vertueuse doit être possible. Maintenant, il conviendrait – et c'est là le but principal de la présente note – de garder également présent à l'esprit qu'une relation peut être parcourue dans les deux directions, et que, si l'homme vertueux est à l'image du cosmos, le cosmos doit aussi être à l'image de l'homme vertueux [1]. En d'autres termes, il se pourrait que la cosmologie de Platon soit beaucoup moins une physique qu'une morale et/ou une politique, et que son but soit avant tout de fournir une justification objective, parce que ancrée dans le cosmos, d'une pratique humaine [2].

1. Voir, ici même, « Sur le plan du *Timée* », p. 147 *sq*.

2. Il n'est pas exclu que Platon ait été tout à fait conscient de la nature du procédé qu'il mettait en œuvre. Cf. à ce sujet *Philèbe*, 28 *c* 6-8 – passage que je ne fais que signaler, me réservant de revenir ailleurs en détail sur lui et sur son parallèle chez Nietzsche, fragment de l'automne 1887, 10 [90], *KSA*, t. XII, p. 507 = *Wille zur Macht*, § 677.

ARISTOTE

La communauté humaine dans la philosophie grecque

Aucun texte n'est plus digne de nous introduire à une réflexion sur la communauté que le *texte fondateur de la politique occidentale*, la *Politique* d'Aristote. Il convient donc de l'interroger de notre mieux. Je me limiterai ici à ce qu'il y a de plus célèbre dans ce texte célèbre, à savoir le début. Et je ne prendrai en vue, dans ce texte inépuisable, que ce qui a trait à l'idée de communauté.

Non sans distinguer d'abord deux sens de ce terme. Il peut désigner en effet soit un groupe de partenaires ayant mis en commun un certain nombre de biens (par exemple la communauté européenne), soit le fait que ces biens sont en commun, ce que l'on pourrait appeler l'être-commun de quelque chose (par exemple le régime matrimonial de la communauté).

Au début de la *Politique*, Aristote parle de « communautés » *(koinôniai)* au premier sens, pour désigner différents types de groupements humains. Pour le second sens, il peut se contenter de dire « le fait que (telle chose) soit commune », ainsi quand il mentionne, pour la critiquer, la communauté des femmes et des biens dans l'utopie platonicienne. Mais il n'y a de groupes ayant quelque chose en commun que parce qu'il y a un être-en-commun de certaines réalités. La communauté au second sens est donc sous-jacente à la communauté au premier sens. Ainsi, je voudrais lire le début de la *Politique* en creusant d'un sens à l'autre du mot « communautaire », afin de chercher, sous chacun des types de groupement, le type d'être-en-commun qu'il suppose.

1. La genèse de la cité (polis)

On connaît le mouvement d'ensemble du texte : il commence par poser qu'une cité est une espèce du genre « communauté ». Or, toute communauté se constitue en vue d'un bien. La communauté la plus authentique devra donc viser le bien le plus authentique. Et cette communauté parfaite est la cité. C'est donc de la cité qu'Aristote nous propose une genèse idéale à partir de ses composantes.

(1) La première communauté est celle de la femme et de l'homme. Non pas, en rigueur de termes, « la famille », mais plutôt le couple parental. Aristote dit : le mâle et la femelle. Il s'agit de biologie en général.

Les deux ne peuvent exister l'un sans l'autre (I, 2, 1252 *a* 25 *sq.*). Cela ne vaut pas des individus mâles ou femelles, mais de l'espèce animale, dans sa division sexuelle. En effet, tout être vivant est né de deux autres êtres de la même espèce, l'un du sexe masculin, l'autre du sexe féminin. Les rôles sont fixes et prédéterminés par la nature – en tout cas en ce qui concerne la reproduction dans sa dimension biologique.

Le produit est l'enfant. Il est commun au père et à la mère, et il fonde une certaine communauté entre eux. Il suppose en effet, d'une part, une union biologique ponctuelle et dont la durée postérieure sera plus ou moins longue selon les mœurs animales, puis dans la société humaine. Il constitue d'autre part le résultat indivisible de cette communauté. La communauté n'est pas seulement préexistante à ce qu'elle produit, elle est concrétisée en lui. Père et mère sont comme fondus dans un indivisible produit. On ne peut pas déterminer ce qui dans l'enfant appartient au père et ce qui appartient à la mère.

Cependant, l'enfant reproduit la division originelle en étant soit mâle, soit femelle, mais jamais les deux à la fois. La communauté qu'il concrétise n'est pas seulement celle de deux individus. Elle dépasse ceux-ci vers l'espèce. Celle-ci constitue une troisième forme de communauté. Nous avons déjà parlé de l'activité que les parents exercent en commun (la vie sexuelle), de l'œuvre qu'ils produisent en commun (l'enfant) ; restait à mentionner, en arrière de ces deux communautés, l'espèce qui les marque en commun, et qui détermine aussi bien leur activité que leur produit.

(2) La deuxième communauté est celle du maître et de l'esclave. Sa présence chez Aristote nous gêne, autant l'avouer d'emblée. Mais il me semble qu'on peut l'isoler sans trop de peine du contexte historique pour n'y voir que la description de fonctions (« *job description* » serait le mot) qui peuvent être distinguées et réparties entre des actants dans des sociétés d'un autre type qu'esclavagiste.

Maître et esclave ne peuvent pas non plus exister l'un sans l'autre. Mais pas de la même façon que l'homme et la femme. Ceux-ci ne peuvent se passer l'un de l'autre pour être purement et simplement, pour exister ; le maître et l'esclave, en revanche, n'ont besoin de l'existence l'un de l'autre que pour être, non pas en général, mais ce qu'ils sont l'un par rapport à l'autre, à savoir maître ou esclave : il n'est pas de maître qui ne soit maître d'un esclave, il n'est pas d'esclave qui ne soit esclave d'un maître. Ils constituent, selon la rigueur du vocabulaire technique aristotélicien, des « relatifs » *(pros ti)* [1]. Cependant, cette relation n'est pas totalement inversable. Elle ne l'est que sur le plan logique. Mais le rapport qu'exprime le génitif se double dans une direction, et dans une seulement (« esclave *du* maître »), d'un rapport réel de possession (I, 2, 1254 *a* 11-13).

Eux aussi ont un but commun, à savoir la production de l'œuvre. Par rapport à celle-ci, les deux partenaires occupent une place prédéterminée par leurs dons réels ou supposés (l'un peut prévoir, l'autre a la force physique) [I, 2, 1252 *a* 31-34] ; ils ne sont pas inséparables de leur rôle. Et de fait, l'esclave peut être affranchi, tandis que le maître peut tomber en esclavage. L'œuvre accomplie est commune, mais elle émane plus directement de l'esclave. Il en est des services, auxquels Aristote pense avant tout quand il traite de l'esclavage (I, 2, 1254 *a* 5-8), comme de la fabrication d'objets. Pour ces derniers, seule est décisive l'apparition de la forme, et l'impact de l'outil est dans le sillage de celle-ci [2]. De même, le rôle du maître n'est pas visible ; il est seulement lisible sur l'œuvre. Le service rendu est bien le fait de l'esclave ; mais le fait même que l'œuvre est, l'existence de l'œuvre, dépend du maître qui en a commandé l'exécution. Cette existence n'est pas une

1. Cf. *Catégories*, 7, 6 *b* 29 *sq*.
2. *Parties des animaux*, I, 1, 641 *a* 12.

propriété visible de la chose ouvragée ou de l'action accomplie. Kant dirait que ce n'est pas un prédicat réel, *i.e.* un des éléments de l'effectif prédicatif d'un sujet [1].

(3) Ces deux premières communautés forment ce qu'Aristote appelle *oikos*, la *familia* au sens latin, ou la maison au sens où l'on parle de la « maison » du roi. En une troisième étape, une nouvelle communauté se constitue, qu'il appelle « village » *(kômè)*. Elle se forme, explique-t-il, « en vue d'un usage qui n'est pas simplement quotidien » (1252 *b* 16). Cela suppose un nouveau visage de la temporalité. Le bien produit devra être conservé pour pouvoir être échangé lorsqu'on en aura besoin.

Nous sommes en présence ici de ce que l'anthropologie moderne appelle l'échange des biens, des services, et des partenaires sexuels. En langage aristotélicien, on dirait que ce qui est mis en commun l'est entre maîtres de maison ou pères de famille, qui d'ailleurs coïncident. Il s'agit d'objets commandés par les maîtres et fabriqués par les esclaves ; il s'agit aussi de filles engendrées par les pères et enfantées par les mères. Cette mise en commun est d'un degré supérieur aux premières communautés, homme/femme ou maître/esclave. Elle est en effet une *mise* en commun en rigueur de terme, alors que la première était la nature commune du produit. Celui-ci n'avait pas besoin d'être *mis* en commun. Il était d'emblée l'œuvre commune des deux partenaires. Ce caractère commun restait cependant latent. À tel point que l'émergence de cette communauté doit prendre l'aspect d'une appropriation effectuée à son profit par l'un des deux

1. *Critique de la raison pure*, A 598 / B 626.

partenaires : le maître prélevant le travail de l'esclave, le père reconnaissant l'enfant de la mère.

Dans ce cas des rapports entre familles qui créent un village, il y a bien mise en commun d'un bien qui était d'abord la propriété privée d'une famille. Ce qui n'était pas commun le devient en un second temps. Ou plutôt, ce qui était commun à deux partenaires devient commun à un groupe plus large. Comment cette mise en commun peut-elle se faire ? C'est ici qu'intervient une dernière communauté, et c'est un détour par l'examen de celle-ci qui nous permettra de le comprendre.

2. Le logos

Il est en effet une dernière communauté. Il s'agit, bien entendu, de la cité. Elle est la dernière en ce sens qu'elle réalise un *nec plus ultra*, une perfection à laquelle on ne peut ni ajouter ni retrancher. C'est en ce sens que, selon une thèse célèbre d'Aristote, non seulement la cité est par nature (I, 2, 1252 *b* 30, 1253 *a* 2), mais encore, elle est plus naturelle (« antérieure par nature ») que les autres groupements humains qui la précèdent (1253 *a* 19). Or, en elle, les deux sens de « communauté » que nous avons distingués s'unissent de façon particulièrement étroite.

Aristote, en effet, justifie sa thèse célèbre selon laquelle l'homme est naturellement citoyen en lui adjoignant la seconde, non moins célèbre, des définitions ou caractérisations qu'il donne de l'homme : si l'homme est civique, c'est qu'il est aussi pourvu de *logos*. Et si l'homme a le *logos*, c'est qu'il a accès à ce que le *logos* peut exprimer, à savoir, en un premier temps, ce qui est profitable *(sumpheron)* et nuisible, en un second, ce qui est juste et injuste. En effet, l'homme se distingue de l'animal par un sens *(aisthèsis)*[1] particulier, celui du bien et du mal, du juste et de l'injuste, et autres. Or, termine Aristote, « c'est le caractère commun *(koinônia)* de ces choses qui constitue la famille *(oikia)* et la cité » (I, 2, 1253 *a* 18 *sq*.). Nous lisons bien : ce qui constitue ces groupes, c'est moins leurs composants que le fait que certaines notions sont en commun. Et ces notions, et avec elles l'être-en-commun, ne deviennent visibles que dans le milieu que constitue le *logos*. Est politique tout rapport qui s'établit parce que ses termes sont doués de *logos*[2]. C'est donc dans le cas de la cité que nous voyons le plus nettement affleurer, sous la communauté comme groupe, un type déterminé d'être-en-commun. Quel est ce type ?

Dans le langage, les deux interlocuteurs peuvent être situés à des niveaux différents, être homme ou femme,

1. On néglige souvent ce que ce passage a de surprenant : ce qui caractérise l'homme n'est pas directement le *logos*, mais une certaine forme de la sensibilité, non pas, donc, une faculté reconnue traditionnellement comme supérieure, mais au contraire une faculté qui passe pour inférieure. Cf. W. Welsch, *Aisthesis. Grundzüge und Perspektiven der Aristotelischen Sinneslehre*, Stuttgart, Klett-Cotta, 1987, p. 53, n. 28. Cependant, il semble que l'*aisthèsis* de I, 2, 1253 *a* 17 s'explique par le *aisthanesthai* de I, 5, 1254 *b* 22 : y sont distinguées deux façons d'avoir part *(koinônein)* au *logos*, à savoir le posséder et l'« entendre » (comme on dit « entendre raison »). Dans le premier passage, Aristote dit jusqu'où la nature est allée dans le cas de l'homme. Il s'arrête donc à l'usage minimum du *logos*. L'homme a, dans le pire des cas, l'*aisthèsis* de ce qui est bien et de ce qui est mal. Il est donc capable d'entendre ce que lui en dit le *logos* dans sa dimension la plus haute, qui est *noûs*.

2. C'est ce que l'on peut tirer de I, 5, 1254 *b* 5 : la domination de l'esprit *(noûs)* sur le désir *(orexis)* est politique, plus précisément (*kai*

maître ou esclave. Mais si on les prend strictement en tant qu'interlocuteurs, ils sont rigoureusement interchangeables, leur place dépendant de la seule fonction, et étant marquée par des mots sans contenu, des *shifters* (« je », « tu »).

Qu'en est-il du produit ? Il est moins interchangeable qu'échangeable. Mais il est commun d'une manière particulière. On ne peut pas distinguer deux étapes, la production, puis la mise en commun – comme on distingue le fait de faire pousser un chou, ou de tourner un vase, du fait de livrer au consommateur ou de porter au marché le produit fini. Dans le cas du langage, sa production même est son expression, sa mise en commun. Le locuteur est seul à produire ce qu'il dit, il n'a pas besoin, pour ce faire, du destinataire de son énoncé, et sa parole est même d'autant plus elle-même qu'elle est librement émise. Le locuteur n'a pas besoin de maître lui dictant ce qu'il a à dire. Bien plus, une telle situation serait impossible et se détruirait elle-même, puisque le maître ne pourrait dicter la parole qu'en la produisant lui-même pour la faire dire par l'esclave, donc en faisant le travail lui-même. L'esclave ne ferait alors que répéter mécaniquement. C'est d'ailleurs ce que font nos esclaves mécaniques. La parole implique un engagement personnel et insubstituable (je ne puis me faire remplacer par personne), une façon de payer de sa personne.

Reste une question, qui a déjà été posée pour les deux types de communauté qui précèdent : dans quelle mesure les deux interlocuteurs sont-ils indépendants ? dans quelle

---

codd.) royale parce que les deux facultés ont part au *logos* – même si ce n'est pas de la même façon.

mesure ont-ils besoin l'un de l'autre ? La réponse est surprenante : chacun des interlocuteurs a besoin de l'autre, non pas pour produire le discours déterminé qu'il lui adresse, mais pour pouvoir parler en général. Le discours se règle sur un interlocuteur virtuel qui impose au locuteur les règles dont le respect le rendra compréhensible. Mais comme les locuteurs sont interchangeables, ce besoin affecte au même titre les deux interlocuteurs. Il porte donc sur une troisième instance. La langue que je parle n'est pas ma création. Ce que je crée est un acte de parole déterminé, un certain arrangement de mots que je n'ai pas inventés (sauf rares exceptions, et encore ces mots devront-ils, pour pouvoir être compréhensibles, se ramener à des mots déjà connus) selon des règles que je n'ai pas édictées. Le sujet de cette invention et de cet arrangement n'est autre que la communauté des locuteurs, la société. La propriété de l'énoncé suppose donc une radicale dépossession de ce qui me permet de produire. Je ne suis pas frustré du produit de mon travail langagier, mais c'est que j'ai, d'emblée, reçu d'ailleurs mon outil de travail. Il ne m'a été donné que comme quelque chose que je ne pourrai jamais m'approprier.

La production de la parole est ainsi à mi-chemin entre la fabrication d'un objet et la génération d'un enfant. Dans le premier cas – la fabrication –, c'est l'esclave (ou ce qui en a la fonction) qui produit un objet déterminé selon les directives d'un maître déterminé. Dans le second – la génération –, la femme ne produit que de façon automatique, c'est l'espèce qui fait le travail et qui fera ressurgir dans l'enfant non seulement les caractéristiques des individus qui l'auront engendré, mais tout aussi bien celles de toute la lignée qui aura précédé les parents : de toute la famille, mais aussi de tout le genre humain, voire de toute l'évolution qui a mené jusqu'à lui.

Dans les types de communauté qui précédaient, le produit commun était le résultat de la division du travail et de la coopération. Ici, l'instance permettant l'existence même des locuteurs en tant que tels est en un sens le produit commun : le langage n'existe pas en effet en dehors de la parole qui ne cesse de le produire. Son existence comme langue est purement virtuelle, il ne passe à l'acte que par le truchement (c'est le mot !) des locuteurs.

Le produit du langage s'échange d'une façon paradoxale par rapport aux produits de la génération et de la fabrication. En effet, dans ces deux cas précédents, l'objet produit passe de l'un à l'autre des partenaires. L'expéditeur se vide et le destinataire se remplit. Dans le cas du langage, ce qui est mis en commun gagne le destinataire sans quitter pour autant l'expéditeur. Le *logos* s'augmente soi-même [1].

3. Le logos *comme milieu de la communauté*

De même que la cité est la communauté (au sens de groupe) qui récapitule et contient la vérité des communautés qui la précèdent, de même la communauté (au sens d'être-en-commun) qu'elle met en œuvre récapitule et contient la vérité des modèles de l'être-en-commun qui la précèdent. C'est ce qu'il nous faut montrer à présent.

La relation homme/enfant, en tant que fait biologique – donc la relation mâle/femelle –, ne suppose pas

1. Cf. Héraclite, DK 22 B 115.

le langage, puisque la nature indique elle-même aux partenaires ce qu'ils ont à faire. Le travail se fait d'ailleurs tout seul dans le sein de la mère. Cependant, la paternité le suppose. La mère sait qui est son enfant, puisqu'elle n'a fait qu'un avec lui. Le père doit le reconnaître, en ce double sens qu'il doit l'identifier, puis le légitimer. Le plus souvent, d'ailleurs, en le faisant accéder à la sphère du langage – en lui donnant un nom.

La relation du maître à l'esclave suppose elle aussi le langage, et elle le fait dès un stade plus initial. En effet, la lutte primitive que suppose Hegel [1], fidèle d'ailleurs à l'étymologie du latin *servus* par *conservare*, peut à la limite n'être que pur déploiement de forces physiques qui se mesurent dans un affrontement silencieux. Mais cette lutte ne fait que décider, non pas qui *est* le maître, mais qui le *sera*. En effet, le maître ne se définit comme maître, et ne le devient effectivement, que par sa capacité de commander, de formuler un ordre. S'il fait travailler l'esclave pour lui afin de jouir lui-même de l'oisiveté, il doit pouvoir expliquer à l'esclave ce qu'il attend de lui. Non seulement lui montrer *quel* objet il désire – il suffirait de le montrer du doigt –, mais lui signifier qu'il va falloir en fabriquer un autre semblable. Sans le langage, il devrait en effet lui montrer ce qu'il attend de lui en le faisant, donc en travaillant lui-même, renonçant ainsi à l'oisiveté souhaitée.

La troisième communauté était celle qui nous avait contraint à un long détour. Nous pouvons à présent en reprendre l'examen. Cette communauté suppose que les choses soient les mêmes pour tous, et puissent donc être

1. *Phänomenologie des Geistes*, p. 141 *sq*. Hoffmeister.

échangées. Elles ne sont pas les mêmes pour les partenaires sexuels. L'enfant est une partie de son corps pour la mère ; il est un étranger, voire un rival pour le père. De la même façon, le service rendu ou l'objet fabriqué est la peine de l'esclave, la jouissance du maître. L'objet échangé, en revanche, doit comporter une identité minimale qui permette de lui assigner une valeur sur laquelle on puisse se mettre d'accord. Or, le fait que nous vivons dans le même monde, échangeant des objets que nous percevons comme les mêmes, ne va pas de soi. La présence même d'un espace commun, d'un monde commun a des origines sociales [1].

Mettre en commun, c'est s'entendre sur ce qui sera commun. Et c'est s'entendre au moyen du langage. Pourquoi faut-il le langage pour mettre en commun ? D'abord parce que l'appropriation, chez l'homme, transcende le domaine de la présence immédiate. Les bestiaux paissent chacun dans son coin. Chaque homme peut prétendre à tout ce qui est, et il le fait précisément parce que, par son langage, il a accès à l'universel. Le désir humain ne porte pas, comme le besoin animal, sur ce qu'il faut de nourriture ou de boisson pour apaiser une faim ou étancher une soif déterminée. Il porte sur la nourriture ou la boisson en général, comme concepts, et donc comme réalités non quantifiées. C'est ce qui ouvre à l'homme l'infinité du désir (II, 7, 1267 *b* 3 *sq.*) et l'intempérance, dont les animaux sont préservés. Les animaux, précisément parce qu'ils sont bêtes, ne peuvent être bestiaux [2]. Le *logos* gué-

---

1. « L'intuition d'un espace homogène est déjà un acheminement à la vie sociale » (H. Bergson, *Essai sur les données immédiates de la conscience*, chap. II, p. 91 ; éd. du centenaire, Paris, PUF, 1959).

2. *Éthique à Nicomaque*, VII, 3, 1147 *b* 3-5.

rit le mal qu'il commence par causer : c'est à partir du caractère indéfini du champ que le désir peut couvrir que l'on peut faire la différence entre ce qui sera privé et ce qui sera commun. C'est aussi le *logos* qui permet d'anticiper sur le besoin et de conserver ce qui n'est pas immédiatement utile. Non seulement ce qui servira quand la bise sera venue, mais ce qui pourrait servir en général à une quantité indéterminée d'êtres constitués comme moi.

4. La mise en commun

Retournons-nous maintenant vers cette genèse de la cité *(polis)* pour nous interroger sur son sens quant à l'idée de communauté. Ce sens réside tout autant dans ce qu'il passe sous silence que dans ce qu'il dit explicitement. Ce qu'il passe sous silence, ou plutôt ce qu'il enterre sous ce qu'il dit en en montrant l'absurdité, c'est encore une certaine conception de ce qui est commun. « Commun » peut se dire en effet en deux sens : *(a)* nous appelons « communes » les qualités ou, de façon générale, les propriétés, qui sont possédées par plusieurs sujets. Ainsi, la gravité est commune à tous les corps lourds, ou le fait d'avoir deux jambes est commun à tous les hommes. *(b)* Mais nous appelons aussi « commun » ce qui est mis en commun, ce qui donc n'est la propriété d'aucun des sujets pris à part. Ainsi, ce qui est public est commun à tous les citoyens sans être pour autant la propriété de chacun d'eux pris à part.

Ce qu'Aristote passe, si l'on peut dire, bruyamment sous silence, c'est tout ce qui, dans la société politique (dans la cité et dans toutes les formes élémentaires d'association humaine), relève de ce premier sens de « commun ». Ce n'est pas qu'il ignore ces aspects. Il est le premier à savoir que les animaux d'une même espèce possèdent en commun un certain nombre de caractéristiques qui les définissent comme appartenant à cette espèce, d'autres qui les rattachent à un même genre, etc. L'homme est bien en un sens une espèce animale, et Aristote est le premier à insister sur ce qui, dès le niveau physique, constitue le propre de l'humanité [1]. Il dit même que l'homme reçoit son humanité de la nature, et non de la cité [2]. Mais cette nature n'est pas l'objet d'une « physique » dégagée de toute téléologie, et à laquelle les modernes devront opposer une vie sociale seule capable d'instituer l'homme comme tel [3]. Il s'agit d'une nature conçue comme la poussée dont la pleine floraison est l'homme, le vivant le plus parfait, dans la cité comme condition de sa perfection.

Il ne dit pourtant pas que tous les membres de la cité ont en commun, par exemple, une nature humaine, des

---

1. Cf. le passage célèbre sur la station droite et ses conséquences – libération de la main, chute du joug musculaire qui entrave le développement de l'encéphale, dégagement du visage, etc. – en *Parties des animaux*, IV, 10. Ce passage a eu une postérité énorme, qui passe par Grégoire de Nysse (*De la création de l'homme*, chap. VIII) et va jusqu'à Freud (*Das Unbehagen in der Kultur*, IV, dans *Studienausgabe*, t. IX, Francfort-sur-le-Main, Fischer, 1982, p. 229, n. 1, et p. 235, n. 2) – qui y voit la source de la pudeur et du recul du sens de l'odorat – et André Leroi-Gourhan.

2. *Politique*, I, 10, 1258 *a* 21-22.

3. J.-J. Rousseau, *Du contrat social*, I, VIII, dans *Œuvres complètes*, t. III, Paris, Gallimard, Bibliothèque de la Pléiade, 1964, p. 364 : « [...] l'instant heureux qui [...], d'un animal stupide et borné, fit un être intelligent et un homme ». Une position intermédiaire est celle, inspirée par la doctrine stoïcienne de l'*oikeiôsis*, qu'exprime Cicéron, *De finibus*, IV, XIII, 34, p. 135 Schiche : « non enim ipsa [*sc.* sapientia] genuit hominem, sed accepit a natura inchoatum ».

traits physiques communs qui leur permettraient de se reconnaître et de se regrouper à partir d'une situation primitive de dispersion [1]. Il ne dit pas non plus qu'ils habitent sur le même territoire. Plus précisément, leur façon de l'habiter et de l'avoir en commun n'est pas la même que celle d'un troupeau de bestiaux. Une phrase célèbre le rappelle : vivre ensemble, pour les amis, c'est se communiquer des paroles et une pensée (*κοινωνεν λόγων καῶ̂ διανοίας*), et non paître dans la même prairie (*ἐν τῷ αὐτῷ*), comme les bestiaux [2]. Or, ce qu'Aristote dit ici de l'amitié ne vaut pas seulement d'une amitié « privée », à la moderne, mais tout aussi décidément, si ce n'est même plus, de cette amitié comme désir de vivre ensemble qui est au fondement de l'existence politique.

Ce qui est commun, pour l'homme, n'est pas un ensemble de propriétés passivement constatées. C'est ce qu'il met en commun par un processus actif. Le langage est le lieu de cette mise en commun. Et il l'est par sa nature paradoxale. Ce qui est produit y est en effet indissolublement privé et commun. La place de ce qui est commun y subit un retournement. Dans les communautés élémentaires, antérieures à la cité et au *logos*, l'être-commun est cause. Dans le rapport politique ou linguistique, l'être-commun est résultat. Pour engendrer un enfant, il faut que les géniteurs possèdent et mettent en œuvre une nature commune ; pour produire un objet, il faut qu'ils coopèrent selon un plan commun. L'objet

1. Cf. Diodore de Sicile, I, 8, 2, qui se fonde probablement sur Démocrite, d'où la présence de ce passage en DK 69 B 5, t. II, p. 135.

2. *Éthique à Nicomaque*, IX, 9, 1170 *b* 11 *sq*.

produit reproduira, fera ressortir à la fin, cette communauté originelle. En revanche, dans le langage, la communauté est résultat de la communication.

Cette logique paradoxale du langage n'apparaît dans toute sa pureté qu'à l'intérieur de cet espace humain lui-même étrange qu'est la cité. Le but du dialogue n'est rien de plus que la poursuite du dialogue, que la persistance de l'être-ensemble des locuteurs. L'espace politique peut être, bien entendu, rempli par des rapports familiaux, de travail, d'échange, entre ceux qui l'occupent. Mais ce qui le constitue comme espace, son ouverture même, est d'ordre linguistique. Certes, la vie de la cité sera tissée d'échanges entre ses membres. Mais l'acte par lequel les citoyens se reconnaissent les uns les autres comme concitoyens est un acte de langage.

Il est donc légitime que la communauté soit ici l'objet d'une communication, donc d'un acte de communication. J'ajouterais même, plaidant *pro domo*, qu'il est légitime d'avoir demandé à un philosophe d'en ouvrir le champ. Non en vertu d'une compétence particulière. Mais précisément à cause de l'incompétence spécifique du philosophe. Celui-ci a en effet choisi d'avoir pour seule spécialité ce qui est commun à tous, pour seul instrument celui que tout homme sait manier – le langage.

Note sur la définition du mouvement

(*Physique*, III, 1-3)

Tout le monde a au moins entendu citer la formule par laquelle Aristote tente de définir le mouvement : « acte (entéléchie) de la puissance en tant que telle » (*Physique*, III, 1, 201 *a* 10 *sq*.). Il me semble normal, voire inévitable, d'éprouver devant une telle définition la plus grande perplexité. Dans les pages qui suivent, je n'aurai d'autre but que de rendre cette définition la plus claire possible, voire de montrer qu'elle est particulièrement lumineuse, une fois comprise à partir des présupposés d'Aristote. Pour ce faire, je me bornerai à un examen de la formule que j'ai citée, en laissant de côté les autres formulations que lui donne le Philosophe, et à plus forte raison la question de son rapport avec le reste de la *Physique* (comme livre) et de la physique (comme discipline) aristotélicienne.

1. Une *définition ou* la *définition ?*

Avant de relever l'obscurité, voire la bizarrerie du contenu de la définition, il conviendrait peut-être de prendre conscience d'une bizarrerie antérieure et plus radicale : celle qui consiste, en général, à essayer de donner une *définition* du mouvement. Un fait d'histoire des idées peut attirer notre attention sur l'étrangeté de l'entreprise aristotélicienne : il ne semble pas qu'Aristote ait eu de prédécesseurs en ce domaine [1]. Bien plus, on peut se demander s'il a eu des successeurs. Je n'ai nullement l'intention de mettre en doute l'existence d'une physique après Aristote : ses conquêtes sont trop évidentes, et sa validité cent fois confirmée. Mais on peut se demander si cette physique a jamais cherché à *définir* le mouvement, et si elle ne s'est pas contentée de l'entreprise autrement féconde qui consiste à en étudier les propriétés, et avant tout celles qui sont mesurables – c'est ce que propose Galilée dans une page célèbre [2]. En tout cas, à l'issue d'une enquête rapide et sans doute partielle, je n'ai pu trouver personne qui ait réussi à donner du mouvement une définition satisfaisant à ces conditions : *(a)* être une véritable définition, et non une caractérisation provisoire ; *(b)* valoir pour toutes les espèces du mouvement, et pas uniquement, par exemple, pour le déplacement local ; *(c)* éviter le cercle qui consiste à définir le mouvement par lui-même ; *(d)* posséder une certaine originalité par rapport à la définition d'Aristote [3]. Cette absence

1. Simplicius, in *Phys.*, 397, 15 Diels signale le silence quasi total de Platon.

2. Galilée, *Discorsi*, III, début (dans *Opere*, éd. Naz., t. VIII, p. 190, et trad. M. Clavelin, Paris, Masson, 1970, p. 125).

3. Plotin ne se propose qu'une caractérisation provisoire, une simple esquisse (ὡς τύπῳ επεν) [VI, 3 (44), 22, 3] – cf. sa définition en note 1, p. 245. Proclus, dans son *Elementatio Physica*, n'inclut pas le mouvement dans les termes qu'il définit. Les médiévaux se placent dans le sillage d'Aristote. Les stoïciens (cf. *SVF*, t. II, p. 160 *sq.*), Descartes (*Principia*, II, 25) et Kant (*Premiers Principes...*, chap. I, déf. 2) définissent le mouvement par une de ses espèces, la translation ou le changement.

n'est gênante que pour les philosophes. En effet, les physiciens n'ont pas à se soucier de définir leur objet. Qui plus est, si nous examinons les origines de l'entreprise moderne d'une physique mathématisée (qui est cela seul que nous entendons aujourd'hui par « physique »), nous constatons que – en tout cas dans l'esprit de ses pères fondateurs – cette physique se construit non seulement *sans* définition du mouvement, mais encore *contre* la seule définition disponible, et qui est justement celle d'Aristote. À l'âge classique, se moquer de la définition du mouvement par l'« acte de la puissance comme telle » appartient au bon ton, et chacun y va d'un couplet ironique. Mais seule la *Logique de Port-Royal* révèle le nerf de la critique : « À qui servit-elle [*sc.* cette définition] jamais pour expliquer aucune des propriétés du mouvement [1] ? »

J'espère avoir par ce qui précède suggéré deux choses : *(a)* plutôt que de parler de « la définition *aristotélicienne* du mouvement », comme s'il y en avait d'autres, il vaudrait mieux parler de *la* définition du mouvement, tout court, qui se trouve avoir été formulée par Aristote ; *(b)* tenter de définir le mouvement est quelque chose d'assez étrange et qui ne va pas de soi, à ce point que nous devons commencer par nous demander ce qui a pu pousser Aristote à risquer une telle entreprise.

1. Cf. J.P. Schobinger, *Kommentar zu Pascals Reflexionen über die Geometrie in Allgemeinen* [...], Bâle/Stuttgart, Schwabe, 1974, p. 276, qui cite des textes de Descartes, Pascal, ainsi que le passage de la *Logique de Port-Royal* auquel je renvoie ici (II, XIV).

2. Digne d'être

Il n'est pas question de parler ici de la théorie aristotélicienne de la définition, d'une part, parce que cela nous entraînerait trop loin, d'autre part, et plus profondément, parce que cette théorie explique plus *comment* définir de façon valide que *pourquoi* il convient de définir – ce que l'on gagne à définir. Je me contenterai de remarquer que la possibilité de définir est le gage d'une certaine *consistance* de l'objet défini. En définissant le mouvement, Aristote ne cherche pas à construire un concept, mais à montrer que la réalité manifeste du mouvement possède une consistance propre. Il ne s'agit pas en effet, pour lui, de montrer que le mouvement « existe », qu'« il y a » du mouvement. C'est là une vérité première que l'induction suffit à établir, et qu'Aristote place à la base même de son entreprise d'une physique (I, 2, 185 *a* 12 *sq.*). Il lui faut bien plutôt montrer que le mouvement a une dignité telle qu'il mérite que l'on parle de lui en employant le verbe « être ». Ce verbe n'est alors ni la copule du jugement, ni un existentiel. Il désigne plutôt, si l'on peut dire, la consistance que l'existence. Il renvoie moins au fait brut qu'à l'apparence bien fondée. Et si Aristote doit la mettre en évidence, c'est que cette consistance avait été niée, et avant tout par Parménide. La définition du mouvement est ainsi la version positive de ce qu'établissait négativement la réfutation de l'éléatisme menée au livre I de la *Physique* (chap. 3), et, par là, elle en constitue la réfutation définitive.

Parménide ne niait évidemment pas que nous voyons bouger les choses, voler les oiseaux, jaunir les arbres, pousser l'herbe, etc. Et son poème commence par le récit d'un voyage. Il accordait à tout ce que nous voyons la totalité de ce que nous en disons. Sauf sur une chose, qu'il leur refusait impitoyablement : que cela *soit*, que l'on puisse dire « cela *est* ». Dans son poème, il semble que Parménide se soit servi, comme d'un critère permettant de discriminer le réel et l'illusoire, de la possibilité d'en dire, au présent : « [il] est » (ἔστι). Tout ce qui, étant en mouvement, « a été », au passé, ou « sera », au futur, est éliminé comme ne pouvant servir de sujet à « il est », jusqu'à ce que le « il est » finisse par, pour ainsi dire, sécréter son propre sujet : « ce qui est » (τὸ ἐόν) qui, comme tel, ne saurait être qu'immobile [1]. Pour Parménide, le mouvement n'est donc pas digne de l'être. Le projet d'Aristote, face à l'éléatisme, est de réintégrer le mouvement dans l'être et, pour ce faire, de montrer que l'on peut le définir. C'est du moins ce qui me semble à l'arrière-fond de la tentative aristotélicienne, car le Philosophe ne formule pas explicitement son intention. On peut en tout cas en chercher une confirmation dans l'accentuation particulière que reçoit le verbe « être » dans deux passages du texte où figure la définition du mouvement, pour peu qu'on les lise bien : ce qu'Aristote proclame avoir établi, par sa définition, en III, 1, 201 *b* 6, à savoir, ὅτι ἔστιν αὕτη n'est pas « que tel soit le mouvement » (Carteron, p. 91), mais « que le mouvement est [bel est bien] » ; l'acte très particulier qu'il se flatte d'avoir rendu visible malgré la difficulté de l'entreprise est, en III, 2, 202 *a* 2 *sq*., ἐνδεχομένην δ' εἶναι, et cela ne signifie

1. Je ne puis ici qu'esquisser trop rapidement l'interprétation de Parménide. Je donne quelques détails au chapitre sur Parménide, p. 103 *sq*.

pas qu'« il est admissible » (Carteron, p. 93), mais qu'« il admet d'être [bel et bien] ».

La conséquence de cette réhabilitation ontologique du mouvement est un fait que nul ne conteste, et que je ne rappelle ici que pour mémoire, à savoir le souci d'Aristote d'élaborer un *savoir* du sensible. Je ne parle pas d'une science mathématisée, mais plus modestement d'un « savoir », le genre dont la science est une espèce. On ne peut savoir que ce qui est. Or, ce qui est dans la nature se meut. Si donc ce qui se meut, ou le trait fondamental de ce qui se meut – le mouvement – n'est pas, il n'y a pas de savoir de la nature. Il importe donc de saisir l'enjeu de la définition d'Aristote. Et de la situer correctement : il ne s'agit pas pour lui de se donner un instrument permettant de décrire rigoureusement le mouvement, ou d'en déduire des propriétés. On peut d'ailleurs noter qu'Aristote ne fait pas grand-chose de cette définition, qu'il ne la rappelle qu'une seule fois (VIII, 1, 251 *a* 9 *sq.*). Il ne s'agit pas pour lui de « faire de la physique » ; il s'agit d'assurer la légitimité de toute l'entreprise d'un savoir de la nature en campant le mouvement dans l'être [1]. De ce fait, la définition aristotélicienne du mouvement fait corps avec l'ensemble du projet qui définit l'aristotélisme.

3. *Description*

J'ai essayé jusqu'à présent de faire comprendre à quoi « sert » cette définition. Il me faut maintenant donner

1. Platon, dans le *Sophiste*, n'est pas sans accorder au mouvement la dignité de principe ontologique. Mais est-ce bien le mouvement physique en tant que tel qui bénéficie d'une telle dignité ?

une première idée de ce qu'elle se met en demeure de définir, à savoir le mouvement *(kinèsis)*. Cette définition ne construisant pas son objet, elle suppose que nous commençons par avoir une notion de ce que signifie « mouvement ». Or, ce qui *nous* vient spontanément à l'esprit ne coïncide pas avec ce qu'Aristote mettait sous le terme de « mouvement », et nous avons ici à faire un effort pour nous déprendre de notre notion du mouvement, qui est avant tout celle d'un déplacement dans un espace. C'est d'ailleurs bien là que visent les autres définitions, post-aristotéliciennes. Pour le Philosophe, en revanche, le mouvement local n'est qu'une des figures du mouvement en général. Celui-ci en a trois, autant que de catégories susceptibles d'une opposition de contraires (V, 2). La question de savoir si, aux trois mouvements selon la qualité (*alloiôsis*, altération), la quantité (*auxèsis* et *phthisis*, croissance et dépérissement) et le lieu (*phora*, transport), il convient d'ajouter la venue à l'être et la disparition (*genesis* et *phthora*), qui se font selon la substance, reçoit des réponses nuancées. Quant au mouvement selon le lieu, il arrive à Aristote de lui accorder un certain privilège, celui de la primauté [1]. Mais cela ne signifie pas que toutes les autres formes de mouvement se laisseraient réduire au déplacement, et qu'elles seraient donc de simples épiphénomènes du mouvement local. Cela ne signifie pas non plus que la *phora* aristotélicienne coïnciderait avec la translation que se donne la physique classique puisque, dans l'univers aristotélicien, le terme

1. Cf. Bonitz, *Index Aristotelicus*, 392 *a* 29 *sq*., et surtout *Physique*, VIII, 7, 261 *a* 21. Sur le problème, cf. E. Berti, « La suprématie du mouvement local selon Aristote : ses conséquences et ses apories », dans J. Wiesner (éd.), *Aristoteles Werk und Wirkung*, Paul Moraux

« lieu » *(topos)* n'a pas le même sens que dans celle-ci. Le « lieu » selon lequel la *phora* se fait n'est pas un espace neutre, mais un univers orienté, tendu entre un haut et un bas absolus (la périphérie et le centre de la sphère des fixes), que les corps tendent à regagner suivant qu'ils sont légers ou lourds.

Nous ne ferons donc un premier pas vers la compréhension de la définition du mouvement par Aristote qu'à partir du moment où nous le replacerons dans l'univers tel que se le représente le Philosophe. Pour ce faire, il faut renoncer à l'image d'un déplacement, d'un curseur avançant entre deux points, etc., et englober dans le terme « mouvement » tout ce qu'Aristote y voit. Il s'agit en l'occurrence de tous les processus qui impliquent un passage d'un terme à un autre. Cela vaut, certes, pour le mouvement local, mais tout aussi bien pour l'altération, par exemple : la feuille d'automne passe du vert au jaune, puis au rouge ; sa qualité sensible, la couleur, se modifie, s'altère. D'une manière générale, le mouvement est passage d'un terme à un autre, « de quelque chose à quelque chose (ἔκ τινος εἴς τι) » (V, 1, 224 *b* 1 ; 225 *a* 1). En un premier temps, on peut s'appuyer sur cette caractérisation du mouvement. Mais en un premier temps seulement, car autre chose est une *description* du mouvement, autre chose en est une *définition* [1]. Certes, nous constatons que, dans tout mouvement, il y a bien un acheminement d'un point de départ à un point d'arrivée. Mais Aristote ne se propose pas seulement de regarder et de prendre acte ; il cherche

---

gewidmet, 1. Bd. *Aristoteles und seine Schule*, Berlin/New York, de Gruyter, 1985, p. 123-150.

1. J'emprunte l'application de cette distinction commode à L.A. Kosman, « Aristotle's Definition of Motion », *Phronesis*, 14 (1969), p. 40-62.

à saisir l'essence du mouvement, ce que toute définition doit exprimer. Et il est notable que, lorsqu'il tente de définir le mouvement, Aristote ne se place pas dans la même optique que celle dans laquelle le mouvement apparaît comme tendu entre un commencement et une fin.

Il m'a fallu rappeler ces faits bien connus parce que rien n'est plus tentant, justement, que d'introduire l'idée de *passage*, qui donne une description satisfaisante de ce qui se passe lorsque quelque chose se meut, au niveau de la définition proprement dite. Pourquoi ne pas faire des deux concepts de puissance et d'acte, qu'Aristote introduit pour définir le mouvement, les termes entre lesquels celui-ci jouerait ? On dirait alors que le mouvement est le passage de la puissance à l'acte. Et de fait, lorsque la feuille, de verte, devient jaune, la couleur jaune sur laquelle se termine le processus d'altération était bien « en puissance » dans la feuille, et se trouve bien « en acte » à la fin : la feuille, ou plutôt sa couleur, est bien passée de la puissance à l'acte. On ne s'est pas fait faute de comprendre ainsi la définition du mouvement. Ce fut le cas dès l'Antiquité, et les commentateurs modernes ont emboîté le pas aux Anciens sans trop d'hésitations [1]. Or

1. Plotin caractérise le mouvement, en première approche (cf. note 3, p. 238), comme « le chemin (ὁδός) qui va de la puissance à ce dont elle est la puissance » (VI, 3 [44], 22, 3 *sq.*) – les mots πρόοδος et ἀγωγή, qui viennent préciser ὁδός, montrent bien qu'il s'agit du fait de parcourir et non de l'itinéraire à parcourir. Les commentateurs grecs, tous teintés de néoplatonisme, ont des formules analogues (cf. Thémistius, in *Phys.*, 70, 7-9 Schenkl ; Simplicius, in *Phys.*, 415, 13 Diels ; Philopon, in *Phys.*, 349, 25 Vitelli). Parmi les médiévaux : Averroès, *ad. loc.*, Grosseteste, Guillaume d'Auvergne, entre autres (cités dans A. Maier, « Motus est actus entis in potentia… », dans *Zwischen Philosophie und Mechanik* […], Rome, Storia e Letteratura, 1958, p. 20 *sq.*), Maïmonide, *Guide des égarés*, II, Introd., Prop. 5

ne serait-ce pas, déjà, la façon dont Aristote lui-même comprenait sa définition ? Il n'hésite pas à dire que « ce qui est en puissance marche (*βαδίζει*) vers l'acte » (VIII, 5, 227 *b* 7), ou, à propos du léger qui s'élève vers son lieu naturel, que « étant en puissance, il va là-haut parce qu'il va vers l'entéléchie (*δυνάμει ὄν, ες ἐντελέχειαν ὀν ἔρχεται ἐκε*) » (*Du Ciel*, IV, 3, 311 *a* 4). La puissance fait force vers l'acte, dans le mouvement. Pourquoi, donc, ne pas interpréter ainsi la définition aristotélicienne du mouvement ?

Parce que rien, dans ce texte où figure la définition en question, à savoir *Physique*, III, 3, 1-3, ne le suggère. Il est donc de bonne méthode de tenter d'abord de comprendre ce que ce texte dit en toutes lettres, d'autant plus qu'il doit normalement contenir la doctrine la plus élaborée d'Aristote sur la question, la question de l'essence du mouvement y étant traitée de façon thématique et centrale. Par ailleurs, définir le mouvement par le passage, c'est commettre un cercle. On l'a remarqué dès le Moyen Âge, au moins [1], et on hésite à attribuer à Aristote une maladresse aussi grossière. Il faut donc essayer de comprendre pour elle-même la définition par l'« acte de la puissance en tant que telle ».

(trad. S. Munk, Paris, 1856-1866, t. II, p. 5) et les commentateurs cités dans H.A. Wolfson, *Crescas' Critique of Aristotle* [...], Cambridge (Mass.), Harvard UP, 1929, p. 522. Pour les commentateurs contemporains, qu'il suffise de renvoyer au commentaire de D. Ross dans son édition de la *Physique*, Oxford UP, 1936, p. 537, sur 201 *a* 10-11.

1. À ma connaissance, le plus ancien auteur à l'avoir remarqué est Avicenne, dans le *Shifâ', as-Samâ' at-tabî'î*, II, 1 (éd. S. Zayed, Le Caire, OEGL, 1983, p. 82 = trad. latine dans A. Maier, *op. cit.* [note précédente], p. 12 *sq.*) – mais nous avons perdu le commentaire d'al-Fârâbî sur la *Physique*. Avicenne est suivi par saint Thomas, in

4. Définition

Pour ce faire, n'abandonnons pas trop vite l'idée de « passage », qui va nous indiquer ce que signifie ici « acte ». Aristote n'a pas en vue n'importe quel parcours, comme celui de la boule de billard qui sert souvent d'exemple aux philosophes de l'âge classique, mais un parcours orienté et dirigé vers une fin déterminée. C'est ce que révèlent les exemples qu'il examine le plus volontiers là où sa définition est encore en cours d'élaboration. Certes, il s'empresse de généraliser les résultats obtenus à tout mouvement ; mais ce n'est pas sur tout mouvement qu'il lit l'essence de celui-ci. Au contraire, et de façon surprenante, il choisit comme exemples clés des processus qui ne relèvent d'aucune des espèces du mouvement qu'il distingue par ailleurs, mais bien de l'activité humaine, technique, productive (ce qu'il appelle *poïèsis*) : la construction d'une maison (1, 201 *a* 16-18, *b* 8-13) ou la fabrication d'une statue (1, 201 *a* 29-34). S'il cite de nombreuses sortes de mouvement, ce sont là les deux seuls exemples auxquels il consacre une analyse. En quoi y a-t-il là des mouvements, voire des mouvements particulièrement représentatifs de ce qu'Aristote cherche à définir ? Une première réponse consisterait à dire que les bâtisseurs, ou le sculpteur, de fait, se donnent du mouvement : les ouvriers s'affairent, le maillet s'abat sur le ciseau qui fait voler les copeaux, etc. Mais, pour Aristote, ces mouvements ne sont pas l'essentiel du mouvement dans lequel ils sont pris, et qui achemine une matière vers la forme qu'elle doit prendre. Comme il le dit dans un autre contexte, mais à propos du même exemple artisanal, ce

---

Physicam, III, II, § 284, et Crescas, *Or Adonaï*, I, I, 5, p. 23 de Ferrare = Wolfson, *op. cit.* (note précédente), p. 234.

n'est pas ce qui se passe « lorsque l'outil s'abat (ἐμπεσόντος τοῦ ὀργάνου) » qui compte, mais la forme que le menuisier cherche à obtenir et qui est la raison qui explique pourquoi il a frappé ainsi (*Parties des animaux*, I, 1, 641 *a* 10-14). C'est les yeux fixés sur cette forme que l'artisan agit, ou que l'architecte donne des ordres. Et, dans la mesure où ce dernier a de l'édifice terminé une idée plus claire que l'ouvrier, c'est même lui qui, en un sens, agit plus que celui-ci. C'est lui, en tout cas, qui perçoit le véritable mouvement qui est en jeu ici : celui par lequel la maison devient elle-même, derrière l'agitation multiple de ceux qui se mettent au service de sa venue à elle-même. En ce sens, un bon aristotélicien est, par exemple, le garçon de café qui répond « ça marche ! » à qui lui commande un sandwich : il n'entend pas par là qu'il va encore accélérer sa mimique pressée, mais que le processus qui va aboutir à quelque chose de consommable est d'ores et déjà engagé – même lorsqu'il n'en est encore qu'à l'idée de sandwich présente dans son âme. Il est bon aristotélicien en ce qu'il saisit que le vrai mouvement est la façon dont une matière prend figure de sandwich, reçoit la forme qui rend le pain et le jambon dignes de porter ce nom. Dans cet exemple, comme dans ceux que cite Aristote, le mouvement n'est autre que le processus qui mène à un état final, stable, et qui reçoit son sens de celui-ci. C'est ce genre de processus qui mérite, aux yeux d'Aristote, le nom de mouvement. En revanche, un processus qui ne serait pas orienté vers une fin, tels qu'on les rencontre dans le registre du mouvement local (songeons au mouvement brownien), n'aurait guère sa place dans l'univers aristotélicien. Aristote prend surtout en vue les processus qui aboutissent à un état final clairement identifiable – la croissance des vivants vers l'état adulte, le rétablissement de la santé, la fabrication d'un objet, etc. – et envisage les déplacements locaux sous l'angle où ils se prêtent à leur analyse à partir d'une fin : mouvement des graves vers le lieu naturel où ils sont en repos, voyage d'un point de départ à un point d'arrivée. La fin capte le processus qui mène à elle, et fait de celui-ci une totalité que l'on ne saurait décomposer en parties sans en détruire le sens.

5. « *Acte* » ?

Cet état final, Aristote le nomme à l'aide de deux termes, *energeia* et *entelecheia*. Ce sont également ces deux termes qui lui servent à définir le mouvement qui débouche sur ledit état final. Il importe donc de les regarder d'un peu plus près, et d'essayer de remonter en deçà de leurs traductions habituelles. Seul le premier, à vrai dire, a été traduit, dans l'histoire de la tradition aristotélicienne, puisque le second, *entelecheia*, n'a guère été que transcrit par « entéléchie ». La traduction habituelle de *energeia* (et parfois d'*entelecheia*) est « acte », le français ne faisant ici guère plus que transcrire le latin *actus*. Il n'est pas question d'entrer ici dans la question de la légitimité en général de cette traduction [1]. Cependant, on peut

1. La traduction d'*energeia* par *actus* est contestée par Heidegger (*Einführung in die Metaphysik*, *op. cit.* [en note 1, p. 50], p. 45 ; *Vorträge und Aufsätze*, Pfullingen, Neske, 1954, I, p. 42) et défendue par P. Aubenque dans *Le Problème de l'être chez Aristote* […], Paris, PUF, 1962, p. 441 n. 1. J. Beaufret reprend et développe la critique de Heidegger dans « ΕΝΕΡΓΕΙΑ et actus », dans *Dialogue avec Heidegger*, t. I, *Philosophie grecque*, Paris, Minuit, 1973, p. 122-145. Il conviendrait, avant de pouvoir se prononcer, de disposer d'une histoire détaillée de cette traduction. La suggestion de J. Lohmann (dans

faire remarquer que, là où il s'agit de rendre compréhensible, voire acceptable, la définition aristotélicienne du mouvement, elle est particulièrement malheureuse. En effet, ce que nous entendons à l'accoutumée par « acte » garde de l'étymologie du latin *actus* (du verbe *ago*, pousser devant soi, par exemple un troupeau) et de son sens premier (« marche, mouvement, impulsion ») un lien inévitable avec l'idée qu'il s'agit justement de définir : le mouvement. Notre verbe « agir » nous suggère immédiatement un mouvement. Nous reprochons à quelqu'un d'inactif de « rester là sans bouger » – même lorsque l'action que nous demandons de lui est métaphorique, une décision à prendre, par exemple. Pour nous, parler d'acte, c'est déjà parler de mouvement. D'où un certain malaise devant une définition du mouvement par « l'acte de la puissance comme telle » : ne sommes-nous pas devant un cercle ?

Une première manière d'en sortir est de rétrocéder de la traduction latine, puis française, aux termes grecs qui leur correspondent. Ceux-ci sont deux, avons-nous dit, *entelecheia* et *energeia*. Aristote semble préférer le premier terme lorsqu'il formule sa définition du mouvement (1, 201 *a* 11.17.28.30.33, 201 *b* 5 ; 2, 202 *a* 7 ; 3, 202 *b* 25), mais il ne se gêne pas pour en parler comme d'une *energeia* (1, 201 *b* 9 – *Métaphysique*, K, 9, 1065 *b* 9 est d'authenticité discutée ; et cf. 2, 201 *b* 31, 202 *a* 2). Faut-il supposer que chacun de ces termes comporte une nuance particulière ? Il ne fait aucun doute que leur formation invite à le penser, l'un renvoyant à l'idée de « tra-

J. Beaufret, *op. cit.*, p. 136) attirant l'attention sur le détour par l'arabe *fi* ^{c}*l* est intéressante ; mais la traduction d'*energeia* par *actus* n'a pas attendu le XIIIe siècle.

vail, œuvre » *(ergon)*, l'autre à celle d'« achèvement, perfection » *(telos)* – quelle que soit la manière précise dont il faille se représenter cette formation [1]. Par ailleurs, Aristote reconnaît en toutes lettres, mais en des passages malheureusement fort obscurs, que les deux termes ne sont pas absolument synonymes (*Métaphysique*, Θ, 3, 1047 *a* 30 *sq.* ; 8, 1050 *a* 22 *sq.*). On a donc essayé de réserver chacun de ces deux mots à un usage spécifique, *energeia* étant censé représenter un stade moins achevé dans l'évolution d'un processus vers son plein déploiement que le fait *entelecheia* [2]. Je m'avoue sceptique devant ces tentatives, car si les *mots* sont, de fait, formés à partir de racines différentes, ils sont interchangeables dans l'*usage* qui en est fait. Et l'idée sous-jacente aux deux est la même : non pas l'« action », mais le fait d'être en œuvre – par opposition à celui d'être « à pied d'œuvre » qui pourrait traduire *dynamis* (« puissance »). Être en œuvre n'est pas dans ce cas déployer une activité, ou ne l'est que dans la mesure où l'activité est avant tout ce qui me révèle comme celui que je suis. Auquel cas cette activité n'est

1. Sur l'étymologie d'*entelecheia*, cf. P. Chantraine, *Dictionnaire étymologique de la langue grecque*, s.v., p. 352 *a*, dont le ἐντελές ἔχειν n'est pas sans faire écho au ἐντελῶς ἐχεν que proposait déjà Thémistius (in *De an.*, 39, 17 *sq.* Heinze). Le rapprochement avec l'idée de perfection opéré également par Simplicius sera canonisé par les traductions arabes (par *kamâl* ou *tamâm*) – cf. R. Walzer, *Greek into Arabic* [...], Oxford, Cassirer, 1962, p. 95 *sq.* On peut cependant penser que l'idée de « perfection » n'est pas la seule présente dans le mot, car autrement Aristote n'aurait pu risquer une expression comme ἐντελέχεια ἀτελής (*Physique*, VIII, 5, 257 *b* 8 *sq.*) sans commettre un oxymoron insupportable.

2. Cf. par exemple H. Bonitz, *Aristotelis Metaphysica. Commentarius*, Bonn, 1849, p. 387.

pas nécessairement « mouvementée », ce que je suis pouvant se révéler plus nettement dans le repos que dans l'exercice d'une capacité. Il n'est ainsi pas absurde, pour Aristote, de parler d'une « activité d'immobilité (ἐνέργεια ἀκινησίας) » (*Éthique à Nicomaque*, VII, 14, 1154 *b* 27). Nous devons donc avoir un concept de l'*energeia* suffisamment large pour qu'il puisse englober aussi bien le modèle mobile que le modèle immobile du *se présenter.* Il arrive en effet que les choses se présentent comme ce qu'elles sont à travers l'exercice d'une activité ; mais il peut arriver aussi que cette présentation ne requière pas un tel exercice. C'est par exemple le cas dans une formule de définition que nous fournit Aristote et qu'il approuve, parce que ladite formule montre bien comment, dans une définition, un élément correspond à la matière, donc à la puissance, et un autre à la forme, donc à l'acte : l'accalmie est le calme du vent, la bonace l'égalité de niveau de la mer. Dans ces phénomènes, l'« acte » est justement l'immobilité : les vents, ou l'eau de la mer ne « font » rien. Simplement, ils se présentent sous un certain aspect (*Métaphysique*, H, 2, 1043 *a* 22-26). De tels exemples ne représentent sans doute qu'un cas limite. Mais ils nous obligent à concevoir l'*energeia* de telle sorte qu'elle puisse les englober, à savoir comme le fait, pour un phénomène, de se présenter comme ce qu'il est.

C'est ce concept de l'acte qui est à l'œuvre dans la définition aristotélicienne du mouvement, et dans les exemples qui sont censés en montrer la légitimité. L'acte est l'acte d'une puissance, pour reprendre les équivalents traditionnels de *dynamis* et *energeia*. Aristote écrit : « le bronze est en puissance statue » (1, 201 *a* 29). Il n'entend pas par là que le bronze déploie une force (notre mot « dynamisme »), ni non plus qu'il se peut qu'il devienne statue, mais qu'il est *propre* à devenir statue, pour peu qu'un sculpteur sache lire en lui cette capacité. Si c'est le cas, une fois la sculpture sculptée, l'acte du bronze sera la statue. Ou, pour prendre l'autre exemple, l'acte des matériaux de construction sera la maison construite. Que « font » alors le bronze ou les briques, les planches, etc. ? Rien d'autre que se manifester en plénitude comme ce qu'ils sont. Ils le font même plus nettement que lorsqu'ils étaient, soit bloc informe, soit rangés en tas sur le chantier. En effet, ils ne présentent alors qu'un visage brouillé, parce que provisoire : les planches sur l'établi sont en transit entre l'arbre dont la scie les a arrachées, et, par exemple, la charpente. Elles ne sont que « du bois », une pure matière défigurée et en attente de la configuration que lui conférera l'art du charpentier. La matière (qu'Aristote ne sépare presque jamais du « matériau ») n'apparaît en pleine lumière qu'à travers la forme qu'elle reçoit. Le grain de la pierre ou du bois, la diaphanéité du verre n'apparaissent vraiment que lorsqu'ils servent à protéger des intempéries, à supporter la marche, ou à laisser passer le regard tout en arrêtant la pluie. C'est alors qu'ils « font leur travail » *(ergon)* en ce sens qu'ils ne font rien d'autre qu'être eux-mêmes. Ce « faisant », ils manifestent ce qui les rend propres à être maison, à savoir leur dureté, leur poli, leur transparence, etc. Ainsi, et en ce sens, la maison est bien l'acte de ces matériaux. Ces matériaux sont la maison en puissance. La maison est l'acte de ses matériaux en puissance.

6. Voir le possible

Où trouver, maintenant, le mouvement tel qu'Aristote le définit ? Lui aussi est acte. Une réponse commode consisterait à comprendre l'« acte » *(energeia)* dont il est question ici comme actualisation et non comme actualité – comme processus et non comme résultat. Mais, dans ce cas, on s'engagerait dans un cercle : on définirait le mouvement comme le *mouvement* par lequel une puissance s'actualise. De plus, on devrait alors supposer qu'Aristote s'est rendu coupable d'une grave confusion entre deux acceptions d'un même terme, *energeia*, et ce, alors qu'il emploie ce terme dans un passage où il distingue l'acte qui est en mouvement et celui qui ne l'est pas (1, 201 *a* 28.30). Il vaut donc mieux garder le même sens à *energeia*, et se refuser à y voir un processus [1]. De quoi le mouvement est-il acte ? Ce ne saurait être que d'une puissance. Là aussi, une tentation se présente : comprendre la puissance dont le mouvement est l'acte comme la capacité de *devenir* le résultat du mouvement : la construction de la maison, ainsi, serait la capacité qu'ont les matériaux de s'assembler en une maison, donc d'être construits. Dans ce cas, la construction est la réalisation de la possibilité de la construction – et nous retombons dans un cercle. Il faut donc concevoir l'acte comme

1. En voyant dans l'*energeia* une actu*alité* et non une actua*lisation*, je suis P. Aubenque, *op. cit.* (en note 1, p. 249), p. 453 *sq.* ; W. Wieland, *Die aristotelische Physik* [...], Göttingen, Vandenhoeck & Ruprecht, 1962, p. 299 n. 25 ; L.A. Kosman, *op. cit.* (en note 1, p. 244), p. 41 ; S. Waterlow, *Nature, Change and Agency in Aristotle's Physics* [...], Oxford UP, 1982, p. 112 *sq.*

étant celui d'une puissance d'*être* le résultat, et non de devenir celui-ci [1].

S'il en est ainsi, nous n'avons qu'à tenter de comprendre la précision qu'apporte Aristote pour distinguer l'acte qu'est le mouvement de l'acte comme présence du résultat achevé. Le mouvement, ajoute-t-il à chaque fois qu'il formule sa définition, est « acte de puissance *en tant que telle* ». La maison, avons-nous dit, est l'acte d'une puissance – à savoir le fait que ses matériaux sont propres à être une maison. Mais elle n'est pas l'acte de cette puissance en tant que telle. Aristote le souligne à deux reprises, sur l'exemple de la statue (1, 201 *a* 29-31), puis, à nouveau, sur celui de la maison (1, 201 *b* 10-13) : l'acte du bronze comme bronze n'est pas mouvement. Cet acte n'est autre que la statue. De même, l'acte de la pierre meulière et du bois est la maison. Ni la statue ni la maison ne sont mouvement. Elles sont plutôt le résultat de celui-ci et, comme tel, elles sont l'endroit où le mouvement cesse. Cependant, il faut ici regarder de plus près : l'acte que constituent la maison et la statue est-il bien celui des matériaux *en tant que tels* ? Pour saisir les matériaux en tant que tels, il ne suffit pas d'un regard simplement perceptif, qui verrait des pierres ou des planches. Il faut encore les voir comme matériaux. Et les matériaux ne sont pas simplement de la pierre ou des planches, ils sont cela, mais *pour* quelque chose, à savoir le résultat de la fabrication. Les matériaux de la maison ne sont pas simplement de la pierre ; ils sont les pierres qu'il faut *pour* construire cette maison. Ils comportent comme une orientation vers le résultat du processus de construction

1. Cf. E. Tugendhat, ΤΙ ΚΑΤΑ ΤΙΝΟΣ […], Fribourg/Munich, Alber, 1958, p. 93, n. 24 ; L.A. Kosman, *op. cit.* (en note 1, p. 244), p. 44.

dans lequel ils sont engagés. La pierre ne devient matériau de construction, le bois ne devient bois d'œuvre qu'une fois considéré comme propre à devenir mur ou charpente. Ce fait de « considérer comme propre à… » ne relève pas d'une saisie perceptive : si nous regardons les parpaings entassés sur le chantier, ou le bloc de bronze, rien en eux ne manifeste qu'ils sont propres à être maison ou statue ; nous aurons beau les examiner pendant des heures, la capacité à être assemblés en une maison, ou sculpté en une statue, n'est pas une propriété du marbre ou de pierres que nous pourrions constater sur eux de la même façon que nous en percevons la dureté, le grain ou la couleur. Aristote parle des matériaux envisagés comme tels en les nommant « le bâtissable » (1, 201 *a* 16, *b* 8 *sq.*), formant un adjectif dans lequel le suffixe exprime la capacité, ce qu'il appelle *dynamis*. Cette capacité, avons-nous vu, n'est pas saisissable à l'instar de ce que la perception nous livre (couleur, dureté, etc.) ; elle requiert un regard susceptible de creuser plus profond, de remonter du réel au possible – comme Michel-Ange « voyait » un David dans le bloc informe abandonné par les autres sculpteurs.

Où pouvons-nous saisir le bâtissable en tant que tel ? Ce n'est pas, on vient de le dire, dans les matériaux, aussi longtemps qu'on n'y voit que pierre ou bronze. Ce n'est pas non plus dans le produit fini : si nous regardons la maison achevée, nous aurons beau, là aussi, écarquiller les yeux, rien en elle ne signalera quelque chose comme une possibilité. Que ses matériaux soient susceptibles de former une maison, c'est ce que leur assemblage bien réel et bien visible nous masque. La réalité a pour ainsi dire absorbé la possibilité, au sens où, pour le peintre Georges Braque, « le tableau est fini quand il a effacé l'idée ». Le bâtissable n'apparaîtra donc comme tel que dans un entre-deux qui ne sera ni le point de départ (les matériaux, pierre ou bronze), ni le point d'arrivée (la maison ou la statue). Cet entre-deux est le mouvement. C'est dans le mouvement que se manifeste comme telle la capacité : la construction de la maison révèle la capacité des pierres et des planches à former une maison ; c'est lorsque le sculpteur est au travail que l'on voit que le bronze est susceptible d'être statue. Le mouvement, de la sorte, est bien la manifestation de la capacité en tant que telle, ou, pour reprendre les équivalents reçus des concepts aristotéliciens, « l'acte de la puissance en tant que telle ».

Je crois ainsi avoir rendu compréhensible la définition aristotélicienne du mouvement. Je n'ignore pas que l'on peut la mettre en cause, au moins dans deux directions : d'une part, demander si elle s'applique bien à tout ce que *nous* appelons « mouvement », voire, si elle rend compte de tout ce qu'Aristote appelle ainsi – vaut-elle, par exemple, pour le déplacement sans terme déterminé, tel que le produit un choc ; vaut-elle, à l'intérieur de l'univers aristotélicien, pour le mouvement qui est pourtant le plus décisif, celui de la sphère des fixes qui englobe l'Univers entier [1] ? D'autre part, on peut essayer de remonter de la définition d'Aristote aux expériences humaines primitives qu'elle suppose et qu'elle applique à un domaine qui ne leur est pas totalement adéquat [2]. Dans tous les cas, force est de constater que la définition aristotélicienne du mouvement exprime parfaitement

1. Sur ce dernier point, cf. H. Cherniss, *Aristotle's Criticism of Plato and the Academy*, Baltimore, Hopkins, 1944, p. 582 *sq*.

2. Je me permets de renvoyer ici à mon *Aristote et la question du monde* (cf. note 2, p. 99).

l'objet qu'elle se proposait d'élucider. Celui-ci n'est pas le mouvement tel qu'on peut le *décrire*, mais le mouvement dont on cherche, par une définition, à dire ce qu'il *est*, quel est son mode d'être [1]. Si l'on se place de ce point de vue, il faut dire, non seulement que la définition qu'Aristote en propose évite le cercle fréquemment commis dans ce domaine, non seulement qu'elle n'est obscure qu'une fois arrachée à l'optique qui lui donne son sens, mais qu'elle constitue une extraordinaire prouesse spéculative.

1. C'est ce qu'a bien vu Avicenne, *loc. cit.* (en note 1, p. 246).

LES STOÏCIENS

LE FOU STOÏCIEN

Dans la préface de sa célèbre *Histoire de la folie à l'âge classique*, Michel Foucault a affirmé que « le *Logos* grec n'avait pas de contraire [1] ». Dans un article qui constitue aussi une recension de l'ouvrage de Foucault, Jacques Derrida s'est attaché, entre autres, à montrer qu'il fallait, pour dire le moins, nuancer fortement cette thèse [2]. Malheureusement, la discussion entre les deux penseurs ne semble pas avoir vraiment eu lieu. En effet, là où Foucault est revenu sur le monde antique, il n'a guère traité le sujet qui avait été le sien dans son premier grand livre, si ce n'est en quelques très fugitives allusions [3].

---

1. M. Foucault, *Histoire de la folie à l'âge classique. Folie et déraison*, Paris, Plon, 1961, p. III.

2. J. Derrida, « Cogito et histoire de la folie », dans *L'Écriture et la différence*, Paris, Seuil, 1967, p. 51-97. L'essentiel de la discussion avec Foucault se trouve dans un passage situé p. 63-67 et dont l'auteur dit p. 51, n. 1, qu'il est postérieur au texte original de 1963.

3. M. Foucault, *Histoire de la sexualité*. Dans le t. II, *L'Usage des plaisirs*, Paris, Gallimard, 1984, il est question de l'*hybris*, p. 94 et 104 (le passage du *Philèbe*, 45 *e*, que cite Derrida p. 65 n'est pas cité, mais le parallèle 47 *a* l'est p. 142), et du *logos*, p. 99 *sq*. et 103. La folie n'est mentionnée que p. 136. Dans le t. III, *Le Souci de soi*, Paris, Gallimard, 1984, les concepts de folie (p. 72) et de *logos* (p. 108, 110, 123, 127 *sq*. et 168, cf. aussi « raison », p. 114 et 160) sont presque toujours laissés aux auteurs cités, et fort peu accentués (sauf p. 127 *sq*., sur Galien).

Dans un ouvrage récent, j'ai tenté de montrer, à partir des fragments que l'on rattache habituellement au *Protreptique* d'Aristote, que la folie y jouait le rôle du fond sur lequel la raison se détache. L'examen des textes d'Aristote m'a ainsi amené à m'associer, trop brièvement, à la critique de la thèse de Foucault [1]. Il faudrait poursuivre l'enquête dans l'ensemble de la pensée grecque. Le présent article se borne à présenter quelques remarques préliminaires sur le stoïcisme.

1. Un portrait du fou

Le meilleur point de départ me semble être de reproduire un texte topique à ce sujet et qui, à ma connaissance, n'a jamais été traduit en français. Il se trouve dans une œuvre de Jean de Stobi (Stobée), compilateur du Ve siècle de notre ère. Celui-ci, pour ce qui est de notre texte, recopie un résumé plus ancien de morale stoïcienne (après avoir fait de même pour la morale péripatéticienne), qu'il a emprunté à Arius Didyme. Cet auteur, originaire d'Alexandrie, stoïcien éclectique dans l'esprit d'Antiochus d'Ascalon (le maître de Cicéron), composa au Ier siècle de notre ère un *Épitomè* (résumé) des doctrines platoniciennes, péripatéticiennes et stoïciennes dont nous possédons, grâce à Stobée, des fragments assez étendus [2].

---

1. *Aristote et la question du monde*, *op. cit.* (en note 2, p. 99). [Je m'appuie surtout sur les § 98-100 Düring, traduits p. 79 *sq.*] Cf. mon allusion à Foucault, p. 80, n. 27.

2. Les fragments du même auteur sur la physique ont été recueillis dans H. Diels, *Doxographi Graeci*, p. 447-472) – avec quelques compléments empruntés à Eusèbe, entre autres. Ceux sur la morale l'ont été dans Stobée. Cf. Ioannis Stobaei / *Anthologii* / Libri duo priores /

L'homme sensé (νοῦν ἔχων) fait bien toutes choses, puisque c'est constamment avec réflexion, tempérance, correction et bon ordre qu'il utilise les expériences concernant la vie. L'< homme > vil (φαῦλος), en revanche, puisqu'il n'a pas l'expérience du droit usage < des choses >, fait mal (κακῶς) toutes choses, puisqu'il agit (ἐνεργῶν) selon la disposition (διάθεσις) qu'il possède, qu'il est inconstant (εὐμετάπτωτος) et à propos de chaque chose saisi par le regret (μεταμέλεια). Le regret est une douleur au sujet de choses qu'on a faites et qu'on considère comme ayant été ratées par soi [103], une affection de l'âme malheureuse et rebelle. En effet, dans la mesure où celui qui est plongé dans les regrets est peiné par les événements, dans cette mesure même il s'indigne contre soi-même comme ayant été la cause de ceux-ci.

C'est pourquoi tout vil est en même temps indigne (ἄτιμος), puisqu'il n'est ni digne d'honneur, ni n'a de valeur en soi (τίμιον ὑπάρχοντα). En effet, l'honneur est l'estime pour un mérite, et le mérite est le prix d'une vertu (ἀρετή) qui fait le bien. Celui-là donc qui n'a pas part à la vertu est à juste titre appelé indigne.

Ils [*sc.* les stoïciens] disent que tout vil (φαῦλος) est un exilé (φυγάς), du fait qu'il est privé de la loi (νόμος) et du régime (πολιτεία) approprié (ἐπιβάλλειν) selon la nature. En effet, [...] la loi est quelque chose de bon (σπουδαος), et de même la cité [...] [1].

Ils disent aussi que tout vil est un rustre (ἄγροικος). En effet, la rusticité est l'inexpérience des mœurs et [104] lois en vigueur dans la cité, vice auquel tout vil doit succomber.

---

qui inscribi solent / Eclogae physicae et ethicae / recensuit / Curtius Wachsmuth / vol. 2, Berlin, 1884, p. 37-152. – Le résumé de l'éthique péripatéticienne vient d'être réédité par O. Gigon, *Aristotelis Opera* / ex recensione Immanuelis Bekkeri [...] / Editio altera / Addendis instruxit fragmentorum collectionem retractavit / Olof Gigon, Berlin / New York, de Gruyter, 1987, 91 *a*-101 *a*.

1. J'omets une citation de Cléanthe, p. 103, 12-23 (= *SVF*, t. III, 328), qui contient une démonstration de la bonté de la cité, appuyée sur la distinction de trois sens du terme *polis*.

Il est également quelqu'un de sauvage (ἄγριος), puisqu'il est un homme tout à fait opposé à la conduite conforme à la loi, bestial et nuisible.

Ce même < vil > est par nature (ὑπάρχειν) incivil (ἀνήμερος) et tyrannique, puisqu'il est dans une disposition telle qu'il commet des actions dignes d'un maître envers ses esclaves (δεσποτικά), et en outre cruelles, violentes et illégales quand il se saisit de l'occasion.

Il est aussi ingrat, ni disposé à payer de retour en faveurs, ni à les transmettre, du fait qu'il ne fait rien de façon communautaire (κοινῶς), ou amicale, ou sans préméditation [1].

Le vil n'est pas non plus quelqu'un qui aime discourir (φιλόλογος) ou écouter (φιλήκοος), du fait qu'il n'offre pas de point de départ pour la réception des discours droits, à cause de la sottise qui < résulte ? > [2] de sa perversion (διαστροφή), du fait qu'aucun des vils n'a été invité (προτρέπειν) à la vertu (ἀρετή) ni n'y a invité. En effet, celui qui a été invité à la vertu ou qui y a invité d'autres doit être prêt à philosopher, et celui qui est prêt doit être libre d'obstacles. Or, aucun parmi les insensés (ἄφρων) n'est tel. En effet, ce n'est pas celui qui écoute volontiers et qui mémorise ce que disent les philosophes qui est prêt à philosopher, mais c'est celui qui est prêt à appliquer à ses activités les choses qui sont recommandées par la philosophie et à vivre selon elles. Or, aucun parmi les vils n'est tel, puisqu'il est prévenu (προκατειλημμένος) par les opinions (δόγμα) du vice (κακία). En effet, si un des vils avait été invité < à la vertu >, il aurait été détourné du vice. Et personne qui possède le vice n'a été tourné vers la vertu, de même qu'aucun malade [105] < n'a été tourné > vers la santé. Seul le sage (σοφός) a été invité et seul il est capable d'inviter, alors que personne ne l'est parmi les sots. Aucun parmi les sots ne vit selon des préceptes.

Il n'est pas ami du *logos* (φιλόλογος), mais ami des potins (λογόφιλος) ; il va jusqu'au bavardage superficiel, sans pour

1. ἀμελετήτως s.v.l. = sans calcul ?
2. ὑπείκουσαν F : ἀπήκουσαν P : *alii alia.*

autant renforcer par ses activités la vertu dont il parle (ὁ τῆς ἀρετῆς λόγος).

Aucun des vils n'est non plus ami de l'effort (φιλόπονος) ; en effet, l'amour de l'effort est une disposition à mettre en œuvre les choses qui incombent, sans hésiter devant l'effort. Or, aucun des vils n'est sans hésitation devant l'effort.

Aucun des vils n'effectue l'estimation (δόσις) de la vertu conformément à la valeur (ἀξία) de celle-ci [1]. En effet, l'estimation est quelque chose de bon (σπουδαος), puisqu'elle est une science d'après laquelle nous croyons (ἡγεσθαι) acquérir quelque chose qui en vaut la peine. Or, rien de ce qui est aux bons n'échoit aux vils, de telle sorte qu'aucun des vils n'effectue l'estimation digne de la vertu. En effet, si quelqu'un parmi les insensés effectuait l'estimation conformément à la valeur de la vertu, < alors, > dans la mesure où il fait cas de (τιμᾶν) celle-ci, il s'arrangerait pour se débarrasser du vice. Or, tout insensé a bonne conscience (σύνεστιν ἡδέως) devant son propre vice. En effet, ce qu'il faut examiner, ce n'est pas leur discours (λόγος) qui s'extériorise, et qui est mauvais, mais c'est celui [*sc.* le *logos*] de leurs actions. C'est en effet à partir de celles-ci qu'ils sont convaincus d'être avides, non de choses belles et bonnes, mais de jouissances serviles et démesurées.

Selon eux, toute faute est une impiété. En effet, faire quelque chose contre la volonté des dieux est signe d'impiété. Or, comme les dieux sont apparentés (οκειοῦσθαι) à la vertu et à ses opérations (ἔργα), mais étrangers au vice [106] et aux choses qui sont accomplies par celui-ci, et que la faute est une opération (ἐνέργημα) selon le vice, il est manifeste que

1. Pour ce passage, rendu difficile par l'usage inhabituel du mot δόσις, je suis l'interprétation proposée par R. Philippson, c.r. de M. Schäfer, « Ein frühmittelstoisches System der Ethik bei Cicero [...] », *Philologische Wochenschrift*, 56 (1936), col. 596 : δόσις désigne un jugement (κρίσις) qui « donne » valeur (prix) à une chose qui possède en elle-même une valeur (dignité). L'expression vient peut-être du vocabulaire médical (« dosage »).

toute faute est déplaisante aux dieux (et ceci, c'est une impiété). Dans chaque faute, le vil fait quelque chose qui déplaît aux dieux.

De plus, puisque tout vil fait ce qu'il fait selon le vice, de même que l'homme bon < le fait > selon la vertu, celui qui possède un vice les possède tous. Parmi ces vices, on voit l'impiété, non pas celle que l'on classe comme une opération, mais l'attitude (ἕξις) contraire à la piété. Ce qui est fait selon l'impiété est une impiété, et donc toute faute est une impiété.

De plus, selon eux, tout sot (ἄφρων) est également un ennemi des [gén. subj.] dieux. En effet, l'inimitié est un désaccord au sujet de ce qui concerne la vie, et une discorde, de même que l'amitié est un accord et une concorde. Or, les vils sont en désaccord avec les dieux à propos de ce qui concerne la vie, ce pourquoi tout sot est un ennemi des dieux. En outre, puisque tout le monde considère que ceux qui leur sont contraires sont des ennemis, et que le vil est contraire au bon (σπουδαῖος) et que le dieu est bon, le vil est ennemi des dieux [1].

2. La folie dans le stoïcisme

Le passage que l'on vient de reproduire a l'intérêt de développer abondamment et en un ensemble continu un thème qui court tout au long des cinq siècles de l'histoire du stoïcisme, et que l'on rencontre à peu près dans chaque œuvre stoïcienne : le portrait du non-sage, de celui qui s'oppose diamétralement au sage. Il comporte même des thèmes qui ne se trouvent pas ailleurs. Le début est un parallèle, dressé constamment dans ce qui

1. Arius Didyme dans Stobée, *Eclogae* (éd. cit.), t. II, p. 102, 20-106, 20. Les numéros des pages sont indiqués entre crochets.

précède notre texte : un petit paragraphe présente un aspect du sage, puis un second décrit le non-sage comme dépourvu de la qualité qui vient d'être louée, et donc comme la sentine de tous les vices. C'est sans doute le seul texte stoïcien que nous connaissions qui pousse le parallélisme aussi loin.

Je choisirai comme fil conducteur le terme de « folie ». Celui-ci n'apparaît pas en toutes lettres dans le passage que j'ai traduit, mais il figure, chez le même auteur, et de la façon la plus appuyée, quelques pages plus haut. Nous y lisons une thèse qui, nous aurons à le rappeler, est banale pour un stoïcien : tous les hommes sont fous. Nous y trouvons aussi, ce qui est plus rare, une définition de la folie. Celle-ci est « une ignorance de soi-même et (*καί*) des choses qui sont conformes à soi-même [1] ». La formule est proche de la façon dont Thucydide décrit la λήθη (« amnésie ») qui saisissait les rescapés de la peste [2]. La question de savoir comment on peut s'ignorer soi-même est implicitement résolue par la valeur explicative que l'on doit donner au « et » (*καί*) : s'ignorer soi-même, c'est justement ne pas savoir ce qui nous convient.

La compréhension de la seconde définition, plus ramassée, est rendue malaisée par l'obscurité de l'adjectif qui fournit la différence spécifique du genre « ignorance », à savoir *πτοιώδης* : ce qui porte la marque de la *πτοιά*, *i.e.* quelque chose comme l'agitation [3]. La folie

1. P. 68, 18 (= *SVF*, t. III, 663).
2. Thucydide, II, 49, 8.
3. Cf. Stobée, p. 68, 23 (= *SVF*, t. III, 663) et cf. Galien, *Différence des doctrines d'Hippocrate et de Platon*, IV, 5, p. 364 Müller (= *SVF*, t. III, 476, p. 127, 30).

serait ainsi une « ignorance agitée ». La passion étant une agitation, toute passion est en son fond folie, même si ce fond ressort plus nettement dans le cas de certaines passions comme la colère [1].

D'autres définitions ou caractérisations se rencontrent ailleurs. Citons par exemple : « choisir un mal pour un bien [2] », ou « se croire libre sans l'être [3] », ou encore « vouloir l'impossible [4] ». Sont fous « ceux qui obéissent à tout ce qui leur paraît bon [5] ». À l'inverse, ne pas s'affoler, c'est apprendre ce qu'est chacun des êtres et appliquer les prénotions aux êtres particuliers [6].

Qui est fou ? Tout le monde, sauf la rarissime exception d'un sage dont on peut se demander s'il a jamais existé : « Ceux qui ne sont pas sages sont tous des étrangers, des exilés, des esclaves, des fous [7]. » Le paradoxe célèbre selon lequel tous les hommes sont fous est confirmé par le langage courant. Dans certaines formules des plus répandues, qu'il n'est que de prendre à la lettre, il avoue lui-même que la folie est la chose du monde la mieux partagée. Nous disons en effet de quelqu'un qu'il est « fou » d'une chose lorsqu'il la désire de façon désor-

---

1. Cicéron, *Tusculanes*, IV, XXII, 52 ; trad. dans É. Bréhier (éd.), *Les Stoïciens*, Paris, Gallimard, Bibliothèque de la Pléiade, (ici = Pl.), p. 348 ; Sénèque, *De la colère*, *passim*.

2. Sénèque, *De la vie heureuse*, § 6 ; Pl., p. 728.

3. Épictète, *Entretiens*, I, 12, 9-12 ; Pl., p. 838 *sq.*

4. Épictète, *Manuel*, XIV, 1 ; Pl., p. 1115.

5. Épictère, *Entretiens*, I, 28, 32 ; Pl., p. 873 ; Marc Aurèle, XI, XVIII, 6 ; Pl., p. 1238.

6. *Ibid.*, IV, 1, 41 ; Pl., p. 1043.

7. Diogène Laërce, VII, 124 (= *SVF*, t. III, 664) ; Cicéron, *Académiques*, II, XLIV, 136 ; Pl., p. 251 ; *De finibus*, IV, XXVII, 74 ; *Tusculanes*, IV, XXIV, 54 ; Pl., p. 349.

donnée [1]. Si la folie est bien un désir désordonné, quiconque ne règle pas ses désirs est fou.

Cependant, s'il faut maintenir que tous les hommes sont fous, il ne s'ensuit pas pour autant qu'il faille les traiter comme des furieux. Au contraire, nous leur reconnaissons, dans la vie de la cité, des droits et des capacités égaux aux nôtres [2]. Il peut se faire d'une part que ceux que l'ivresse prive de leur bon sens disent par accident des choses sensées [3]. Et d'autre part, la crise qui peut mener à la folie furieuse est seulement en puissance. Les vices sont présents chez tout le monde, mais l'occasion donne à certains de ceux-ci d'être plus en vue que d'autres. Selon une image fréquente, si la boue n'a pas d'odeur, il suffit de la remuer pour qu'elle exhale sa puanteur [4].

La bonne conscience de l'homme comme il faut, qui ne veut rien avoir en commun avec les fous, est battue en brèche par le paradoxe bien connu selon lequel tous les vices se valent [5]. Un passage d'Épictète aide à comprendre ce qui semble à première vue un peu fort : nous ne pouvons pas excuser une faute que nous venons de commettre en alléguant qu'elle est moins grave que tel ou tel crime odieux ; en effet, là où nous pouvions commettre une faute, nous l'avons commise ; rien ne prouve

1. Athénée, *Deipnosophistes*, XI, p. 464 *d* (= *SVF*, t. III, 667), et cf. Galien, *op. cit.* (en note 3, p. 267), IV, 5, 145, p. 368 Müller (= *SVF*, t. III, 480).

2. Sénèque, *Des bienfaits*, II, 35, 2 (= *SVF*, t. III, 580) ; trad. F. Préchac, Paris, Les Belles Lettres, t. I, 1926, p. 59.

3. Philon, *Allégories des Lois*, III, § 210 (= *SVF*, t. III, 512).

4. Cicéron, *Tusculanes*, IV, XXIV, 54 (= *SVF*, t. III, 665) ; Pl., p. 349 ; Sénèque, *Des bienfaits*, IV, 27 ; trad. cit. (en note 2, ci-dessus), p. 125 (= *SVF*, t. III, 659).

5. Diogène Laërce, VII, 120 (= *SVF*, t. III, 527) ; Pl., p. 56.

donc que, placé dans une situation telle qu'elle nous aurait permis le crime, nous nous serions mieux comportés [1]. Il n'y a donc pas de milieu entre le vice et la vertu [2]. Le passage de l'un à l'autre doit être brusque et instantané, comme un soudain éveil [3].

Face à la folie, le philosophe ne se campera pas dans la revendication paisible d'une sagesse incorruptible. Envers les fous ou ceux qu'il considérera comme tels, il aura la même attitude qu'envers les enfants : « Les sentiments que nous avons envers les enfants, le sage les a envers tous ceux qui, la jeunesse passée et les cheveux blancs venus, restent des enfants [4]. » Les enfants sont fous, mais leur folie est une étape inévitable du progrès vers la sagesse, ou en tout cas vers ce qui passe pour tel.

Le philosophe ne se fera pas d'illusion sur la capacité qu'il a de convertir à la sagesse : « Il y a aujourd'hui des gens qu'il est impossible de faire changer. Aussi je crois comprendre maintenant, ce que je ne saisissais pas autrefois, le sens du proverbe : "Un insensé (*μῶρος*) ne se laisse ni persuader ni briser." Puissé-je ne pas avoir pour ami un savant (*σοφός*) qui soit un insensé (*μῶρος*) ! Rien n'est plus difficile à manier [5]. » Dans un monde de fous, le philosophe n'hésitera pas, au besoin, à se prétendre lui-même fou [6]. Mais envers la folie dont il ne sentira pas seulement la menace autour de lui, mais dont il percevra

1. *Entretiens*, I, VII, 32 s. ; Pl., p. 826 *sq.*
2. Diogène Laërce, VII, 127 (= *SVF*, t. III, 536) ; Pl., p. 56.
3. Plutarque, *Comment on peut sentir son progrès dans la vertu*, 1, p. 75 *c* (= *SVF*, t. III, 539, p. 144).
4. Sénèque, *De la constance du sage*, § 12 ; Pl., p. 647.
5. Épictète, *Entretiens*, II, 15, 13 ; Pl., p. 918.
6. *Ibid.*, I, 22, 21 ; Pl., p. 859.

la présence en lui-même, le philosophe s'abstiendra de donner son consentement [1].

3. *La philosophie comme haine de la folie*

Chaque philosophie, comme amour de la sagesse, se fait sa propre image de la sagesse à laquelle elle tend, et dessine à sa façon le portrait du sage qui la réalise. La philosophie antique s'y exerce avec une application toute particulière. C'est le cas pour les plus grands penseurs de la période archaïque et classique : Parménide commence son poème par la description de celui qui a reçu la révélation de la part de la déesse ; l'œuvre entier de Platon peut être lu comme un vaste portrait de Socrate, et Aristote n'omet pas de faire le portrait aussi bien de l'homme avisé (φρόνιμος) ou de l'homme magnanime (μεγαλόψυχος) que du contemplatif.

Les stoïciens ne font pas exception en ce domaine, et le « sage stoïcien » est resté proverbial, jusque dans la philosophie postérieure [2]. En revanche, il est un point sur lequel il semble qu'ils innovent par rapport à la tradition des philosophes : c'est qu'ils campent, en face de leur sage idéal, un non-sage radical. C'est avec eux qu'apparaît dans la philosophie l'idée d'un contre-pouvoir, d'une folie qui forme un système s'opposant terme à terme à la sagesse. L'idée de non-philosophie ne refera surface que

1. Diogène Laërce, VII, 118 ; Pl., p. 54 (= *SVF*, t. III, 644), et Cicéron, *Académiques*, II, XVII, 53 ; Pl., p. 212.

2. Cf. par exemple Kant, *Critique de la raison pure*, De l'idéal en général, A 569 / B 597.

bien postérieurement dans l'histoire de la pensée, chez Fichte.

J'ai dit qu'avec les stoïciens apparaissait une innovation « dans la philosophie ». Celle-ci, en effet, se détache elle-même de la tradition antérieure des livres que l'on appelle, justement, livres de sagesse. Si l'on jette un coup d'œil dans la Bible, aux livres des Proverbes, on s'aperçoit en effet qu'il y est question au moins autant du fou ou du vil que du sage, et il en est évidemment de même pour les textes de l'ancien Orient dont s'inspirent les écrivains sacrés [1]. En Grèce également, les exemples ne manquent pas où l'homme bon est décrit par contraste avec le méchant, par exemple chez l'Hésiode des *Travaux et les jours* [2]. Et un poète comme Tyrtée décrit complaisamment le sort de celui que sa lâcheté a privé de sa terre, et qui doit mendier [3]. On pourrait presque dire que ce sont les philosophes de l'âge classique de la Grèce qui font exception, qui se singularisent en n'ayant pas hypostasié le sot. Faut-il en conclure que la pensée d'un Platon et d'un Aristote est bien campée dans une rationalité paisiblement possédée ?

On peut de ce point de vue reprendre ce que dit Foucault, mais avec une nuance. En fait, la raison grecque a bel et bien toujours eu un contraire, plus ou moins menaçant, décrit avec plus ou moins de précision. Et sur ce point, Foucault est quelque peu léger. Mais là où il n'a

1. Cf. par exemple *Sagesse de Ptah-Hotep*, v. 575 *sq.*, dans J.B. Pritchard, *Ancient Near Eastern Texts Relating to the Old Testament*, Princeton UP, 1974³, p. 414 *b*.

2. *Les Travaux et les jours* nomment au v. 297 le vaurien (ἀχρήϊος ἀνήρ), et les v. 302-307 décrivent le malheur de l'oisif.

3. Fgt 6 Diehl.

pas tort, c'est que le porteur du *Logos* n'a, de fait, pas de contraire. Le sage n'est pas opposé au fou. Il l'est tout au plus au sophiste. Et celui-ci, comme son nom l'indique, représente plutôt une perversion de la sagesse que son contraire. Ou il est opposé au tyran, qui, s'il est un misérable, au double sens de méchant et de malheureux, n'est pas nécessairement un sot.

Pour les philosophes de l'âge classique, le passage à la sagesse n'est pas toujours un problème grave. On le voit par exemple chez Aristote. Chez lui, l'existence de l'homme de bien (*σπουδαος*) ne fait guère problème : entre la sagesse populaire et la sagesse philosophique règne une continuité qui permet l'entreprise protreptique. La folie existe bien comme ce sur le fond de quoi la sagesse s'enlève, mais elle reste une situation limite, une exception par rapport à laquelle la norme jouit paisiblement de soi [1].

En revanche, la nécessité d'un anti-sage devient brûlante à partir du moment où le passage à la sagesse est marqué par la rupture plus que par la continuité. C'est justement là ce que font les stoïciens. Ils tiennent à faire du mal le contradictoire du bien plutôt que son contraire. Entre les deux, pas de milieu. Le non-sage devra ne pas contenir la moindre trace de sagesse, le sage être radicalement exempt de folie.

Il semble que les stoïciens aient cherché à susciter tout autant le dégoût et la haine de la folie que l'amour de la sagesse. Ils sont philosophes, mais tout aussi décidément, si l'on peut dire, « miso-aphrones ». Il en est ainsi parce que la sagesse est placée à une hauteur tellement vertigineuse qu'il serait présomptueux de s'y croire parvenu. La

1. Cf. mon *Aristote et la question du monde*, *op. cit.* (en note 2, p. 99), p. 58 *sq.*

sagesse est trop élevée pour que l'on puisse y encourager. Le stoïcisme rompt donc avec l'idée d'une protreptique à la sagesse. La description stoïcienne de la folie est ce que l'on pourrait appeler une *apotreptique* que rend nécessaire l'impossibilité d'une protreptique. Un fou ne peut être persuadé [1]. Mais il n'est pas exclu que l'on puisse parvenir à le dégoûter de sa folie. Le progressant pourra peut-être souhaiter ne pas être aussi fou que celui dont il entend la description. C'est parce que le sage est un sommet inaccessible qu'il lui faut, comme pendant, un abîme inaccessible de folie.

1. Stobée, p. 104, 13 *sq.*, traduit ici p. 264 (= *SVF*, t. III, 682) ; Épictète, *Entretiens*, II, 15, 13 ; Pl., p. 918.

Référence des textes

Histoire de la philosophie et liberté

Une version plus brève de cet article a été publiée sous le titre : « Geschichte der Philosophie als Befreiung », dans Andrzej Przyłbski (éd.), *Filozofia europejska w XX wieku. Tradyce i ich spoleczne znaczenie. Polsko-niemiecko-francuska konferencja filozoficzna / Die europäische Philosophie im 20. Jahrhundert. Traditionen und ihr gesellschaftlicher Beitrag. Deutsch-polnisch-französische Philosophentagung*, Poznań, Wydawnictwo Fundacji Humaniora, 1999, p. 41-48 (traduction polonaise) et p. 115-122 (original allemand).

La présente version a été prononcée en anglais à l'université Villanova, Philadelphie, le 7 avril 2001, et en allemand à la session de fondation de la Gesellschaft für Antike Philosophie, Munich, le 11 octobre 2001. La version anglaise a été publiée dans *Epochè*, VII-1 (automne 2002), p. 39-50. La version française est inédite.

Le monde libre

Une version italienne de cet article, traduit par G. Cotta, a été publiée sous le titre : « Mondo greco e libertà », dans *Il nuovo Areopago*, 1 (1982), p. 51-78. Le texte original français est inédit.

Le récit du commencement. Une aporie de la raison grecque

Publié dans Jean-François Mattéi (dir.), *La Naissance de la raison en Grèce*, actes du congrès de Nice (mai 1987), Paris, PUF, 1990, p. 23-31.

La vraisemblance du faux (Parménide, Fragment I, 31-32)

Publié dans Pierre Aubenque (dir.), *Études sur Parménide*, Paris, Vrin, 1987, 2 vol., tome II, *Problèmes d'interprétation*, p. 44-68.

Sur le plan du Timée

Une version anglaise de cet article a été publiée sous le titre : « The Body of the Speech. A New Hypothesis on the Compositional Structure of Timaeus' Monologue », dans Dominic J. O'Meara (éd.), *Platonic Investigations*, Washington D.C., The Catholic University of America Press, 1985, p. 53-83. La version française est inédite.

La cosmologie finale du Sophiste *(265 b 4-e 6)*

Publié dans Pierre Aubenque (éd.), *Études sur le Sophiste de Platon*, Naples, Bibliopolis, 1991, p. 269-288.

La communauté humaine dans la philosophie grecque

Publié dans Maurice Bourjol (dir.), *La Commune, l'État et le droit. Bicentenaire de la Révolution et Marché unique européen*, Paris, LGDJ, 1990, p. 17-26.

*Note sur la définition du mouvement (*Physique, *III, 1-3)*

Publié dans François De Gandt et Pierre Souffrin (éds), *La Physique d'Aristote et les conditions d'une science de la nature*, actes du colloque organisé par le Séminaire d'épistémologie et d'histoire des sciences de Nice, Paris, Vrin, 1991, p. 107-120.

Le fou stoïcien

Publié dans la *Revue philosophique de la France et de l'étranger*, 1990/2 (avril-juin), p. 175-184.

Index des noms propres

Auteurs anciens et médiévaux

Auteurs modernes et contemporains

Index des principaux concepts

Table des matières

Composition et mise en page

NORD COMPO
multimédia

N° d'édition : L.01EHQN000222.N001
Dépôt légal : octobre 2008
Imprimé en Espagne par Novoprint (Barcelone)